现代 征信
原理与应用

吴云勇　王　璐　倪向荣　李　丹◎主　编
王冬舒　王星智◎副主编

清华大学出版社
北京

内 容 简 介

本书共分为十章:第一章为绪论;第二章介绍征信机构;第三章介绍个人征信业务;第四章介绍企业征信业务;第五章介绍征信技术;第六章介绍征信标准;第七章介绍征信管理;第八章介绍征信文化与教育;第九章介绍征信维权;第十章介绍社会信用体系建设。十章内容形成一个有机整体。

本书适合作为金融学专业本科生和研究生必修课教材,也适合作为其他经济类和管理类本科生选修课教材,还可以作为银行、保险、信托等金融机构的培训教材。

图书在版编目(CIP)数据

现代征信原理与应用/吴云勇等主编. —北京:清华大学出版社,2021.10(2025.1重印)
ISBN 978-7-302-58432-2

Ⅰ.①现… Ⅱ.①吴… Ⅲ.①信用制度－教材 Ⅳ.①F830.5

中国版本图书馆 CIP 数据核字(2021)第 116921 号

责任编辑:孟毅新
封面设计:傅瑞学
责任校对:李 梅
责任印制:曹婉颖

出版发行:清华大学出版社
   网 址:https://www.tup.com.cn,https://www.wqxuetang.com
   地 址:北京清华大学学研大厦 A 座   邮 编:100084
   社 总 机:010-83470000   邮 购:010-62786544
   投稿与读者服务:010-62776969,c-service@tup.tsinghua.edu.cn
   质量反馈:010-62772015,zhiliang@tup.tsinghua.edu.cn
   课件下载:https://www.tup.com.cn,010-83470410
印 装 者:三河市铭诚印务有限公司
经 销:全国新华书店
开 本:185mm×260mm   印 张:16   字 数:363 千字
版 次:2021 年 10 月第 1 版   印 次:2025 年 1 月第 4 次印刷
定 价:49.00 元

产品编号:091756-01

前言

为了适应 21 世纪应用型人才培养的要求，本着"以人为本、学以致用"的理念，我们编写了本书。

本书坚持"必需、够用"的原则，突出和实现"精、新、实、融"的特点。"精"体现在本书只选取了现代征信学主流、核心的理论进行介绍；"新"体现在本书将互联网金融、区块链等前沿的、热点的理论与征信相关知识相结合进行介绍；"实"体现在本书力争用朴实易懂的语言将理论与实际相结合，并通过富有启发性的提示和习题，让读者在思考中实现征信思想的升华；"融"体现在本书将原理与应用相融合，原理部分主要由高校教师完成，应用部分主要由中国人民银行沈阳分行营业管理部征信管理处人员完成。

全书共分为十章：第一章为绪论；第二章介绍征信机构；第三章介绍个人征信业务；第四章介绍企业征信业务；第五章介绍征信技术；第六章介绍征信标准；第七章介绍征信管理；第八章介绍征信文化与教育；第九章介绍征信维权；第十章介绍社会信用体系建设。

本书是集体智慧的结晶。具体分工如下：吴云勇、刘华娟编写第一章，方芳、李丹编写第二章，于林卉、思涵编写第三章，冯博、王星智编写第四章，王璐、倪向荣编写第五章，张祎桐、鄂永利编写第六章，于林卉、张桂林编写第七章，张泽凡、王欣荣编写第八章，王冬舒、王展编写第九章，刘天雪、刘艾秋编写第十章。全书原理部分由吴云勇和王璐主持编写，应用部分由倪向荣和李丹主持编写。

尽管我们付出了很大努力，但由于收集的资料、信息等有限，本书难免有不足之处，希望读者提出宝贵的指导意见，以求止于至善！

编　者

2021 年 5 月

目录

第一章 绪论

【学习目标】

- 掌握征信的内涵和分类。
- 熟悉征信的相关理论。
- 掌握征信的原则和作用。
- 了解征信的产生和发展。
- 了解互联网征信发展的必要性。
- 了解区块链在征信体系建设中的优势。

第一节 征信概述

一、征信的内涵

"征信"一词,在我国古代的四书五经中早已有记载。其中,战国初期鲁国史官左丘明所著的《左氏春秋》(汉代后多称《左传》)中提到"君子之言,信而有征,故怨远于其身。"意思就是:君子说出的话,诚信确凿而有证据,因此怨恨不满都会远离他的身边。《礼记·中庸》中也提及:"上焉者,虽善无征,无征不信,不信民弗从。"意思就是:在上位的人,虽然他的主张很好,但如果没有验证的话,就不能使人信服,不能使人信服,老百姓就不会听从。"信而有征""无征不信"都说明在古代"征信"就非常重要。在国外,常用 credit information service、credit reporting、credit ration、credit investigation、credit checking 等词汇表述"征信"活动。

"征信",从字面来看,"征"是征集、验证、求证之意,"信"是信用、诚实、信任之意,结合到一起,就是验证信用之意。在现代经济中,"征信"是指专业化的、独立的第三方机构为企业或个人建立信用档案,依法采集、客观记录其信用信息,并依法对外提供信用信息服务的一种活动,它为专业化的授信机构提供了一个信用信息共享的平台,是一种信息分享机制。

这一概念需要从六个方面理解:第一,征信的主体是征信机构,是专业化的、独立的第三方机构根据自己的判断和客户的需求对外提供信用信息服务的一种活动;第二,征信的基础是信用信息,企业或个人的贷款、还款等信用信息记录,是征信主体了解和判断企业或个人信用风险的基础;第三,征信信息来源于信用信息的提供者,它们出于商业目的、协议约定或法律义务而向征信机构提供信息;第四,征信具有法制性,信息要依法获得和使用,尤其是信用报告、信用评分等的使用边界需要法律规定;第五,征信信息获取的目的是对外提供,不是"自采自用",所以信用信息的加工、整理、保存或出售都必须基于客观中立的立场,按照一定的程序和方法来提供规范的征信数据和服务;第六,征信活动的核心是信用档案,是为企业或个人建立信息账户。

现代经济离不开征信,百度百科关于征信的词条就有原因说明:"如果向银行借钱,那么银行就需要了解您是谁;需要判断您是否能按时还钱;以前是否借过钱,是不是有过借钱不还的记录等。征信出现前,您要向银行提供一系列的证明材料,如单位证明、工资证明等;银行的信贷员也要打电话给您单位上门拜访。两星期甚至更长的时间后,银行才会告诉您是否给您借钱。真是银行累,您也烦,借钱可真够麻烦的。征信的出现让银行了解您信用状况的方式变得简单:他们把各自掌握的关于您的信用信息交给一个专门的机构汇总,由这个专门的机构给您建立一个信用档案(即个人信用报告),再提供给各家银行使用。这种银行之间通过第三方机构共享信用信息的活动就是征信,为的是提高效率,节省时间,快点儿给您办事。有了征信机构的介入,有了信用报告,您再向银行借钱时,银行信贷员征得您的同意后,可以查查您的信用报告,再花点时间重点核实一些问题,便会很快告诉您银行是否提供借款给您。银行省事,您省心。在我国,中国人民银行征信中心(以下简称征信中心)是建立您的'信用档案',并为各商业银行提供个人信用信息的专门机构。"

二、征信的外延

征信与信用、诚信两个词既有联系又有区别。

"信用"在《辞海》中有三种解释。

(1) 信用是指信任、使用。例如,韩愈《顺宗实录·卷四》:"吾谏官也,不可令天子杀无罪之人,而信用奸臣。"《东周列国志》第二回:"其时只有司徒郑伯友,是个正人,幽王不加信用。"陈天华《猛回头》:"荣禄之外,还有那太监李连(莲)英,皇太后最信用他,最相好的。"

(2) 信用是指遵守诺言,实践成约,从而取得别人对他的信任。例如,鲁迅《书信集·致李霁野》:"听说未名社的信用,在上海并不坏。"曹禺《日出》第四幕:"我们都是多年在外做事的人,我想,大事小事,人最低应该讲点信用。"沙汀《替身》:"深恐坏了信用,以后没有人来投宿了"。

(3) 信用是指以偿还为条件的价值运动的特殊形式,即不需要提供物资保证,不立即支付现金,而凭信任所进行的,如信用贷款、信用卡透支、信用交易。

信用构成了个人之间、单位之间、商品交易之间的双方自觉自愿的反复交往,消费者甚至愿意付出更多的钱来延续这种关系。在现代经济社会中,信用主要属于经济范围,是指借贷行为,即在商品交换或者其他经济活动中授信人在充分信任受信人能够实现其承诺的基础上,用契约关系向受信人放贷,并保障自己的本金能够回流和增值的价值运动。信用从不同角度可以进行不同的分类。如按信用授受的期限不同可分为长期信用、中期信用、短期信用和不定期信用;按接受的用途不同可分为生产信用和消费信用;按承诺内容的不同可分为产品信用和服务信用;按载体的不同可分为口头信用、书面信用和挂账信用;按授受的主体不同可分为个人信用、企业信用、银行信用、政府信用等。

诚信属于道德层面的概念,指诚实守信,是一种精神和原则,是人们在社会交往与经济活动中认同并遵守的一种行为规范和行为准则。360百科词条认为:在一般意义上,"诚"即诚实诚恳,主要指主体真诚的内在道德品质;"信"即信用信任,主要指主体"内诚"的外化。"诚"更多的指"内诚于心","信"则侧重于"外信于人"。"诚"与"信"这一组合,就形成了一个内外兼备,具有丰富内涵的词汇,其基本含义是指诚实无欺,讲求信用。

征信,既不是诚信,也不是信用,仅是第三方的专业机构记录企业或个人过去的信用信息,并帮助使用者预测其未来违约风险大小的一种信用信息服务活动。

但不可否认,这三者之间也存在一定的联系。诚信是一切信用形式形成的共同基础,没有诚信,信用交易难以达成和发展;信用是诚信原则在市场交易规则和交易秩序上的具体体现;征信通过对企业和个人信用活动和行为进行及时的、真实的、全面的记录,激励其养成诚信的行为习惯,进而促进整个社会信用环境的改善。

三、征信的分类及原则

(一) 分类

根据征信机构所有权、收集和处理的信息主体、征信内容、信息处理方式和业务流程等不同属性,征信可以有多种分类。按照征信机构所有权的不同,征信可以分为公共征信机构、私营征信机构和混合征信机构。按照收集和处理信息主体的不同,征信可以分为企业征信机构、个人征信机构、信用评级机构以及其他信用信息服务机构。按照信息处理方式的不同,征信可以分为信用登记、信用调查和信用评级。按照征信内容的不同,征信有狭义和广义之分。狭义的征信仅指信用登记、信用调查,广义的征信还包括信用评级。

(二) 原则

征信的原则是征信业在长期发展过程中逐渐形成的科学的指导原则,是征信活动顺利开展的根本。目前,实践中公认的征信基本原则包括四项:真实性原则、完整性原则、及时性原则和安全性原则。

(1) 真实性原则。真实性原则是指在征信过程中,征信机构要采取适当的方法以保证所采集的信用信息的准确、可靠。只有信用信息准确无误,才能真实地反映出信息主体的信用状况。真实性原则有效地反映了征信活动的客观性、可检验性。真实性原则对征信机构也提出了要求:征信机构要客观地反映信用主体的历史信用记录,不含有虚伪偏袒的成分,不妄下结论,时刻基于中立的第三方立场开展征信活动。

(2) 完整性原则。完整性原则是指征信机构能系统地从所有相关可得到的信息来源处采集数据,并且历史信用记录足够详细(包括正面信息,也包括负面信息),还要保存足够长的时间,做到资料全面、随时可查。其中,正面信用信息如客户正常的基础信息、贷款、赊销、支付等;负面信用信息如客户欠款、破产、诉讼等信息。

(3) 及时性原则。及时性原则是指征信机构在采集信息时要尽量实现实时跟踪,能够使用信息主体最新的信用记录,反映其最新的信用状况,避免因不能及时掌握被征信人的信用变动而给信用信息使用者带来损失。

(4)安全性原则。征信的信用信息涉及隐私和商业机密,对信息主体进行保护是征信机构最基本的职业道德。因此,征信机构严格遵守隐私和商业秘密保护原则,建立严格的业务规章和内控制度,谨慎处理信用信息,明确限定信用信息使用边界,保障相关企业和个人的信用信息安全。

四、征信的作用

征信在一个国家或地区的经济社会建设中发挥着重要的基础作用。具体说来,至少包括以下四个方面。

1. 防范信用风险

征信降低了交易中参与各方的信息不对称,避免因信用信息不对称而带来的交易风险,通过大数据库和构建模型,起到风险判断和风险警示的作用。统计数据显示:大型银行因征信业务使得违约率降低了41%,小银行因征信业务使得违约率降低了79%。

2. 降低交易成本

信用信息的获取成本是交易成本的重要组成部分,通过征信机构专业化的信用信息服务,降低了交易中的信息收集成本,缩短了交易时间,提高了经济主体的运行效率,促进了经济社会发展。例如,某些银行发现,使用征信服务后,其发放贷款的时间从18天减少到3天。

3. 拓展交易范围

征信解决了制约信用交易的瓶颈问题,促成信用交易的达成,促进金融信用产品和商业信用产品的创新,有效扩大信用交易的范围和方式,带动信用经济规模的扩张。世界银行调查显示:无征信机构条件下,49%的小企业认为存在严重的融资障碍,从银行获得贷款的可能性仅为28%,有征信机构条件下,仅27%的小企业认为存在严重的融资障碍,从银行获得贷款的可能性也提高到40%。

4. 推动社会信用体系建设

征信业是社会信用体系建设的重要组成部分,发展征信业有助于遏制不良信用行为的发生,使守信者利益得到更大的保障,有利于维护良好的经济和社会秩序,促进社会信用体系建设的不断发展完善。2014年,世界银行因中国《征信业管理条例》明确了信息主体对信用报告的查询权而将我国信用信息指数从4分提高到5分,信贷融资便利度排名也从第82位提高到第73位。

拓展阅读

"沈阳市中小微企业信用信息应用服务平台"(以下简称"平台")是中国人民银行沈阳分行营业管理部与沈阳市发展和改革委员会为沈阳市中小微企业和金融机构量身打造的智慧金融服务平台。平台注重发挥金融科技在信用数据整合、银企双方对接和服务流程优化等方面的积极作用,为银企双方创造覆盖广、成本低、高便利的融资对接新模式。

平台的主要做法是将零散的、碎片化的各种相关信用信息进行整合,以直观、专业化的方式展现给融资供求双方,同时为政府发布相关引导政策提供窗口,为政府决策提供统计分析参考依据。平台包括沈阳市中小微企业信用信息数据查询系统(数据库)(以下简称数据库)、沈阳市中小微企业融资对接平台(以下简称对接平台)、信用中国(辽宁沈阳)网三个部分。其中数据库包括基本信息系统、综合信息系统、信用池培育系统、关联信息系统、统计分析系统共五个子系统。信贷信息由金融机构直接报送,非金融信用信息由沈阳市信息中心通过专线引入,供金融机构查询和人民银行统计分析。对接平台直接链接沈阳市"信用中国(辽宁沈阳)"网。进入对接平台后,企业发布需求,金融机构(也可以是创投基金、担保公司、小贷公司等)可发布产品,自主选择对接;也可以由企业通过该平台进入资金提供方网站,进一步了解融资产品。信用评级机构等也可注册登录,发布产品,供融资双方自主选择自身信用需求。信用中国(辽宁沈阳)网由用于发布社会信用法规制度、诚信表彰决定、诚信典型、支持政策及失信警示案例等有关公共信息。

第二节 征信的理论基础

现代征信学是基于经济学的一些基本理论建立的。其理论主要包括:交易费用理论、信息不对称理论、制度变迁理论等。在市场经济活动中,交易是有费用的,交易成本为零只是一种理论假设,信息不对称导致逆向选择和道德风险,大幅增加了交易费用,因此有必要通过诱致性制度变迁或强制性制度变迁,减少信息不对称,降低交易成本,提高经济效益。

一、交易费用理论

交易费用概念虽然是由科斯提出的,但科斯并没有给交易费用下严格的定义。一般认为,交易费用是为了完成交易所需要的费用。交易是对人的时间、精力、空闲的配置和耗费。交易的量和次数是可以计量的,交易的成本和收益也是可以计量和比较的。因此,交易同样是稀缺的资源,资源配置的方式和效率自然也就成为交易费用理论的主题。交易费用产生的原因有以下几点。

(1) 交易主体对交易费用的影响。交易主体作为经济人对是否参与交易、参加何种交易、什么时间、什么地点进行交易等需要做出选择。因为其时间、精力和交易客体是有限或稀缺的,取此必须舍彼,这种机会成本就是交易费用的一种,即只要需要做出选择,就必须付出代价;无论这种经济人是完全理性还是有限理性,无论交易环境是否确定,其所要进行的交易都不可能自动实现。因此,在交易选择完成后,交易过程中总是要付出代价的。可见,交易主体经济人的人性及其拥有各种资源的稀缺决定了他做出交易选择和实现交易必然付出代价。理性的有限和环境的不确定性及交易对手的机会主义行为等也是增加其交易费用的因素。

(2) 交易环境对交易费用的影响。交易环境包括各种类型的交易环境——市场交易环境、管理交易环境、限额交易环境等。交易环境是一个系统,一个耗散结构。它总是要发出相关信息的，总是给交易参与者提供交易的条件和约束。任何交易都必须在特定环境中进行。交易者要参与交易，就必须接受和处理环境信息，这需要付出代价；必须接受环境的约束——这需要做出牺牲，也是代价；必须寻求环境的保护，如法律保护——这需要支付成本，例如纳税以寻求相应的法律保护。无论环境是确定的还是不确定的，无论对手有无机会主义行为，无论交易者的理性程度如何，都不能决定这些代价的有无。但是环境中机会主义行为和不确定性因素的存在，却会恶化交易环境从而增加交易难度，理性的有限也会增加交易难度，从而增加交易费用。

（3）交易客体对交易费用的影响。可以从两个方面来分析交易客体对交易费用的影响。

① 只要某种对象成为交易的对象或交易的客体，就说明：一方面，转让者需要转让它而获取别的对象；另一方面，别的交易者需要得到它。这就说明了稀缺性，没有稀缺性的东西是不需要也不可能成为交易客体的。而交易对象要在交易者之间易手，无论如何不可能是自动的，总是要耗费一定的资源，哪怕仅是交易对象的位置转移。例如，农民的蔬菜要卖，至少要挑到集市上去或者买者自己上菜地运输，卖的过程要花时间等，交易至少需要马克思所说的"纯粹流通费用"，而无论交易环境是否确定，是否有机会主义行为，交易者是否具有足够理性。可见，交易客体能够和必须成为交易品本身就决定了其稀缺性，从而决定了交易费用的产生。

② 交易技术结构可以影响交易费用的高低，威廉姆森通过考察交易的技术结构对市场结构的影响，揭示了交易客体技术结构对交易费用的作用。他认为随着市场扩大和社会分工的发展，出现了专用性资产。资产的专用性有三种：制造某种部件的设备的专用性即资产本身的专用性；资产选址的专用性；人力资本即人的经验和技术的专用性。资产专用性的出现和强化的本质在于影响市场结构，形成和强化垄断，从而增加这些专用性资产需求者的交易费用，增加了供给者依靠机会主义行为损害需求者的可能性。威廉姆森还分析了"小数目谈判条件"会提高交易费用，实际上"小数目条件"也可以归结为"交易客体的技术结构对交易费用的影响"，因为它无非是指垄断的市场结构。垄断的形成无非是由生产技术的独占，某种资源的独占或其他自然条件（例如地理位置的特殊）的独占造成的。它们都可以包含在威廉姆森的"某种资产专用性"之中。因为交易客体的技术结构上的"专用性"造成垄断，出现所谓"小数目谈判条件"，从而增加交易双方中一方——非垄断地位的一方的交易费用。可见，交易客体的技术结构上所表现的"专用性"是市场交易费用上升的决定因素之一，但是不决定交易费用的产生。

由以上可见，交易主体、交易环境和交易客体可单独决定交易费用的产生或存在，任何一个方面与"机会主义行为""有限理性"和"不确定性"条件结合在一起，都会使交易费用上升。而交易主体、交易环境和交易客体是任何一次交易都必然同时具备的三个因素。因此，它们总是同时决定交易费用的产生。而且，它们总是同"机会主义行为""人的有限理性"和"不确定性"结合在一起。也就是说，任何交易者都是有限理性的、具有机会主义动机和行为的经济人，交易环境总是充满不确定因素，交易对象技术结构上常常具有一定的"专用性"，因此交易费用总是受这些因素的支配而上升、高涨，直至交易者因不能接受过高的交易费用而放弃交易。不同交易方式的可选择性可以为交易者降低交易费用提供一定的余地,但是不能改变交易的稀缺性。交易总是要付出代价甚至很高代价的。

二、信息不对称理论

信息不对称指在市场经济活动中,交易各方拥有的信息不同。古典经济学通常假定信息是充分的,市场所有交易主体掌握的信息是一致的,但事实上,"买的没有卖的精",信息不对称在市场经济活动中是普遍存在的。信息不对称既是由信息收集手段有限性决定的,也是由信息的隐私性所决定的,每一个市场交易者都有强烈的动机来隐藏对自己不利的信息。掌握信息比较充分的人员,往往处于比较有利的地位,而信息贫乏的人员,则处于比较不利的地位。信息不对称加大了信息收集成本、违约可能性和社会成本,降低了经济效率。不对称信息可能导致逆向选择和道德风险。

(1)逆向选择。逆向选择指的是这样一种情况,市场交易的一方如果能够利用多于另一方的信息使自己受益而对方受损时,信息劣势的另一方便难以顺利地做出买卖决策,于是价格便随之扭曲,并失去了平衡供求、促成交易的作用,进而导致市场效率的降低。逆向选择在市场交易中广泛存在。例如,在信贷市场中,存在大量潜在的交易者(借方和贷方),对于贷方而言,如果借方信用状况良好,违约可能性较小,是可以给予相对优惠利率的;如果借方信用状况较差,违约可能性较大,就可能要求一个较高的利率或不予贷款。但是,由于信息不对称,贷方无法区分借方的信用状况,只能按正常利率贷款给所有借方,就会导致信用良好的借方离场,信用不佳的借方充斥整个借贷市场,导致借贷市场风险不断提高,甚至可能引出系统性的次贷危机。

(2)道德风险。道德风险是在信息不对称条件下,不确定或不完全合同使得负有责任的经济行为主体不承担其行动的全部后果,在最大化自身效用的同时,做出不利于他人行动的现象。在信息不对称的条件下,道德风险难以完全避免。例如,在借贷市场,借方为了自身利润最大化,罔顾借贷前双方约定的不得从事高风险投资事实,用借方的资金用于股票交易等高风险投资,导致违约风险增大。研究人员发现:当守信的净收益小于失信的净收益时,交易者就没有积极性履行合约,会产生失信行为。

三、制度变迁理论

所谓制度就是一系列被制定出来的规则、守法程序和行为的道德伦理规范。诺斯认为制度是社会演化的选择,是各种关系的纽带和各种社会规则的集合。制度就像地心引力,它们无时无刻不在起作用,强烈地影响人们的行为,但它们又都是看不见摸不着的。人们已经习惯了它们的存在,以至于感觉不到它们对自己的影响。制度通过提供一系列规则界定了人们的选择空间和相互间的关系,约束了人们的行为,从而减少了不确定性,减少了交易费用,促进了经济增长。

制度变迁是制度的替代、转换与交易过程。可以将其理解为一种绩效更高的新制度对另一种绩效低的旧制度的替代过程。制度变迁按推行和实施变迁的方式不同,可以分为诱致性制度变迁和强制性制度变迁。

（一）诱致性制度变迁

诱致性制度变迁是指现行的制度安排变换或者更替，抑或创造安排新的制度。它是由一个群体或独立个人自发性地组织、倡导和实行，同时对获利机会做出的响应。它是否发生，受两个决定性因素支配。

（1）源于创新发展中，相关个人对预期成本与收益进行的比较。

（2）针对新的制度安排，其他的外部性条件和相应的制度环境给其留下相应的空间和边界，因制度变迁空间所限导致难以出现全新的制度上的安排，历史上这类例子很多。

诱致性制度变迁必须伴随由制度不均衡所带来的某些获利机会而发生，从初始制度均衡，到制度不均衡，再到制度均衡，这样往复循环，这个过程就是制度发生变迁的过程。

诱致性制度变迁有五个显著的特点。

（1）具有营利性。如前所述，只有在制度变迁的预期成本小于预期收益的条件下，诱致性制度变迁的主体才会去推动制度的变迁。

（2）自发性。它是诱致性制度变迁的主体发现获利机会后自发的追逐利益的本能反应。

（3）渐进性。诱致性制度变迁是从局部到全局、由下至上的一个缓慢的渐变过程。

（4）外部性。当一个新的制度安排被创造出来后，模仿这种创新的主体不需要承担创新的成本就可以获得新制度变迁带来的收益。

（5）可以"搭便车"。制度作为一种公共物品，非竞争性和非排他性决定了每一个制度内的人都可以获得制度安排带来的好处。

外部性和"搭便车"的一个后果是：诱致性制度变迁创新者的报酬少于作为整体的社会报酬，所以诱致性制度变迁创新的密度和频率少于作为整体的社会最佳量，可能会持续地出现制度不均衡和制度短缺。

引起诱致性制度变迁的原因一般有四个：制度选择集合的改变、技术改变和社会生产力的发展、要素和产品相对价格的长期变动、其他制度安排的改变。

（二）强制性制度变迁

强制性制度变迁是由政府以行政和法律引入、实施而引起的现行制度的变更或替代。与诱致性制度变迁不同，强制性制度变迁的主体是国家。经济学家普遍认为，国家的基本功能之一是提供法律和秩序，并保护产权以换取税收，同时，国家在使用强制力时具有规模经济效应，国家可以比竞争性主体以低得多的费用提供一定的制度性服务，此外，国家在制度实施及其组织成本方面也有绝对优势。强制性制度变迁主要有以下五个特点。

（1）政府主导性。强制性制度变迁是通过政府命令和法律引入来实现的，政府是制度变迁的主导因素。

（2）目的的多元性。强制性制度变迁不再仅强调预期收益大于预期成本，有时政府出于非经济目的，如政治的稳定、意识形态的刚性、统治者的偏好、利益集团的冲突等，在公众的预期收益低于预期成本情况下强制性制度变迁也可能发生。

（3）供给功利性。强制性制度变迁可能出现制度供给短缺，也可能出现制度供给过剩。作为一定阶级和利益集团代表的政府，制度变迁的方向、形式、程度等必须符合政府的意志。所以，一项制度安排即使有利于多数公民，但对政府无利甚至损害了其利益时，政府也不会按照公众意愿进行强制性制度变迁，相反，还可能阻挠制度变迁。如果相反，一项新的制度安排对于政府有利，对于多数公民不利，政府也可能强制推进这一制度。

（4）预期收益复杂性。诱致性制度变迁发生与否主要取决于个人或利益集团推进制度变迁后其预期收益是否大于预期成本，这种收益和成本都是基于经济上的考虑，易于量化。但是，强制性制度变迁的主体是政府，由于其目标的多元性，且有些目标是非经济可以度量的，所以政府的预期收益往往较为复杂，难以量化。

（5）强制性。强制性制度变迁是以政府的强制力强制推行的。强制性制度变迁产生的原因有以下 3 点。

① 供给制度是一个国家的基本功能。当权者需要制定一些相关的规章制度，用于削减治理国家所需要的费用支出。这些相关的规章制度，其中包含了一系列维护和保持国家安全稳定、促进经济繁荣的产权制度。

② 制度安排是一种公共物品。公共物品通常由国家提供。政府"生产"制度比私人"生产"制度更有效。

③ 弥补供给制度不足。由于外部性和搭便车问题，诱致性制度变迁会出现供给不足，在这种情况下，政府强制力可以减少或抑制外部性和搭便车现象，从而降低制度变迁的成本，实现强制性制度变迁对诱致性制度变迁的代替。

第三节　征信的产生与发展

一、征信的起源

征信业务最早起源于英国、美国。18 世纪初，随着英国中产阶级的逐渐崛起，有些银行为这些重要客户开始建立内部档案，并为信用记录良好的客户提供小额透支的服务等，这些可以称为最早的个人征信。1830 年，世界第一家征信机构在英国伦敦成立，开始提供企业征信服务。在美国，为了减少交易摩擦，降低交易成本，1841 年 7 月，蚕丝商人莱克希斯·塔潘（Lexis Tappan）在纽约建立了第一家商业征信所 The Mercantile Agency，后来发展成为征信机构——邓白氏公司。特别是在美国南北战争期间（1861—1865），南北双方之间的棉花贸易欺诈行为非常普遍，于是出现了一些专门对南方和北方从事棉花交易的商人的信用状况进行调查的征信机构，这些征信机构可以称为现代征信机构的雏形，同时也是最早的企业征信雏形。随后，在 1857 年、1860 年、1888 年和 1893 年，法国、德国、荷兰、日本等国家的第一家征信机构分别创立。其中，总部设在荷兰的格瑞顿公司经过 100 多年的发展，目前已经能够提供世界上 130 多个国家和地区的企业征信报告。

二、征信的发展

20 世纪 30 年代,欧洲一些国家的中央银行为了有效监测商业银行的系统性风险,开始建立公共征信系统。特别是第二次世界大战后,随着经济的快速发展,征信方面的法律纠纷也日益增多,美国和欧洲先后出台了有关征信方面的法律,开始对征信市场进行规范。美国是当今世界上征信业较发达的国家,其 1970 年实施的《公平信用报告法》,是世界上第一个专门针对征信活动的立法。欧洲有关征信方面的法律立法相对较晚,但数据较多,如 1981 年欧洲共同体部长委员会制定了《有关个人数据自动化处理的个人保护协定》、1990 年欧洲共同体通过的《关于保护个人数据处理所涉及的个人的理事会指定提案》以及欧盟于 1995 年出台的《关于个人数据处理的个人保护及此类数据自由流动的指令》,再如英国 1974 年的《消费信用法》和 1998 年的《数据保护法》,以及德国《联邦数据保护法》《电信业务数据保护法》《信息主体金融法》等。

亚洲国家征信方面的法律主要有:日本的《与行政机关保有的计算机所处理的个人信息保护有关的法律》(1988 年)、《信息公开法》(1999 年)、《个人信息保护法》(2003 年);韩国的《公共机关保有个人信息保护法》(1994 年)、《信用信息使用及保护法》(1995 年)、《公共机关信息披露法》(1998 年)、《信息及通信网络使用促进及信息保护法》(2000 年)。

20 世纪 90 年代以来,巴西、墨西哥、哥斯达黎加、阿根廷等许多拉美国家也纷纷建立了本国的公共征信系统,征信相关的法律也不断建立和完善,其中,《银行法》《信息主体保护条例》《海布斯数据法》等比较具有代表性。

中国早期没有关于征信方面的专门法律,相关规定散见于《中华人民共和国宪法》《中华人民共和国民法通则》《中华人民共和国公司法》《中华人民共和国合同法》等法律中。2013 年国务院颁布并实施的《征信业管理条例》,填补了中国征信史上的法律空白,为征信业务及相关活动的管理提供了法律依据。进入新时代,中国征信业对外开放的步伐也越迈越大。2017 年 7 月初,中国人民银行上海总部公布了《关于对上海华夏邓白氏商业信息咨询有限公司企业征信机构备案的公示》,美国征信公司邓白氏持有 51% 股份,被视为外资进入中国征信业的标志。2018 年 6 月底,中国人民银行北京营业管理部发布了《关于对益博睿征信(北京)有限公司企业征信机构备案的公示》公告,这意味着英国的益博睿成为第二家获得企业征信备案的外资机构。特别是在 2019 年 1 月,标普信用评级(中国)有限公司成为首家获准在中国开展业务的外资评级机构。鼓励具有特色和专长的外资企业征信机构、信用评级机构进入国内市场,有利于引进国外先进的征信技术、业务模式和管理经验,有利于培育具有竞争力的市场竞争体系,促进征信业更好地服务于实体经济发展。

近年来,随着互联网技术的发展,大数据越来越受到关注,其应用逐步渗透至多个行业,开启了全新的数据时代。大数据是一种规模大到在获取、存储、管理、分析方面大幅超出了传统数据库软件工具能力范围的数据集合,它具有海量的数据规模、快速的数据流转、多样的数据类型和价值密度低四个特征。

如前所述,征信的基础是信用信息,所以数据是征信业务开展的基础资料,征信活动主要是围绕数据进行采集、整理、保存、加工,并最终向信息使用者提供。大数据为征信业的变革注入了新的动能,为征信业发展提供了更为丰富的数据信息资源,使征信数据存储和处理方式多样化,改变了征信产品设计和生产理念,让征信产品更丰富、服务范围更广,成为未来征信业发展最重要的基石。

第四节　互联网与征信

一、互联网金融特点与风险

(一)互联网金融特点

与传统金融不同,互联网金融指基于互联网建立的一种衍生金融。互联网金融具备传统金融的基本特征,同时又具备较强的开放性和兼容性。

(1)互联网金融具有开放、互动等较为明显的网络特点。互联网金融就是通过网络上的平台互动,合理标准的服务与合同,从而形成一种用户数量控制产品效用的新型消费者经济。

(2)互联网金融仍然具备传统金融行业的特点,核心依旧是为用户提供金融服务,是建立在信息技术上的金融服务。

(3)互联网金融更加注重用户体验,是金融业通过互联网平台尽可能地满足用户需求的服务模式。

(二)互联网金融风险

(1)网络技术风险。互联网金融依靠互联网技术来进行运行操作,通过网络传输来处理交易信息,所以面临的风险较大。由于当前网络设施不完善、计算机技术仍处于发展阶段等原因,病毒、黑客等一些网络固有的问题就将成为互联网金融的风险。网络设施瘫痪,网络信息泄露都将严重影响互联网金融安全,对于互联网网络密钥技术管理及 TCP/IP 安全性都将是个巨大的挑战。

(2)操作性风险。互联网金融对于技术性要求较高,内部流程的操作不当或操作失败、系统漏洞或外部因素干扰都会导致操作风险。操作性风险的特点主要有可控制性小、涉及面广、关联性强等。

(3)虚拟风险。互联网的虚拟性可能引起互联网金融交易时难以分辨用户身份及其提供的信息真实性问题,从而导致互联网金融活动信息不对称。不法分子利用互联网的虚拟性,制造虚假信息进行网络诈骗、洗钱套现等犯罪行为,同时可能导致资金周转的沉淀资金不能得到有效监管,增加支付风险。

二、大数据征信与互联网金融风险控制的内在联系

互联网金融数据拥有规模性、多样性和高速性三大特点。

(1)规模性。互联网金融数据已形成规模,难以利用当前剖析工具立即处理。①使用者规模大。因为互联网金融准入条件较低,效率很高,互联网金融的参与使用者规模巨

大。②交易规模大。凭借互联网金融的平台特征和大数据优势,互联网金融客户规模和交易规模极易快速增加。

（2）多样性。互联网金融数据种类有结构化、半结构化及非结构化（比如文本数据）。同时,互联网金融行为也存在多样性特征,互联网金融行为包括 B2B 电商金融、B2C 电商金融、网销基金（网络理财）、网络保险、电子银行、电子商务、P2P 网贷、网上支付、众筹融资、虚拟货币等。

（3）高速性。互联网金融数据在处理准确性和及时性上有很高的要求,未能及时处理将会带来损失。同时,随着互联网金融平台的推广,互联网金融参与者响应速度加快,规模逐步增长,互联网金融数据的提升速度呈现出指数增长态势。

大数据征信依赖巨量的、相互性很高的非结构化数据,而互联网金融数据恰好可以作为大数据征信的数据来源,从而为互联网金融产品提供风险控制评估。

三、互联网征信发展的必要性

推进互联网征信发展是改善互联网金融生态的重要措施。

（一）征信数据支撑互联网金融发展

传统金融业对借款人开展贷前审查,更倾向于注重实物资产、债务水平、现金流水等。而互联网金融倾向于注重消费数据、频率和地位。互联网金融平台,尤其是电子商务平台,以其自主支付渠道积累大量数据,凭借这些数据可以高效地对借款人进行审核并快速发放贷款。电子商务平台的大数据金融就是利用自身掌握的用户交易数据为内部商户提供融资业务并将信贷不良率保持在较低水平。P2P 网贷平台通过数据分析评估借款人信用,其实也是借助互联网数据进行信用风险管理。

（二）完善的征信体系有助于互联网金融控制风险

互联网征信对于信贷风险管控的价值在于将现场收集审查资料的方式通过互联网实现,提高了审核效率和精确度,而且交易达成后会产生新的信息进入系统,累积成范围更广、行业更多、数据更全的征信数据,形成规模效应,促使信息共享圈扩大,信息主体的信用记录将会更加全面完整地展示出来。互联网征信可以帮助互联网金融企业放大互联网金融行业的违约成本,降低行业总体经营风险;全面掌握融资主体的负债水平和历史交易表现、优化信审流程,降低成本。

（三）有利于传统征信业务创新

（1）征信系统需要扩大覆盖面。金融服务有明显的长尾效应,处于尾部的人群较难获得理想的金融服务。互联网金融的发展弥补了正规金融领域没有服务到的人群,而征信需要为每个有金融服务需求的经济主体建立信用档案。

（2）征信系统需要探索更便利的服务方式。互联网技术日趋成熟,应用互联网技术对互联网上的信息进行征集、加工,并形成征信产品提供给征信需求方是未来征信服务的技术趋势。

（3）征信系统需要创新风险评价模式。互联网上个人的行为方式分布于电商平台、社交网络等互联网工具中，利用这些信息开发有效的风险防范模型，是对传统风险评价方式的重大突破。

四、互联网征信发展路径选择

（一）发展原则

（1）共享性原则。目前，互联网金融平台间的竞争激烈，相互合作条件较为苛刻，信息流动相对局限，获取信息渠道单一，无法全面了解借款人的综合信用信息，容易造成重复借贷等风险。为降低信息不对称带来的风险，实现信息共享，许多互联网金融行业的早期发起者或发展较快的互联网金融平台，组织建立行业协会以通过共享失信行为的方式帮助会员企业间规避风险，有效防范虚假信息和重复融资等。可见互联网征信发展需要实现互联网金融领域信用信息共享。

（2）广泛性原则。互联网征信能够准确采集到被征信群体的真实数据是我国建立互联网征信的基础和关键。我国互联网金融虽快速发展，但总体还处于初级阶段，形成以人人贷、拍拍贷等为首的 P2P 主流阵营和众多新兴模式下的众筹主流阵营。因此，只要人民银行征信中心对采集渠道进行扩展和延伸，引入京东、淘宝等电商平台以及互联网金融平台等新兴投融资机构，从电子商务平台、社交网络等多个维度获取信息，一方面信息量会变得更大，另一方面数据库所能服务的人群也变得更多。

（3）及时性原则。如何保证采集数据的实时更新，及时反馈至系统，并以快速准确的方式提供给需求者是互联网征信发展有效性的关键所在。一方面，运行新兴技术对互联网数据进行实时的采集、加工和展示；另一方面，在保证及时性的同时更要注重系统运行的安全。

（4）保密性原则。互联网征信征集到的信息主要是信用信息，包括基本信息和信贷信息等。这些信息不仅可以反映客户信用状况，为客户信用评定提供参考，还可以显示出客户的身份、住址和联系方式等隐私信息。因此互联网征信发展规划中应规范隐私保护。

（二）立体化的构建思路

（1）建立统一的互联网征信平台。随着移动支付、云计算、大数据技术的兴起，客户可以通过便捷方式、低廉成本享受高质量的信息服务。大数据技术的应用改变了人们的沟通思考方式，使个体与个体之间更加透明，有效缓解了信息不对称问题。以淘宝、京东为代表的电商企业在信用分析上提供了一种全新的思路和巧妙的方法。中国人民银行征信中心经历了 20 余年的高速发展，已经具备了强大的用户数据基础和成熟的信息收集网络，在新时期的背景下，可考虑以人民银行征信中心为基础，搭建新的统一征信平台，将互联网上的相关数据纳入人民银行征信系统。

（2）互联网金融模式下征信系统的功能。

① 基础功能设计。征信平台的基础功能设计应重点包含互联网渠道下征信机构的信息上报和征信机构的信息下载与应用。信息上报方面，可先对技术能力较强的几家机

构进行逐步试点,采取半自动化上报方式,上报信息设计包括:客户基础信息、财产信息、信贷业务明细、通信数据、消费数据、其他信用数据等。后期,对有能力的互联网征信机构支持报文自动生成和上传功能,报文生成后通过接口程序导入内联网系统实现数据上报。在信息下载与应用方面,主要提供信用报告查询和反馈功能。

② 增值服务功能设计。我国互联网征信系统的增值服务主要分为两个层面,一是在主系统层面设计信用评价与评分系统,建立以客户为中心的数据管理体系,以关系型的数据仓库为核心,兼容传统的银行数据和互联网金融数据;二是在各征信机构层面,鼓励信息共享,由各征信机构在市场化的前提下对不同原始数据进行加工、整合,结合不同群体需求,开发多样化的征信产品应用于信贷市场以外的其他领域。

(3) 信用产品的形成。参照现有央行征信系统的征信报告构成,结合互联网金融特点,展示我国互联网金融模式下的统一信用信息模式。大数据背景下的征信基础产品构成主要包括三类信息。

① 金融信息。整合传统信贷信息和互联网金融信息。

② 行政管理信息。整合工商、税务等与经济主体信用相关的数据,可借助政府内部共享系统实现。

③ 市场化信息。这部分信息的维度较为广泛,包括物流、非金融机构借贷、应收账款等信息。增值产品将主要由信用评价服务和客户管理服务构成,信用评价服务将主要包括面向客户的信用评分与行业评价,依托对大数据的挖掘,细化和完善信用评分的指标与精度,实现客户信用评价、财务行为体检、产品推荐功能。

第五节　区块链与征信

当前,作为新一代互联网技术——区块链,在征信体系建设中能够发挥重要的作用,可能是未来中国征信业高质量发展、实现弯道超车的关键。

一、区块链的内涵

《中国区块链技术和应用发展白皮书(2016)》对区块链给出了相当专业的解释,简单来说区块链就是一种分布式数据存储、点对点传输、共识机制、加密算法等计算机技术的新型应用模式。同时区块链还具有去中心化、开放性、不可篡改性、去中介化、安全性高等特点。近些年区块链作为新兴技术,其运用的场景越来越多,同时所受的关注也越来越多。区块链凭借其技术特点,在征信体系建设中具有独特的优势。

二、区块链在征信体系建设中的优势

区块链在征信体系建设中有以下几个优势。

(1) 去中心化使征信信息更安全。与传统中心化的方式不同,去中心化是指不存在第三方作为中心,区块链上每个节点能够实现自治,都有成为阶段性中心的可能,但无法成为控制中心。无论是政府主导的央行征信中心还是市场化的个人征信机构目前都属于

中心化的征信体系。中心化的数据交易平台通常都会记录每笔数据交易的具体信息,所以只要存在系统缺陷,内部人员道德风险以及操作风险等问题就会造成征信数据安全问题。而去中心化的数据交易平台则是通过为交易双方建立点对点式的数据传输,在此过程采用非对称加密技术,平台自身不能实现对相关数据的缓存,这就大幅提高了征信数据的安全性。此外,在去中心化的征信体系中,一旦某一节点试图对信用数据进行操作,在该链上的其他节点就能够立即发现,从而能够实现对数据信息的实时监控,防止信息被泄露。因此,区块链去中心化的特点能够弥补当前征信组织机构各自建设所产生的信息安全隐患,从而提高征信体系的安全性。

(2)分布式账本防止信用信息被恶意篡改。从本质上来讲,区块链是一种分布式账本数据库。分布式账本一改传统数据记载方式,每个节点在存储当前数据的同时还会同步复制整个账本的历史数据,也就是说区块链上的每一个节点都具有一份数据备份。将区块链技术运用到征信系统建设当中,那么即使一个或多个节点遭受意图对其数据进行篡改的攻击也不会对整体数据产生实质性的影响。因为链上的节点都是相互连接的,如果节点想要篡改链上已存在的数据库,就必须具有超过全球一半的算力,其耗费成本之大是很难承受的,站在理性人的角度,是没有人愿意去付出这样的代价,从这个角度来讲,征信数据被篡改的可能性约等于零。并且可以根据块哈希实现对区块是否被修改的验证,因为只要链上某一区块被修改,就会引起一系列的连锁反应——其后所有区块上的哈希值都会发生改变,篡改征信数据的行为就会被识别出来。分布式账本使得不法分子对征信系统的恶意攻击、篡改行为失去意义,使得征信体系的防篡改目标得以实现。与此同时,分布式账本大幅降低了相关机构和组织对征信活动的监管难度,进而促进简单有效的征信监管体系。

(3)非对称加密和授权技术保护信用主体的个人隐私。非对称加密与对称加密算法不同,它是指使用不同密码钥匙进行加密和解密的算法,具有极高的安全性。区块链上存储的交易信息能被用户查看,但高度加密的账户身份信息只有得到数据拥有者的授权才能被访问,这就是非对称加密和授权技术。当前大数据技术下的征信数据来源广泛,往往涉及一些个人隐私。在征信活动当中难以避免个人隐私的泄露,一旦被不法分子利用就会对信息主体产生极大的伤害。征信活动要求信息共享而个人隐私保护就成了一个难题。非对称加密技术和授权技术的运用能够使该问题迎刃而解。个人信用情况在上链时可通过非对称加密技术进行加密,那么只有拥有密码钥匙才能看到个人信用信息,强化个人信用信息的保护。此外对一些敏感的个人信息根据一定的规则进行数据的数字化,再结合授权技术,只有那些有访问权限的节点才能调取系统中的某些征信信息,可以实现个人隐私的有力保护。这会激励信息主体提高提供个人信用信息的意愿,降低征信机构对个人信用评估的难度,同时其他用户无法获取该信息的主体的元数据,从而实现个人信息的私密性。

(4)共识机制保证信用信息的真实性。共识机制简单来说就是区块链上多个节点达成一致的机制。区块链中有大量分布广泛的节点,而节点之间的通信不一定是同时完成的,往往存在一定的延迟,共识机制就是这样一种决定新块的记账权以保证节点数据的一致性的算法。作为区块链中获取信任的核心,共识机制同时具备了一致性和有效性这两个关键性质。当前市场上出具征信记录的机构混乱,导致数据信息的真实性难以求证,制约征信业的良好发展。针对征信活动的特点,将共识机制运用到个人信用情况记录当中,就可以实现自动识别真实的个人信用记录。相关征信接入机构将信息主体的履约或违约情况上传到区块链征信系统,在换取包括信息主体在内的大多数节点信任后,链上各个节点才会按照区块链的规则记录下相同的个人信用数据,而无法获得共识的虚假信息就被淘汰。共识机制能够在甄别征信记录方面发挥积极作用,并且任何试图篡改节点个人信用数据的攻击都是白费的,这就有力保证了个人信用数据的真实性,从而使征信体系的有效性获得极大提高。

(5) 智能合约自动化生成更全面的征信记录。根据密码学家尼克·萨博对智能合约所做的定义,可以知道智能合约实质上是一个自动执行合同的计算机程序,一旦满足预先设定的条件,该程序就能够自动执行合约条款。基于区块链的智能合约充分具备去中心化、去信任、可编程以及不可篡改的特性,可以灵活嵌入各种数据和资产帮助实现高效的信息交换。在信用交易双方达成合约后,就将合约内容数字化,编写成相应的计算机程序储存在区块链中。一旦达到设定的触发条件,合约能够自动执行,自动化生成个人信用记录,并同时在区块链的每一个节点进行存储。区块链上的各征信系统以及接入企业实现互联互通,失信者的信用情况不仅会被完整地记录下来,而且会全面地呈现给链上的每个有访问权的机构。智能合约节约大量人力物力,智能地记录个人全部的信用情况,而完善的个人信用记录可在很大程度上杜绝恶意欺诈和过度负债行为的发生,减少信息不对称所产生的信用风险。

三、我国应用前景展望

在我国,区块链应用前景十分广阔。

(1) 国家层面的政策支持和战略重视。习近平总书记在 2019 年 10 月 24 日主持中央政治局第十八次集体学习时强调把"区块链技术作为核心技术自主创新重要突破口""加快推动区块链技术和产业创新发展",其中也提到了要利用区块链技术促进城市间在信息、征信等方面的互联互通,为经济社会发展提供新动力。由此可见,我国政府开始统筹区块链技术在多个行业的应用,区块链发展上升到一种新的战略高度。相信之后政府会出台相应的政策鼓励区块链技术在征信领域的应用,"区块链+征信体系"发展前景广阔。并且在当前大数据征信面临数据安全、信息共享不足等问题背景下,区块链技术作为新一代互联网技术可充分发挥自身的技术优势解决征信所面临的问题,推进面向现代化的征信体系建设。

(2) 加强顶层设计。中国人民银行筹建的央行征信中心在当前征信体系中占据主导地位,同时人民银行担任我国的征信业监督管理职能,由各级人民银行征信管理部门对相对应的征信市场进行监管。由此可见中国人民银行在我国征信体系建设当中扮演着举足轻重的角色,因此更需要顺势而为,把握发展机会,尽早加强顶层设计,建立相应部门和制定相关规章制度,积极探索区块链在征信系统和监管等方面的运用,以解决前述征信体系建设当中存在的系统缺陷和监管难题,利用该新兴技术加快征信体系建设。

(3) 建设具有中国特色的"区块链+征信体系"。虽然区块链技术发展的还不够成熟,但如今已经作为一项独立的技术成为各国争相布局的战略前沿。尽管一些西方国家(如英国、德国)已经将区块链上升为发展战略,但还没有进行区块链在征信体系领域的应用探索。而我国政府已经明确支持区块链技术在征信体系建设场景中的应用,并且我国市场上执照经营的百信征信已经率先建立了依托区块链技术的联盟链,实现了对征信体系一定程度的优化。要充分依据我国征信业的实际情况,以区块链技术为依托,加快建设具有中国特色的"区块链+征信体系",加快征信市场化发展,助力我国经济社会高质量发展。

(4)以"区块链+征信体系"建设引领我国政治文化建设。区块链技术可以有力推动我国征信体系建设,而完善的征信体系势必会对政治文化建设产生有力的影响。区块链技术可以减少当前征信体系建设当中依然存在的信息不对称问题。如果个人的所有信用信息都被全面真实地记录并由征信机构进行客观的评价,最后会如实地呈现给征信产品需求方,这必然会对信息主体的不信用行为产生约束,因此会在全社会形成一种履约、守信的风尚,有利于引导信用文化建设。并且在对腐败的治理上也起到一定的积极作用,一方面个人信用信息全面地进入征信系统会约束政府官员行为,从源头上减少腐败的发生;另一方面个人信息上链会使政府更容易查找证据,从而提升查处腐败的工作效率。从以上两个角度来看,利用区块链技术加快征信体系建设会促进腐败的治理,从而加强我国政治文化建设。

拓展阅读

关于百行征信你了解多少?

一、百行征信的诞生

我国的征信行业起步较晚,经过多年的探索与实践,随着《征信业管理条例》《征信机构管理办法》的出台,在制度层面为征信体系的发展提供了有力保障。在我国推动"政府+市场"双轮驱动征信发展模式的背景环境下,征信机构的发展也迎来了机遇与挑战。在宏观层面,征信关乎社会信用体系建设,关乎诚信文化发展,关乎契约精神的弘扬,关乎社会文明的提升;在微观层面,征信关系到客观、公正、科学地记录、评价信息主体的信用状况,影响到信息主体能否获得公平的交易、信贷机会。同时,市场主体和公民个人的信用意识普遍增强,各行各业对征信产品和服务的需求日益旺盛;互联网和大数据技术日益成熟,征信市场发展方兴未艾,迫切需要独立、公正、合法、合规的机构为各个交易主体提供多样化的征信产品和服务。

2013年,国务院公布《征信业管理条例》,明确我国个人征信实行牌照制。2015年1月,央行下发《关于做好个人征信业务准备工作的通知》,要求8家征信机构做好个人征信业务的准备工作,准备时间为6个月。2018年1月4日,央行发布《关于百行征信有限公司(筹)相关情况的公示》,宣布受理了百行征信有限公司(筹)的个人征信业务申请。"百行征信"由中国互金协会持股36%,前述8家机构各持股8%。2018年2月22日,央行发布"设立经营个人征信业务的机构许可信息公示表",百行征信有限公司已由中国人民银行批准获得个人征信机构设立许可。2018年5月23日,百行征信在深圳正式揭牌。

二、百行征信的发展

百行征信的设立,是我国防范系统性金融风险的新设施,是加强个人信息保护的新闸口,是实施普惠金融的新路径。百行征信将与人民银行征信中心共同形成国家金融信用信息基础数据库与市场化征信机构错位发展、功能互补的市场格局,我国实施"政府＋市场"双轮驱动的征信发展模式初步形成。

2020 年 7 月,百行征信有限公司获得企业征信业务经营备案许可。至此,百行征信正式成为国内唯一一家持有个人征信与企业征信业务双牌照的征信机构。为加快建立覆盖全社会的征信系统,提升征信市场有效供给,2020 年 7 月 17 日,央行征信中心与百行征信正式签署战略合作协议。根据协议内容,双方将在依法合规、保障信息安全的前提下,开展征信战略、业务、技术合作研究,切实发挥"政府＋市场"作用,共同推动我国征信市场繁荣发展。双方按照央行关于中国征信市场顶层设计,实现差异化发展,坚持互利互惠、循序渐进的原则,共同探索合作机制创新,提升双方征信服务创新能力,共同创建并维护公平的市场环境。

三、对我国征信格局的影响

1. 推动"政府＋市场"双支柱征信格局的形成

自 2006 年中国人民银行征信中心正式注册为事业法人单位起,我国便形成了政府主导的个人征信格局。在过去很长时间内,这一格局有力地支撑了我国金融体系的运转。随着信息技术的发展,征信数据的来源逐步呈现出更加多元、层次多样和非结构性的特征,大数据、云计算等新兴技术的发展也为征信机构经营方式的转变和服务创新以及征信监管当局改进征信体系框架提出了新的挑战。在央行主导下,由芝麻信用、腾讯征信、前海征信、考拉征信、鹏元征信、中诚信征信、中智诚征信、华道征信共 8 家市场机构与中国互联网金融协会共同发起组建市场化个人征信机构,在此意义上,"央行征信＋百行征信"的双支柱格局,将在未来的中国金融生态中长期存在。

2. 征信基础设施建设加速

征信基础设施是征信行业互联互通的重要保障。目前,我国已建成世界上收录人数最多、数据规模最大、覆盖范围最广的金融信用信息基础数据库。截至 2019 年 8 月末,国家金融信用信息基础数据库累计收录信贷信息 33 亿多条、公共信息 65 亿多条,为 2 542 万户企业和其他组织、9.7 亿自然人建立统一的信用档案;接入各类法人放贷机构 3 900 多家,日均查询企业信用报告 29 万余次、个人信用报告 477 万余次。此外,截至 9 月末,有 133 家企业征信机构完成备案。

思考与练习

1. 征信的内涵是什么?
2. 征信、诚信和信用的区别与联系是什么?
3. 征信有哪些分类?
4. 征信的原则有哪些?
5. 什么是信息不对称?它对征信有什么影响?
6. 为什么要发展互联网征信?
7. 区块链在征信体系建设中有哪些优势?

第二章　征信机构

【学习目标】

- 掌握征信机构的概念、特征和分类。
- 了解征信机构的运作模式。
- 掌握征信机构的主要类型。
- 了解世界典型征信机构和我国征信机构。

第一节　征信机构概述

一、征信机构的定义

征信机构是征信活动的组织载体,是征信市场最活跃、最重要的参与主体,是构建征信管理体系的基础。征信机构是指在征信市场中,依法设立的、独立于信用交易双方的第三方机构,专门从事信用信息调查、收集、整理、加工和分析,出具信用报告,提供多样化征信服务,帮助客户判断和控制信用风险的组织。国外经常用 Credit Bureau、Credit Registry、Credit Reference Agency、Credit Reporting Agency、Credit Rating Agency 等来表述征信机构。

在实践中,各国对征信机构的定义并不一致,如美国的征信机构包括消费者信用报告机构、商业信用调查机构、评级机构,其中"消费者信用报告机构是指任何出于收费、产生应收账款或合作性的非营利目的而经常性从事消费者信息收集或评估的机构,它向第三方提供消费者信用报告,以及利用州际商务手段或设施来准备或提供消费者信用报告";"评级机构是具有免费或收取合理费用以在线或其他易获取的方式发布信用评级结果,采用定量、定性或两者相结合的模型进行评级,评级费用由债券发行方、投资者或其他市场参与方单独或共同承担的机构"。韩国将"取得行政许可,从事信用查询业务及其附属业务、信用调查业务及其附属业务、债权追究业务及其附属业务、信用评估业务及其附属业务四种业务中的任一或全部业务的机构"统称为征信机构。俄罗斯则将征信机构界定为"依据俄罗斯法律注册登记,并依据法律从事形成、加工、存储信用记录,提供信用报告以及相关增值服务的商业化信息服务的法人实体组织"。

2009 年国务院为向社会各界征求意见而公布的《征信业管理条例》(征求

意见稿)规定,征信机构是指依法设立,依法从事收集、整理、保存、加工个人、法人及其他组织的信用信息,并对外提供信用报告、信用评分、信用评级等业务活动的法人。征信机构是征信市场的支柱,在现代市场经济条件下扮演着至关重要的角色,是信息不对称情况下扩大市场交易规模的必要前提。没有征信机构承担的社会功能,社会信用很难充分发挥作用。

但无论是何种定义和范围,征信机构一般具有以下特征。

(1) 信用信息主要来源于外部。征信机构主要从第三方机构采集企业或个人的信用信息,既包括银行、保险公司、其他工商业企业以及信息主体自身,也包括公共事业单位、政府部门、法院等机构,这些机构在与信息主体从事交易、实施行政或司法管理以及开展经营活动等过程中产生了企业或个人的信用信息,成为征信机构的主要信息来源。

(2) 主要经营征信业务。征信机构是从事信用信息服务的社会中介机构,对信息主体的信用信息进行采集、整理、加工和对外提供,征信机构的所有业务都围绕着信用信息开展,信用信息及其根据信用信息所开发的产品和服务是征信机构的业务核心。

(3) 信用信息提供给第三方使用。征信机构自身不使用信息,它只从事信息的采集、整理和加工业务,征信机构采集来的信息经加工、整理后提供给第三方使用,用于第三方判定信息主体的信用风险状况,如银行放贷、工商企业选择交易伙伴以及个人信用风险管理等。

二、征信机构的主要分类

按信息主体、业务方式、所有权或经营主体及经营范围的不同,征信机构主要有四种分类方式。

(一) 按信息主体分类

按信息主体的不同,征信机构可分为企业征信机构和个人征信机构。

1. 企业征信机构

企业信用是现实经济生活中最常见的一种信用形式,最初的征信机构向客户提供的第一项业务就是企业征信服务。企业征信机构主要对与企业信用状况有关的信息进行采集、整理、保存、加工,为客户提供企业信用报告及其他信用信息增值服务。具体来说,这类征信机构以企业为征信客体开展征信活动,在对企业信用记录、经营水平、财务状况、所处外部环境等诸多因素进行分析研究的基础上,系统调查和评估企业的履约能力及其偿债意愿等资信状况,并提供企业资信调查报告。征信对象是各类型的企业,一般可分为以收集、整理和销售征信信息为主体业务的征信机构和以信用评级为主要业务的征信机构。前一类机构一般拥有庞大的征信数据库,在征信市场上主要出售征信的低端产品;后一类机构借助于前者的征信数据进行信用评级,在征信市场上主要出售高端产品。美国邓白氏公司(D&B),是美国历史悠久的企业信用评估公司。邓白氏商业资信报告也是被全球企业广泛使用的资信产品。在亚洲,日本的帝国数据银行是规模较大的企业征信机构,该公司的 COMOS 数据库和 CCR 数据库是亚洲较大的企业征信数据库。在我国,新华信是一家专业的企业信息和信用管理服务机构。

2. 个人征信机构

个人征信机构主要对与个人信用状况有关的信息进行采集、整理、保存、加工，为客户提供个人信用报告及其他信用信息增值服务，征信对象以消费者个人为主。美国主要的个人征信机构有益百利公司（Experian）、艾可飞公司（Equifax）和环联公司（Trans Union），三个公司各自拥有2亿以上消费者信用档案。我国较早的个人征信机构有上海资信有限公司和鹏元资信评估有限公司中负责日常操作的"深圳市个人信用征信评级中心"。

（二）按业务方式分类

按业务方式的不同，征信机构可分为信用登记机构、信用调查机构、信用评级机构。

（1）信用登记机构是采用特定标准与方法收集、整理及加工企业和个人信用信息并形成数据库，根据查询申请提供信用报告等查询服务的机构。

（2）信用调查机构是接受客户委托，通过信息查询、访谈和实地考察等方式，了解和评价被调查对象信用状况，并提供信用调查报告的机构。

（3）信用评级机构是对债务人在未来一段时间按期偿还债务的能力和偿还意愿进行综合评价，并用专用符号标示不同的信用等级，以揭示债务人或特定债务的信用风险的机构。

（三）按所有权或经营主体分类

按照所有权或经营主体性质的不同，征信机构可分为公共征信机构和私营征信机构。

1. 公共征信机构

公共征信机构主要由中央银行或其他金融监督管理部门建立，作为政府部门以行政机构形式存在，并由其内设部门运营，目的是防范系统性金融风险。这种征信机构源于以欧洲大陆多数国家为代表的公共征信模式。公共征信模式多以中央银行建立的银行信贷登记为主体，由政府直接出资建立公共的征信机构，并对其进行直接管理，依据行政权力强制性地要求企业和个人向公共征信机构提供征信数据。

欧盟成员国中有7个国家（奥地利、比利时、法国、德国、意大利、葡萄牙、西班牙）设立了公共征信机构。其中，法国是建立公共信贷登记系统比较早的国家，也是公共征信最具代表性的国家之一。根据法国的法律，在本国领土上经营的所有金融机构都必须向法国公共征信机构提供企业和个人信用信息。法国中央银行——法兰西银行于1946年建立了银行信贷登记系统和企业信息系统（FIBEN）。银行信贷登记系统收录了法国所有贷款超过7.6万欧元和法国属地贷款超过4.5万欧元的单个借款者信贷信息。在法国90%以上的信贷业务（信用贷款、担保贷款、担保、授信、信用证、租赁、掉期等）都纳入了信贷登记系统进行登记管理。企业信息系统主要负责收集企业财务信息和经营信息，年营业额超过75万欧元或者银行贷款超过38万欧元的企业都必须向该系统报送企业财务报表，该系统已收集了20多万家企业财务报表信息。法国的个人征信系统（FICP）负责收集全国个人贷款拖欠的信息。所有金融机构都必须按月报告分期付款的拖欠信贷、个人贷款以及透支的信息。除向各个金融机构提供信用报告查询服务，法国公共征信机构每个月按企业类型、贷款种类、地区、行业、贷款金额、经济性质、金融机构及相关比例进行统计分析,出定期报告,供中央银行作为决策参考。

一些发展中国家特别是大多数征信水平较低的国家征信机构的设立也使用了公共征信模式,设立公共征信机构,如中国人民银行建立的信贷登记咨询系统和个人征信系统。

信贷登记咨询系统于 2002 年 6 月在全国联网运行,金融机构可通过该系统随时查询借款人基本信息、不良负债、担保抵押、财务报表、企业法人、企业集团信息等。截至 2011 年末,企业征信系统累计查询次数 6 900 多万次,日均查询次数 19 万次。

2005 年 6 月由中国人民银行牵头成立的个人征信系统在全国联网运行,截至 2011 年末,该系统累计查询次数 2.4 亿次,日均查询次数 66.2 万次。

这两个系统在征信业发展中发挥了重要作用。

此外,征信水平较低的印度,出于其资本市场发展的迫切要求,由印度财政部和印度储备银行于 2000 年成立了印度第一家银行信贷信息共享机构——信用信息局(印度)有限公司(Credit Information Bureau (India) Limited,CIBIL)。印度储备银行依靠行政力量要求各类银行和金融机构提供各类贷款信息、信用卡透支信息、信贷业务的担保信息、向借款人提供的非资金性质的融资工具信息、信贷机构对客户的信用评价以及其他由信用信息局(印度)有限公司采集和保存的必要的信用信息等,建立了信用数据共享机制。

公共征信机构的建立通常是因为私营征信机构缺乏,或者征信市场中的私营征信机构难以大规模发展。国家主动建立信用信息共享平台,通过建立公共征信机构发展征信业。反之,当一个国家征信业处于萌芽发展状态、没有征信活动的基础、征信水平低下、社会信用意识较差、信用信息严重匮乏、市场需求不足时,政府只能利用强制手段来推行征信业的发展。

2. 私营征信机构

与公共征信机构相对应,私营征信机构则由不同的市场主体(通常为企业或个人)依照各国法律设立,通过市场化运作方式,为各种类型的信息使用者防范信用风险、扩大信用交易机会提供服务。其源于以美国、加拿大等为典型代表的私营征信模式。私营征信模式即市场化模式,是以征信公司为主体开展商业化运作形成的征信体系。

根据世界银行的定义,私营征信机构指的是被个人或商业机构所拥有并且经营的征信系统,可以分为三类。

(1) 私人投资的股份制公司,如美国和英国的主要征信机构。

(2) 以会员制的方式联合组建的金融机构,比较典型的有爱尔兰的信用局和新加坡的信用局。

(3) 银行与个人共同拥有的征信机构,典型的有意大利的 CRIF 集团。

从三个分类可以看出,私营征信机构都是以市场化运作为主,政府不是投资者或组织者,政府也不对征信服务行业实施准许经营许可,而是由市场机制去决定。在这种模式下,征信机构搜索征信市场的参与者——政府、企业、金融机构以及个人的信用信息,并自行建立数据库,对所收集到的信息进行加工、整理、分类,并跟踪客户的信用变化情况,及时更改数据库中信用信息。私营征信机构提供的是有偿信用产品和服务,当企业、金融机构、个人需要调查某一客户的信用时,就需要向征信机构购买其所需要的征信产品或服务。在私营征信机构运行过程中,政府扮演着管理监督的角色,通过立法的形式来规范征信活动各方的行为,规范征信行业的标准,强制政府有关部门或社会机构以商业化或者义务形式给征信公司提供征信数据,形成"数据无偿报送,有偿使用",为征信公司开展有效竞争提供了一个良好的社会环境。

美国是私营征信机构的代表国家,拥有完善的私营征信系统。美国的企业征信业务主要由1841年创立的邓白氏公司经营。邓白氏公司以其独一无二的"邓氏编码",使数据库覆盖全球214个国家、约8300万家企业,使用语言达95种,使用货币种类达181种,每天更新信息约150万次。

美国的个人征信业务由益百利公司、艾可飞公司和环联公司三个征信机构垄断。其中,益百利是美国较具影响力、服务范围较广的私营个人征信公司;艾可飞公司作为一家跨国征信公司,拥有巨大的消费者个人消费数据库;环联公司虽然成立最晚,但是其利用自身信息技术优势,已发展成为第一家通过自动化技术更新应收账款数据的征信机构,并开发出第一个在线信息存储及恢复处理系统。

美国私营征信机构的运营,从产生以来就遵循"数据无偿报送,有偿使用"的原则,虽然美国没有立法规定,但是这已成为约定俗成的行业规定。在美国,银行通过签订负有法律责任的总协议加入征信机构的数据库,取得数据共享的会员资格;然后,征信机构与银行再签订一对一协商式的收费协议,且协议内容严格保密,收费标准取决于银行的查询量。

1963年开始运营的爱尔兰信用局(Irish Credit Bureau,ICB),占有爱尔兰100%的消费信用市场和80%的工商企业市场,由爱尔兰国内各主要银行在自愿的基础上以会员制的方式成立,拥有36个会员单位。ICB建立了爱尔兰全国统一的数据库,无偿收集正面、负面数据信息,数据每日更新,全年每天均可24小时不间断地向会员单位提供信用信息有偿查询服务。爱尔兰的法律规定,禁止以任何方式将ICB所收集的客户信用信息传递给会员单位之外的单位或个人。会员银行在得到客户的书面授权之后才可以进入ICB数据库查询。但是,ICB目前只能提供信用报告服务,还不能提供信用评级服务。

CRIF集团是意大利的信用机构,1990年由Emilia-Romagna和东北部的中小规模银行创立,后来全国性的大银行逐渐加入CRIF集团。CRIF集团是由个人与银行共同拥有的私营征信机构。如今CRIF集团是意大利征信市场的领导者,已经发展成为提供跨地域、多领域的综合信用产品的集团公司,拥有超过460家金融机构客户,对外提供的征信产品近70余种,大约90%的意大利银行分支机构每天在线使用它的服务。在征信服务上,CRIF集团主要向银行、金融机构、保险和电信公司、一般商业企业以及个人提供综合性服务。

中国第一家私营征信机构是1992年11月成立的北京新华信商业风险管理有限责任公司,于2001年更名为北京新华信商业信息咨询有限公司(以下简称新华信)。新华信于1993年2月正式对外提供服务。发展至今,新华信已成为中国企业信息服务市场的领导者,拥有2000多万家机构的动态更新数据,包括名称、地址、电话、传真、负责人姓名、电子邮箱、人数、营业额、IT应用状况、车辆状况等100余个数据字段。

（四）按征信范围分类

按征信范围不同,征信机构可分为区域征信机构、国内征信机构和跨国征信机构。

（1）区域征信机构一般规模较小,只在某一特定区域内提供征信服务,这种模式一般在征信业刚起步的国家存在较多,如我国上海、北京、浙江、深圳等地的地方性征信机构,就属于区域性征信机构。随着征信业发展到一定阶段后,区域性征信机构大都走向兼并或专业细分,真正意义上的区域征信随之逐步消失。

（2）国内征信机构是目前世界范围内最多的机构形式之一,尤其是近年来成立征信机构的国家普遍采取这种形式。

（3）随着世界经济一体化进程的加快,各国经济互相渗透、互相融合,跨国经济实体也随之增多,跨国征信业务的需求也不断增加。同时,征信国家一些老牌征信机构为了拓展自己的业务,采用多种形式(如设立子公司、合作、参股、提供技术支持、设立办事处等)向其他国家渗透,在此背景下,跨国征信机构应运而生并迅速崛起,如美国的邓白氏公司。但由于每个国家的政治体制、法律体系、文化背景不同,跨国征信机构的发展也受到了一定的制约。

总之,征信机构的分类是多元化的,因为征信机构的存在形式各不相同,业务范围有大有小,生产信用产品有多有少,这里的分类并不是唯一的,主要是为正确区分征信机构的功能提供参考。

三、征信机构的发展历程

（一）征信机构的起源

工业革命以后,随着工商业的迅猛发展,经济交易区域逐渐扩大,市场主体的活动范围远远超出传统的地理区域。由于有效的信用信息难以在商品交易的主体之间及时传播,商业诈骗行为层出不穷。在这种背景下,一些商人开始自发组织成立社团,专门用于收集信用信息,以减少交易过程中的信息不对称和各种风险。1830 年,英国就出现了专门从事征信业务的机构,帮助贸易商调查交易对方的资信状况和评价贸易商信誉。

在美国,1841 年刘易斯·塔潘（Lewis Tappan）在纽约成立了商业征信所,后转让给Robert Graham Dun 并改名为邓氏公司,这是美国第一家商业信用调查机构。1849 年,白氏公司（John M Bradstreet）在辛辛那提注册。两家征信所在美国商业信用调查机构中呈并驾齐驱之势,并于 1933 年合并,逐步发展成为商业信用调查领域中颇具影响力的领先企业——邓白氏公司。

1860 年,个人征信机构在美国纽约布鲁克林成立,它主要为当地的居民和企业提供产品和服务。1899 年,美国三大消费者信用评估机构之一的艾可飞公司成立。

19 世纪中叶,美国西部大开发,铁路产业空前繁荣,在银行和直接投资不能满足所需资本的情况下,铁路产业开始大量通过私募债券市场进行融资。与联邦和地方政府债券组成的债券市场不同,私募债券市场信息不对称的问题非常严重,同时由于投资者质疑铁路债券发行中的金融机构利用其信息优势获取利益,因而市场对独立第三方提供的信息产生了强大的需求,这直接催生了评级机构的产生。1909 年穆迪公司成立并发布第一份铁路债券评级报告,这被视为现代信用评级诞生的标志性事件。

(二)征信机构的发展

20 世纪 30 年代"经济大萧条"及后续发生的国内经济危机促进了欧洲公共征信机构的产生和发展。1929—1933 年"经济大萧条"的爆发,对欧洲各国的经济产生严重的破坏,大量银行破产倒闭,失业率上升。"经济大萧条"之后,欧洲大陆各国基于加强政府对经济全面干预以防范宏观经济风险的理念,纷纷通过中央银行或金融监管部门主导建立公共征信系统,要求境内商业银行、信用合作社等放贷机构向公共征信系统报送数据,用于中央银行防范、监测系统性金融风险。1934 年,德国建立了世界上第一个公共征信系统。随后,欧洲其他一些国家纷纷建立了公共征信系统,如 1946 法国建立了信贷登记服务中心,1962 年意大利和西班牙分别建立了中央信用登记系统,公共征信系统逐渐在欧洲占据主导地位并得到快速发展,为后来其他国家建立公共征信系统提供了模板。

第二次世界大战结束后的经济繁荣促进了发达国家私营征信机构的快速发展。第二次世界大战以后,美国、西欧国家等普遍经历了经济高速增长的阶段。随着经济金融对信用信息服务需求的增加,征信机构得到了快速发展。

在美国,随着不断有新的投资主体进入征信市场,设立征信机构,开展征信业务,征信机构的数量不断增加,市场竞争加剧。美国三大消费者信用报告机构中的环联和益百利在这一期间先后成立,它们与艾可飞一起,通过不断兼并收购,成为美国三大消费者信用报告机构。而以穆迪、标准普尔和惠誉三家公司为代表的信用评级机构,经过优胜劣汰积累了明显的技术优势和服务能力,"声誉资本"赢得了投资者的广泛认可,1975 年美国证券交易委员会(SEC)批准穆迪、标准普尔和惠誉成为首批获得国家认可的统计评级组织(Nationally Recognized Statistical Rating Organization,NRSRO)资格的评级机构,进一步加快了信用评级行业的优胜劣汰。

在欧洲,公共征信系统发展的同时,为适应不同交易主体对信用信息服务的需求,私营征信机构得以产生和发展。德国在 1952 年成立了舒发(SCHUFA)公司,目前已经发展成为德国私营征信领域最大的机构。意大利在 1988 年成立科锐富(CRIF)公司,是欧洲大陆市场银行信贷信息服务领域的领先企业。

拉美及亚洲金融危机促进了发展中国家公共征信系统和私营征信机构的快速发展。20 世纪最后 20 年,拉美及亚洲相继爆发了金融危机,这刺激了原来征信机构发展较为滞后的拉美及亚洲地区进入征信机构快速发展的阶段。拉美地区有 40 多个国家在 1989 年拉美金融危机之后建立了公共征信系统,如巴西在 1998 年建立了信用信息登记系统,由巴西中央银行运营。

在亚洲,1997 年,韩国银行联合会(KFB)开始承担信用信息集中登记职责,依法从银行及其他金融机构收集企业和个人的信用信息,从事企业和个人信用信息服务;2000 年,由印度财政部和印度储备银行发起成立了印度第一家银行信贷信息共享机构,即印度信用信息公司,采集和发布企业商业信贷和个人消费信贷数据,从事企业和个人征信业务;2002年,新加坡建立了由银行业协会主导的个人征信局,负责运营金融机构的信贷信息,为金融机构和社会提供服务。

(三) 征信机构的发展趋势

1. 私营征信机构的全球化

(1) 私营征信机构经营区域的全球化。受益于经济的全球化,私营征信机构由在本国区域内经营向跨国、跨区域经营转变。如美国的艾可飞、益百利、环联和邓白氏等大型征信机构采用设立子公司或办事处以及合作、参股等多种形式,不断向海外扩张,发展成为完全国际化的征信机构,占据了世界征信市场的重要份额。

(2) 私营征信机构之间的数据交换和共享逐步加强。通过开展跨境服务合同谈判,德国的舒发公司与爱尔兰信用信息公司、意大利科锐富公司与荷兰信用登记中心(BKR)之间进行信息交换,进一步丰富了信用信息的来源。

(3) 私营征信机构业务高度集中,出现了一些垄断性的机构。如穆迪、标准普尔和惠誉三大评级机构逐步确立起了在全球范围内的垄断地位,评级结果逐步成为国际性的服务产品,直接关系到否满足监管要求和债券发行人能否成功融资,成为全球金融体系中风险管理和定价机制最重要的基准之一。

2. 公共征信系统信息交流的全球化

随着经济全球化和国际合作的不断加强,公共征信系统之间也打破了信息藩篱,逐步加强了信息共享。2003年,德国、法国、比利时、西班牙、意大利、奥地利和葡萄牙7国中央银行签订了公共征信系统信息交流备忘录,并成立了征信工作小组,每月定期交换借款人的负债总量,用于政府监管、内部研究、风险评估等。

3. 征信机构的全球覆盖面进一步扩大

随着信用经济逐渐成为主要的经济方式,征信机构在减少信息不对称、防范信用风险方面的作用越发重要,征信体系成为金融基础设施中不可或缺的、改善融资渠道的重要内容。世界各国纷纷加大对征信机构建设的重视程度,根据世界银行2018年对全球201个国家或地区的统计,已经有173个国家或地区成立了征信机构,征信机构的覆盖率达到86%。

四、征信机构运作模式

征信机构是征信行业运作的核心,为了全面、准确地反映被征信主体信用状况,征信机构需要从各种合法渠道收集信用信息,并在此基础上整理、加工生成征信产品,以满足信用信息使用者准确判断信用信息主体信用状况的需要。如图2.1所示,征信机构的运行模式可以被抽象概括为一个由征信信息源、采集信息、征信机构、提供征信产品和服务等共同组成的闭路信息回路。征信信息源是指拥有征信机构所需要的信用信息相关数据的机构及信用主体个人,主要包括政府部门、金融机构、企业和个人等,他们既是征信信息的提供者,又是信用产品和服务的使用者。政府部门、金融机构、企业和个人等信用主体在要求征信机构提供被征信主体信用状况时,征信机构就会从各种合法渠道(政府部门、金融机构、企业和个人)收集有关被征信人的信用信息,加工生产符合需要的征信产品和服务,政府部门、金融机构、企业和个人等信用主体成功使用了征信产品和服务后,又会生成征信主体新的信用相关信息,更新征信信息源,形成征信信息新的回路。

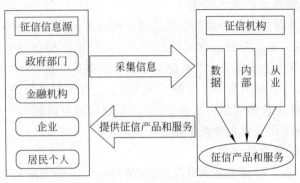

图 2.1　征信机构运作模式

第二节　征信机构的主要类型

从世界各国征信机构的发展历程看,由于经济和金融发展水平、立法传统和社会习惯等方面的差异,各国建立的征信机构各具特色。征信机构的分类日益呈现多元化,但从实践看,征信机构的业务和经营范围逐渐交叉和融合,一家个人征信机构往往也从事中小企业信用信息服务,从事信用调查业务的机构往往也从事信用登记业务。下面主要按照所有权或经营主体的不同来分别介绍公共征信系统和私营征信机构。

一、公共征信系统

(一)公共征信系统的定义

国际金融公司《征信知识指南 2012》中将公共信贷登记系统定义为"公共部门管理的数据库,通常由中央银行或银行监管机构来管理,数据库从受监管的金融机构收集借款人(个人和公司)的信用信息,向金融机构提供这些信息,并主要用于监管目的"。欧洲中央银行将公共征信系统定义为"一个旨在给商业银行、中央银行和其他银行监督机构提供相对于整个银行系统的公司和个人债务状况的信息系统"。

(二)公共征信系统的产生背景分析

1. 公共征信系统建立的供给因素

政府对经济的干预是公共征信系统建立的供给因素,这为公共征信系统的建立奠定了基础。世界上第一家公共征信机构起源于欧洲,政府干预在最早建立公共征信系统的德、法两国表现得尤为明显。1932 年,德国政府全面控制投资和消费,集中力量建设重工业和军备产业,为确保信贷资源配置服务于政府政策,在 1934 年建立了公共征信系统。法国政府在第二次世界大战后,为恢复经济和继续推进工业化,对宏观经济实行全面管理,集中使用有限的资金,于 1946 年建立了公共征信系统。随后,欧洲其他国家也开始参照德、法两国,建立了公共征信系统,在亚洲和拉美的一些国家,政府为发展本国经济,实行各种刺激政策,对市场进行干预,建立了公共征信系统。

2. 公共征信系统建立的需求因素

银行主导型的金融体系是公共征信系统建立的需求因素。银行主导型金融体系更适合建立公共征信系统,这主要有三方面的原因:①银行主导型金融体系的市场信息透明度明显低于市场主导型金融体系;②银行主导型金融体系中企业(尤其是小微企业)融资的主渠道是银行,银行最易引发整个金融系统风险;③在银行主导型金融体系中,资金成本一般由借贷双方基于长期信贷关系决定,公共征信系统可以提供比较完整的企业信用历史记录,为银行确定信贷成本提供了信息支持。

3. 公共征信系统建立的出发点

从历史进程看,重大的经济金融事件,尤其是经济衰退和金融危机,往往对公共征信系统的建立起到最直接的推动作用。由于公共征信系统具有遴选优质借款者的功能,能使信贷资源配置到"安全"的借款者手中,降低金融运行风险。对于银行主导型的金融体系,金融管理部门从重大的经济、金融危机中得到教训,建立公共征信系统作为防范系统性金融风险的措施。

(三) 公共征信系统的发展现状

自诞生后的 20 多年间,公共征信机构发展缓慢,只有法国、智利、土耳其等几个国家建立了公共征信机构。20 世纪 60—80 年代,公共征信机构的发展逐渐加快,有 22 个国家建立了公共征信机构。1989 年以后,无论是私人征信机构,还是公共征信机构,都进入了一个快速发展时期。在世界银行调查的 30 个有公共征信机构的国家中,有 14 个国家的公共征信机构是在 1990—2000 年建立的;在对全球 50 个私人征信机构的调查显示,大约有半数的机构是 1989 年以后开设的。与此同时,征信业最发达的美国却处于行业合并与大征信公司对外扩张和并存的时期。20 世纪 80 年代中期以后,美国独立的征信机构从 2 000 多家减少到 2000 年的 400 家,而这 400 家机构中只有三四家具有大型征信数据库,其他的大多数主要作为这少数几家征信机构的上游或下游中介服务机构存在。

近年来推动全球公共征信系统快速增长的主要因素如下。

(1) 新兴市场零售信贷的高速增长。1996—2011 年新兴市场私营部门的信贷占国内生产总值的比值从 46% 增长到 74%。随着信贷机构逐渐涉足零售信贷市场,对于信用信息和精简放贷流程的需求促进了公共征信系统的发展。

(2) 信息技术的进步。近年来数据库管理技术的进步、数据存储和处理成本的降低、硬件成本下降等因素降低了公共征信系统的创建成本。

(3) 金融危机以来更为广泛的改革。在发达国家和新兴市场国家,2007—2008 年的国际金融危机推动了各国国家层面上广泛的改革,各国当局意识到加强和提高包括公共征信系统在内的金融基础设施建设的重要性。

（四）公共征信系统的特点

1. 公共征信系统主要由政府控制和运营

一般由中央银行等政府监管部门设立并具体负责运行管理，其设立经费来源于政府预算支出，是政府金融监管的重要组成部分，不以赢利为目的，通常以免费或以较低的成本提供信用报告。例如，德国公共征信系统所需费用全部由德意志联邦银行承担，法国公共征信系统的运行费用绝大部分列入法兰西银行的预算管理。

2. 公共征信系统的信息采集通常带有强制性

公共征信系统往往通过法律的形式，强制要求所监管的包括银行、财务公司、保险公司在内的所有金融机构必须参加，并严格按照法律规定定期向公共征信系统报送信用信息数据。如《德意志联邦银行法》规定，德国所有的信贷机构及其国内外分支机构、保险公司、风险投资公司都必须按季向德国公共征信系统报送信贷数据。

3. 公共征信系统的信息来源一般限于金融信息

公共征信系统的信息来源通常只包括银行、财务公司、保险公司等金融监管对象，主要收集分析借款人在金融机构的信用信息数据，同时有少量的金融系统外的其他信用信息。此外，不少公共征信系统只收集一定起点以上的贷款信息，如德意志银行信贷登记中心只收集金额 150 万欧元以上的贷款信息，法国信贷登记服务中心只收集金额 2.5 万欧元以上的贷款信息。

4. 公共征信系统的主要作用是防范金融风险

设立公共征信系统的主要目的是维护金融稳定，服务于监管当局的金融监管和宏观调控。如德国德意志联邦银行信贷登记中心开发的 BAKIS-M 系统主要供德意志联邦银行等银行监管局使用，定期提供金融机构的偿债能力和流动性分析报表，为监管部门和信贷机构提供了大量的实际案例和数据支持，为德国央行加强审慎监管和信贷投放发挥了重要作用。

二、私营征信机构

私营征信机构也称社会征信机构，是指市场化运作、主要为各类商业机构和消费者提供服务的征信机构。私营征信机构通常业务运作非常灵活，信息种类和规模都非常庞大。

（一）私营征信机构建立的背景分析

1. 私营征信机构建立的供给因素

私营征信机构建立的供给因素主要有以下三个方面。

（1）金融体系之外还有多渠道、多层次的信用信息源。这些渠道的信息游离于金融系统尤其是银行系统之外，公共征信系统通常无获取优势。

（2）经济全球化为私营征信机构提供了广阔的市场空间。公共征信系统最大的局限性在于信息的来源和使用主要在本国境内，而越来越频繁的国际经济往来产生了大量跨越国界的重要信用信息，这为私营征信机构的发展提供了用武之地。

（3）信息技术的发展降低了私营征信机构的进入门槛。信息技术降低了信息的收集、处理、加工等成本,丰富了信息来源。

2. 私营征信机构建立的需求因素

私营征信机构建立的需求因素主要有以下两个方面。

(1) 个性化的信息产品需求为征信机构留下了市场空间。公共征信机构通常以格式化信用报告为主要征信产品,不能全面满足市场主体的多元化信息需求。

(2) 高品质的征信服务需求驱动私营征信机构的发展。公共征信机构通常难以根据市场变化提供及时、准确、完整的信息,私营征信机构运行机制灵活,能够针对市场变化及时做出反应,满足市场主体实时的信息需求。

(二)私营征信机构发展现状及特点

根据世界银行《2019 全球营商环境报告》,截至 2018 年年底,参与调研的 201 个国家或地区中有 173 个已经设立了中央信贷登记处或私营征信机构,其中 122 个国家或地区有私营征信机构。这 122 个国家或地区设立的私营征信机构收录的成年人口比例差异较大,其中,经济合作与发展组织国家收录比例最高,达到 64.44%;其次是欧洲和中亚地区,达到 51.32%;拉丁美洲和加勒比地区为 44.09%;中东地区和北非地区为 18.11%;非洲撒哈拉以南地区仅为 8.88%。

私营征信机构具有以下特点。

(1) 私营征信机构由私人投资设立和运营管理。私营征信机构具有完善的公司治理结构,采取商业化运作方式,以市场为导向、以盈利为目的,向各类信息使用者提供有偿信用信息服务。如美国三大消费者信用报告机构都是上市公司,通过股东大会、董事会和经理层对公司进行管理。

(2) 私营征信机构的信息采集不具有强制性。私营征信机构不能强制金融机构或其他机构向其报送信息,数据提供商提供数据与否以及所提供数据的范围、类型等通常以协议或合同约定,各类金融机构等信用信息提供者以及信用信息使用者自愿决定是否与私营征信机构开展合作以及与哪家机构开展合作。

(3) 私营征信机构信息采集内容相对广泛。私营征信机构的信息来源除商业银行以外,还包括保险公司、电信公司、一般工商企业等。私营征信机构不仅全面采集各种贷款信息数据,还采集关于消费者和公司本身的一些具体信息。如美国三大消费者信用报告机构均采集个人的工龄、职务、居住地址、居住时间、公用事业记录等信息。

(4) 私营征信机构的主要作用是满足商业活动的信用信息需求。私营征信机构的作用是规范商业行为,提高经济透明度,促进形成更为公平的商业环境,有利于信用风险评估以及商业和金融交易。

三、公共征信系统和私营征信机构的比较分析

(一)公共征信系统与私营征信机构的区别

(1) 组建形式不同。公共征信系统通常由政府部门设立,更多地体现了监管者的意志和需要;私营征信机构是由私人资本发起成立的,具有相对完善的公司治理结构,采取

商业化、市场化的运作方式。

（2）数据来源不同。公共征信系统的数据一般由法律强制规定信贷机构报送，受性质和目的所限，收集信息较为单一，主要是各银行、金融机构等被监管机构的信贷信息；私营征信机构的数据来源更全面，除银行数据外，还包括来自商业、贸易等方面的信用信息。如邓白氏公司除收集各企业的信贷情况外，还收集企业经营历史、组织形式、经营者的素质、法律诉讼等。

（3）信息采集方式不同。公共征信机构主要依赖于银行、金融机构等其他企业报送的信贷记录，属于被动征信；私营征信机构信息来源渠道比较多元，采集方式也较灵活，通过现场调查、访谈、查阅政府档案和司法记录、媒体等来采集信息，属于主动征信。

（4）提供产品和服务对象不同。公共征信系统主要是为金融监管部门的信用监管服务，服务种类比较单一，主要是信用报告查询服务，而不考虑社会的商业化信用信息需求；私营征信机构为社会更广泛的信用需求服务，提供的产品和服务范围更宽、更广、更全面，如环联公司主要为客户提供信息服务（营销服务、风险管理、追账管理）、不动产服务（抵押物、财产及房屋所有权评估）和国际服务（咨询服务、技术专利使用权、资产登记、直销技术等）。

（5）服务能力不同。公共征信系统不以赢利为目的，主要为金融监管部门提供服务，一般对外只提供基础的征信产品；私营征信机构要在激烈的市场竞争环境下生存，产品开发能力和市场意识都较强。

（二）公共征信系统与私营征信机构的共存分析

公共征信系统与私营征信机构虽然性质不同，运作模式差异较大，但从许多国家运行情况看，两者各有优势，各有侧重点，完全可以共存，并在功能上相互补充，主要体现在以下两个方面。

（1）在业务运作上可以互补，两者在信息采集的范围、信息来源、更新频率以及传播渠道等方面都各有侧重。

（2）在功能定位上可以互补，公共征信系统侧重于服务金融监管，私营征信机构更注重于提高信贷质量，两者对于市场主体判断风险具有好的互补作用。

随着信用经济的发展，两者之间的界限会产生交叉——竞争，促使两者提供高效、高质量的服务。

四、两种征信机构组织模式的选择

公共征信机构和私人征信机构两种组织模式各有利弊，不同的国家，不同的地区，由于法律安排、文化背景、社会信用基础不同，利弊表现也不同。征信机构采用哪种组织模式更为有利，不能一概而论，要根据具体情况权衡利弊。分析世界各国征信业的发展历史可以发现，征信机构组织模式的选择一般有三种情况。

（1）只有私人征信机构。如征信业最早出现的美、英等国，这些国家选择私人征信机构模式，原因有以下两个。

① 历史原因。征信机构出现之前，个人信用信息主要通过由亲属、婚姻、宗教或其他

私人关系联系起来的商人组成的网络流传;另外一条途径是商人组织内部,比如圆桌会议、联合会以及互相保护协会等。在此基础上,逐步演变为以营利为目的的专门信用报告机构,这些机构大多是由商人组织集资筹建起来的,是商人自发性组织,主要为商人扩大经贸范围,提高交易安全性服务,一开始就与政府没有直接的联系,只是后来为了规范征信业市场,政府才从法律安排、监督管理等方面介入。

② 社会环境原因。征信业最初于19世纪20—50年代出现在美国,这个时期是美国现代民主思想开始形成的阶段,其政治特点是"自由""公平"和"机会"。在这样的环境里,稳定封闭的组织不太可能得到发展,这就使得早期信用报告机构极力追求开放、充满活力并且透明的运作机制,这种运作机制更适合私人机构组织模式。这两种原因使这些国家的征信机构以私有形式生存并发展起来。加上这些国家在较长时间的征信实践中获得了较好的社会信用基础和法律环境,因此,这种组织模式的征信机构可以比较好地满足社会需求。

(2) 公共征信机构与私人征信机构并存。选择两种组织模式并存的国家,一般都是由于一种组织模式的征信机构受到法律、社会信用基础等外在条件的制约,难以发挥完整的征信作用,为了弥补效能缺失,才以另一种组织模式的征信机构来补充。两者之间互为补充,形成了一个国家完整的征信体系。

(3) 只选择公共征信机构组织模式。这种安排有两类情况。①法律安排没有私人征信机构的活动空间,或者活动空间太少,私人征信机构难以大规模发展,征信活动只能通过公共征信机构来完成。当然,不排除某些国家公共征信机构运行机制比较完善,能够较好地满足社会需求,不需要私人征信机构加以补充的可能性。②没有征信活动基础,社会信用意识较差,信用信息供给匮乏,市场需求不足,只能依赖政府用强制手段来推行。

从目前看,虽然各国征信机构组织模式的选择不完全相同,但随着一国法律安排、社会信用基础这些外在环境的变化,也会出现新的变化。总之,征信机构组织模式的选择不是一成不变的,关键要看在一个特定的环境里某种模式是否具备生存条件和更能发挥有效作用。

第三节 世界典型的征信机构

全球最具代表性的征信机构大多集中于经济发达国家,因此本节选取美国、欧洲、亚洲的几家典型征信机构进行介绍。

一、美国典型征信机构

美国是典型的私营征信机构国家。目前,美国形成了三类分工明确的征信机构:一是企业征信机构,典型代表为邓白氏公司;二是个人征信机构,三大代表机构为益百利公司、环联公司和艾可飞公司;三是信用评级机构,标准普尔、穆迪和惠誉三大机构居垄断地位。

(一)美国企业征信机构

企业征信机构在美国被称为商业信用调查机构,其中较具代表性的是邓白氏公司。

邓白氏公司总部设在美国新泽西的 Murray Hill。1963 年,邓白氏公司发明了邓氏编码 (D-U-N-S Number)用于识别企业身份,在整合企业以及关联企业的各类信息方面发挥了重要作用。2001 年,邓白氏公司分拆为邓白氏和穆迪两家公司,进一步加快了专业化步伐。截至 2020 年年底,邓白氏公司在全球 30 多个国家或地区设有业务机构,年营业额保持在 14 亿美元以上,业务广布北美、亚太、欧洲三大区域。

邓白氏公司的核心竞争力主要体现在其全球数据库上,邓白氏公司全球数据库是一个覆盖了超过 2 亿家企业商业信息的海量数据库,收集了来自全球 214 个国家、95 种语言或方言、181 种货币单位的商业信息。全球数据库收集信息的渠道和形式多样,除通过商事登记部门、商业信息提供商、黄页、报纸和出版物、官方公报、商业互联网、银行和法庭等常规外部渠道外,有时还采取拜访和访谈的形式收集信息。企业经邓白氏注册后,将建立一个专属的企业资信档案,存储在数据库中,供潜在合作伙伴调阅。进入全球数据库的企业信息必须完整且经若干年连续记载,及时更新和补充,以保持数据的动态化和有效性。

基于全球数据库,邓白氏公司主要为企业提供两大类产品和服务:①信用风险管理解决方案,用于降低市场交易中的商业信用风险,主要包括商业资讯报告、在线监控服务、风险控制与管理系统、信用管理咨询服务和供应商管理五大内容;②市场营销方案,帮助客户更加快捷地识别和拓展潜在客户,具体服务项目包括商业资料名录、目标客户定位、营销专案服务、资料库更新及管理方案等。

(二)美国个人征信机构

个人征信机构在美国被称为消费者信用报告机构,较具市场代表性和影响力的当属艾可飞、环联两家(益百利司成立于英国,后述)。

艾可飞公司创立于 1899 年,当时称为零售业征信公司,总部设在美国亚特兰大,在 20 世纪 60 年代发展成为美国较大的消费信用报告机构。1975 年,艾可飞公司开始在美国、加拿大和英国开展商业信用报告业务。目前,艾可飞已成为美国纽约证券交易所的上市公司,是标准普尔 500 指数的成分股,在北美、拉美、欧洲等 18 个国家均有分支机构。

环联公司成立于 1968 年,总部在美国芝加哥。成立之初,环联主要通过技术投资提高设备的信息处理能力,是第一家通过自动化技术更新应收账款数据的征信机构,开发出了第一个在线信息存储及恢复处理系统。1988 年,环联的消费者信用信息采集范围扩大至全美,实现了信用信息的及时更新。2000 年以后,环联先后并购 TRUE Credit 和 Credit Bureau of Cook Country(库克郡信用局),进入了直接面向消费者的市场,推出在线服务,向消费者提供信用保护和价值提升服务。截至 2020 年,环联的客户有 65 000 多家企业,收集和汇总了 30 多个国家或地区约 10 亿消费者的信息。2019 年,环联的收入达到 26 亿美元。

艾可飞和环联都凭借高度成熟的数据检索和整合的信息应用技术,对掌握的个人信用信息进行了深入挖掘,开发和提供了信用评分、信用管理、风险控制、预防欺诈、行业分析、市场前景预测、客户筛选等一系列增值信用产品,帮助客户识别潜在风险、制定营销策略和调整经营战略等。艾可飞和环联提供的信息服务也各具特色。艾可飞的个人信用报告有两大特点,一是将账户信息分为"正常账户"和"已注销账户"两类进行分别展示;二是提供每个账户最近81个月的信贷历史记录,在三大消费者信用报告机构中时间跨度最长。环联的个人信用报告也有两大特点,一是记录的就业信息最为全面,包括当前和历史雇主信息、录用日期和服务年限等;二是将消费者账户分为状态良好的账户和存在不良的账户,并通过绿色、白色、黄色、橙色和红色等不同颜色区分账户状态,使信用报告更加易于阅读。

(三)美国信用评级机构

经过一百多年的发展,国际信用评级行业已形成以美国评级机构为主导的基本格局。其中,标准普尔、穆迪和惠誉三大评级公司在全球超过110个国家开展业务,覆盖了包括主权评级、非金融企业评级、银行评级、结构融资评级等主要评级业务类型,在全球评级市场中居于垄断地位。

标准普尔评级服务公司由标准统计局和普尔出版公司于1941年合并而成,总部位于美国纽约。成立当年,出版了用于公司债券统计和评级的新《债券指南》,包含7 000种市政债券的评级清单。1946年,标准普尔开始使用IBM电子打卡系统来搜集和存储美国公司信息,由此进入计算机自动化时代。1975年,标准普尔与穆迪等一起被美国证券交易委员会确定为首批全国认可的统计评级机构。20世纪70年代后期,标准普尔的债券专家委员会计划开始实施,成为第一家成立专家委员会解释其评级标准和第一家将前瞻性预测体现在评级报告中的评级机构。2014年,标准普尔有1 000多个分析师分布在全球25个国家,拥有雇员6 000多人。

穆迪投资者服务公司创立于1909年,隶属于穆迪公司(Moody's Corporation),总部位于美国纽约。成立当年,穆迪首创对铁路债券进行信用评级,并以简明的符号表示对债券投资价值的分析结果。至1924年,穆迪评级几乎覆盖了整个美国债券市场。1962年,穆迪被邓白氏收购,成为邓白氏的子公司。2001年,邓白氏公司进行改组,将邓白氏和穆迪分拆成两家独立的上市公司。自20世纪80年代起,穆迪不断拓展其海外业务市场,2014年穆迪已在22个国家设有分支机构。

惠誉国际信用评级公司总部位于美国纽约和英国伦敦,其前身惠誉出版公司创立于1913年,最初是一家金融统计出版商。1924年,惠誉公司首次推出从AAA级到D级的评级体系,并很快成为业界公认标准。20世纪90年代,惠誉在结构融资评级领域取得重大进展,为投资者提供独家研究成果、对复杂信用评级的明晰解释以及比其他评级机构更强大的后续跟踪评级。1997年,惠誉与总部位于伦敦的国际银行信贷分析公司(IBCA)合并,成为在美国纽约和英国伦敦拥有双总部的国际评级机构,这是惠誉迈向全球化的第一步。2000年,惠誉收购世界最大的银行评级机构——Thomson集团下的Bankwatch评级公司,进一步巩固了国际竞争地位。截至2020年年底,惠誉国际已完成了对1 600多家银行及其他金融机构、1 000多家企业、1 400个地方政府、全球78%的结构融资和70多个国家主权的评级。其评级结果得到各国监管机构和债券投资者的认可。

在长期的评级实践中,三大机构积累了丰富的评级经验,建立了比较完善的信用评级制度,归纳起来主要包括:一是信用评级委员会制度。所有信用等级的确定、调整与撤销等都要经过信用评级委员会讨论通过。二是跟踪评级制度。信用等级发布后,评级机构继续对宏观经济形势、产业发展趋势以及受评对象自身情况的变化保持关注,并发布定期和不定期的跟踪评级。三是"防火墙"制度。即避免利益冲突制度,旨在保持信用评级行为的客观性和独立性,使评级结果不受来自内部和与评级机构有利益关系的第三方的不适当影响。四是保密制度。对评级过程中发行人提供的非公开信息实行严格的保密措施,以保护发行人利益。

二、欧洲典型征信机构

欧洲是征信业发达的区域之一,与美国的私营发展模式不同,在一百多年的发展历史中,逐渐形成了以德国为代表的公共征信系统和私营征信机构并存、以法国为代表的公共征信系统和以英国为代表的私营征信机构三种模式。

(一)德国征信机构

(1) 公共征信系统。德意志联邦银行信贷登记中心成立于 1934 年,是世界上较早建立的公共征信系统。受 1929—1933 年经济危机影响,1931 年德国第二大银行达姆斯特国际银行瓦解倒闭,1934 年出台的《德意志联邦银行法》授权德意志联邦银行建立公共征信系统,并规定信贷机构有义务向其报告大额贷款业务信息。之后,《德意志联邦银行法》经 6 次修订,不断扩大公共征信系统的业务报送范围和调整贷款信息报送门槛。德国公共征信系统对征信数据的应用主要依托大额贷款数据库 BAKIS-M 和研究分析系统——MiMiK 系统。自 20 世纪 30 年代中期起,德意志联邦银行信贷登记中心开始建设 BAKIS-M 系统,并于 20 世纪 90 年代初实现档案电子化,2000 年起实现互联网查询。BAKIS-M 系统同时采集企业和个人的正、负面信息,数据报送机构包括商业银行、财务公司、保险公司、信用卡公司等,登记大额贷款占比接近德国信贷业务总额的 80%。系统定期提供信贷机构补充财务报表(son01、son02、son03)、基于偿债能力原则的 SA3 报告、基于流动性原则的 LI1、LI2 报告以及月度资产负债表等信用产品,供德意志联邦银行、银行监管当局(BaFin)和数据报送机构使用;数据报送机构可向系统申请查询单个借款人或关联借贷主体的信息;信息主体可以免费获取自身信用报告,并针对数据库中的信息向数据报送机构提出异议。德国公共征信系统为监管部门和信贷机构提供了大量的实际案例和数据支持,达到了加强审慎监管和风险控制、促进信息共享和信贷投放的目的。

(2) 舒发公司。舒发公司为德国的个人征信机构,主要从事个人信用信息服务。公司于 1927 年成立于柏林,当时为了有效监督电力、燃气等消费者,电力、燃气公司以协会的形式成立该公司,后来,随着信用消费的发展,金融机构、电信通信公司、贸易商、商业公司、邮购公司也先后加入。目前,该公司股份被银行等各类金融机构和贸易、邮购及其公司持有。公司实行会员制,其会员即为其客户,通过签订合同约定彼此之间的权利义务关系,会员主要有商业银行、储蓄银行与合作银行、信用卡公司及融资租赁公司、贸易商与邮购商、能源供应企业、电讯通信企业、催债公司等;主要收集身份信息、负面信息、银行透支信息、金融机构类会员提供的信用额度、贷款及还款信息、抵押借款信息、租赁及分期付款信息、抵押事项、信用卡支付信息和支票存款账户往来信息以及从官方登记与公布事项中收集债务人名册、工商登记案件、破产清算事项等信息。

（二）法国公共征信系统

法国征信体系建设采用典型的公共征信系统模式。1946年,法兰西银行成立信贷登记服务中心,信贷机构由此开始报送贷款数据。法国公共征信系统下设企业信贷登记系统(FIBEN)和个人信贷登记系统(FICP)两个数据库。1959年以后,法国的社会保障组织接入公共征信系统,向系统报送公共事业欠费信息。1984年法国颁布的《银行法》拓宽了公共征信系统的信息采集范围,要求所有银行和信贷机构(包括社会保障组织、租赁公司以及法国的外国银行分支机构)必须定期报送一定贷款额度以上的贷款数据。1993年,法国信托局接入公共征信系统。2006年1月,法国公共征信系统的贷款金额报送门槛由原来的7.6万欧元降低至2.5万欧元。

企业信贷登记系统采集的信息主要来源于金融机构,包括企业的描述性信息、信贷信息、财务数据、支付与风险相关信息、法律信息等。系统数据在有限范围内共享,只有获得授权的法兰西银行职员和金融机构职员才能使用公共征信系统。FIBEN数据库提供的主要服务包括:为各金融机构提供信用报告查询;每月按照企业类型、贷款种类、行业、地区等相关比例进行统计分析并出具报告,供中央银行和金融机构决策参考。此外,法兰西银行还利用数据库为企业免费提供滚动评级,定期向货币当局、金融监管部门和金融机构提供违约率和破产企业数量。评级结果分为13个等级,具体如表2.1所示。法兰西银行在对商业银行再贴现时,只接受信用等级为3++、3+或者3的企业票据。

表 2.1　法国公共征信系统企业信用等级列表

级别	3++	3+	3	4+	4	5+	5	6	7	8	9	P	0
释义	优秀	很好	好	比较好	可接受	较差	差	很差	可能出现支付困难	支付困难	严重的现金流问题	进入破产程序	无信息

个人信贷登记系统建立于1989年,只采集个人基本信息和负面信息,包括分期付款贷款、租赁、个人贷款和透支的逾期情况等。信贷机构每次向系统报送信息时必须口头告知信息主体本人并经同意;系统每次发布信用报告时必须取得被征信人的书面授权,未经个人授权,个人信用信息不得向第三方提供。FICP数据库主要为信贷机构提供评估借款人还款能力服务,个人也享有向系统免费查询自己信息的权利,并可针对数据库中的信息向报数机构提出异议。

（三）英国私营征信机构

1996年,英国大型企业集团GUS(The Great Universal Stores)收购了位居美国消费者信用报告行业榜首的TRW(Thompson-Rom-Wooldrige)公司的消费者个人信用服务部门,并将其与自己的子公司合并,成立益百利公司。之后,益百利不断通过并购提高公司技术实力和开拓海外市场,逐渐发展壮大。2006年,益百利从GUS分离,在伦敦证券交易所上市,成为富时指数(FTSE-100)的成分股之一。

截至 2020 年年底,益百利在北美、拉美、英国和爱尔兰、欧洲、中东、非洲以及亚太地区的 44 个国家或地区拥有 1.2 万家客户。按照"提供有分析的信息服务产品,帮助机构和个人管理风险,并取得商业和金融决策的回报"的业务思路,益百利主要提供四类服务:一是信用服务(credit services),主要提供消费者信息、商业信息和车辆信息三大类信用信息。二是决策分析(decision analytics),在消费者信用数据库上设置风险、营销、挽留等多种类型的触发器(triggers),以此为基础提供决策分析意见。三是营销支持(marketing solutions)。帮助客户将巨大的营销信息资源转化为准确、有预测性的营销策略商业信息,提高客户营销利润和效率。四是互动服务(interactive)。在美国和英国,消费者只须按月支付一定的订阅费即可安全、在线、无限制访问其完整信用记录。同时,益百利分别通过 protectmyid. com 和 protectmyid. co.uk 网站向消费者提供身份盗窃检测、欺诈解决方案等服务。

三、亚洲典型征信机构

亚洲各国征信发展程度差异很大,既有日本这样发展相对成熟的国家,也有韩国、印度、马来西亚等新兴经济体,还包括巴基斯坦等处于起步阶段的国家。虽然亚洲国家征信业普遍起步较晚,但短短几十年内发展速度很快,形成了自己的特色。由于行业协会在亚洲国家经济中具有较大影响力,因此会员制征信模式被日本、印度等国广泛采用。会员制征信机构一般由会员单位共同出资组建,信息主要由会员单位提供,服务对象也主要限于会员单位。此外,政府在亚洲国家的征信发展历程中扮演了重要角色,各国征信机构的发展得到了政府的协助甚至是直接介入,韩国、印度、巴基斯坦、马来西亚等国的征信机构都由政府发起成立。

(一)日本典型征信机构

1. 日本帝国数据银行(TDB)

日本帝国数据银行(Teikoku Data Bank Ltd.,TDB)是一家私营征信机构,其历史最早可追溯到 1900,年,前身是东京一家专门从事资信调查的私家侦探社。经过几次转型后,1964 年,TDB 开始对外提供企业破产信息;1972—1973 年建立了企业财务信息数据库和企业概况信息数据库;1981 更名为日本帝国征信公司,专门从事企业征信业务和信用场研究工作。截至 2020 年,TDB 在日本国内有 83 家分支机构,与亚洲、欧美的主要调查公司有合作关系,可以对全球 190 多个国家或地区的企业进行调查。TDB 的业务范围主要包括两个方面:一是企业征信业务,提供企业信用信息查询和资信调查服务;二是市场研究及预测,提供经济形势、金融市场分析及研究报告。

2. 株式会社信用信息中心(CIC)

株式会社信用信息中心(Credit Information Center,CIC)与日本全国银行个人信用信息中心(日本银行家协会主办)、日本全国个人信用信息中心(日本信用局联合会主办)并称为日本三大个人征信机构,其中,CIC 是日本业务量最大的个人征信机构。CIC 是一家私营征信机构,由日本通商产业省(经济产业省的前身)与消费者信用协会共同倡议发起,于 1984 年正式成立,股东主要包括信用销售公司、信用卡公司、担保公司、消费者金融公司等。CIC 采用会员制管理,2013 年共有会员单位 998 家,但尚未在海外设立分支机构。

1987 年,CIC 与日本另外两大个人征信机构合资建立信用信息网络系统(CRIN),在不同机构间共享负面信息,至 1995 年已收集个人信贷信息超 1 亿条;1996 年开始提供互联网在线查询服务并设立了备份中心;2001 年以来,CIC 多次优化系统和调整内部架构以适应修订后《贷款业条例》和《分期付款销售法》的要求,致力于加强与其他信用机构间的信息共享和信用信息保护工作。CIC 的业务范围包括收集、存储并提供与消费信贷相关的个人信用信息,信息来源主要为会员单位报送和其他征信机构共享,信息查询服务面向会员单位和个人消费者(个人查询占比较少),截至 2021 年 3 月,CIC 共采集 7 亿多条个人信用信息。2020 年 4 月—2021 年 3 月的查询量达 2 亿多条。

(二)韩国典型征信机构

韩国征信所(Korea Credit Bureau,KCB)是一家私营征信机构,由 19 家金融机构(包括银行、信用卡及保险公司等)于 2005 年出资成立。KCB 在 2011 年、2012 年先后成立了研究中心和消费者咨询委员会。KCB 研究中心是韩国最大的消费者信用市场研究机构,依托 KCB 庞大的数据库开展市场形势判断、产品开发和消费者信用意识教育等研究。KCB 的业务范围包括两方面:一是向其会员提供基础的信用信息查询服务及客户支付能力预测、反欺诈、经营策略咨询等信用增值服务;二是向社会公众提供与信用管理相关的附加服务,包括个人信用、查询、账单日变更提示以及针对如何保持良好信用记录的培训辅导等,其提供的 I-PIN 码可替代个人身份证件号码实现网上购物时的支付验证,能有效防止个人身份证号泄露。

第四节　中国的征信机构

一、中国征信机构的发展历程

(一)近代征信机构的发展历史

中国近代意义上的征信机构发展历史可以追溯到 20 世纪初,最早是上海商业储蓄银行开展的信用调查业务,规模和调查范围都很小,最初主要为内部押汇客户开展信用调查和对有关信用函件进行答复,后发展到接受客户委托开展公司商号的营业状况调查或个人资产信用状况调查。20 世纪 30 年代初,外资在上海开设的专门信用调查机构已有5 家,包括日商办的上海兴信所、帝国兴信所和东京兴信所,以及美商办的商务征信所和中国商务信托总局。

中国征信所是近代中国第一个专业征信机构。1932 年 3 月,浙江实业银行的章乃器等人策划建立了一个团体——中国兴信社。中国兴信社于 1932 年 6 月 6 日正式创办了中国征信所,其主要业务为"报告市场实况;受会员或外界委托,调查工厂商店及个人身家事业之财产信用状况,最短时间内将调查结果报告给委托者"。中国征信所开办之初,基本会员几乎囊括了重要的华商银行和官方控股银行,还发展了众多的普通会员,会员数量居上海信用调查机构之首。中国征信所主要实行年缴费制,会员按年缴纳金额的多少享受不同的费用优惠,对于非会员单位的委托调查,则按次收取高于会员的调查费用。中国征信所业务规模发展迅速,到 1933 年 8 月,有基本会员 29 家,普通会员 67 家,服务对象将近 100 家;到 1936 年 11 月,拥有公司行号调查档案 3 万户,工商界个人档案 1 万多户,总共发出调查报告 3 万份。1937 年日本发动侵华战争,中国征信所发展遭到重大挫折,陷入经济困境。抗战胜利之初,中国征信所曾拟定了复兴计划,但受内战及恶性通货膨胀的影响,社会对信用调查的需求急剧减少,业务发展艰难。1949 年 8 月,中国征信所关闭。

联合征信所是近代中国第一家官方建立的征信所。联合征信所于 1945 年 3 月由重庆联合票据承兑所联络四联总处(当时国民政府设立的管理中央银行、中国银行、交通银行、中国农民银行四大行的专门机构,简称四行)和中国银行、中央银行、交通银行、农民银行四个国家银行及重庆市银钱业公会筹建而成。联合征信所实行所员制,所员分为基本所员和普通所员。基本所员除可派代表参与决定一切事务外,还在委托办理信用调查案件、获取征信资料等方面享有特权。普通所员没有资格限制,缴纳费用就可加入。联合征信所的调查范围与社会服务面均较为狭窄,其业务分为三类:经常调查、专业调查和特种调查。经常调查即信用调查,主要是针对企业及个人的信用状况的调查。专业调查主要是工商业概况调查。特种调查就是四联总处和各银行指定的特别调查项目,其中既有工商企业公司的信用调查也有工商业概况类调查。抗日战争胜利后,联合征信所总部由重庆迁往上海,1946 年 1 月,在上海的联合征信所正式开业。1946 年 4 月设立汉口分所,同年 9 月开设南京分所,1947 年 4 月设立平津分所暨北平办事处和南昌分所,同年 9 月又设立平津分所沈阳通讯处。联合征信所的这些分支机构,除开展一般的征信业务外,在很大程度上承担了四行二局(邮政储金汇业局、中央局,简称二局)委托的一些业务调查,如在 1948 年国内经济紊乱时期提供了市场动态报告以及在 1948 年币制改革后将上海市场的反应做成专题,这些调查在国家金融管理过程中发挥了一定的作用。从业务量来看,在业务最繁忙的 1946 年底和 1947 年初,联合征信所平均每月的调查量高达 600 件左右。1948 年 11 月,在全面经济危机中,四联总处奉命撤销。1949 年 5 月,联合征信所关闭。

(二)现代征信机构的发展历史

改革开放前的计划经济时代,中国市场观念淡薄,征信机构淡出经济领域。改革开放后,中国逐步由计划经济向市场经济转变,中国的征信机构逐步发展起来。

20 世纪 80 年代以来,中国的对外经济取得了很大发展。越来越多的海外投资者和出口商需要了解中国合作伙伴的情况,中国也需要对国外合作伙伴进行了解。为了促进国际贸易和外国投资,当时的对外经济贸易部决定由所属的计算中心成立"中贸远大信用调查机构",这标志着现代中国企业征信机构的发端。此后,民营资本开始涉足信用调查业务,成立了一些市场化运作的企业征信机构。1992 年 11 月,北京新华信国际信息咨询有限公司成立,成为中国第一家专门从事企业征信的公司,并于 1993 年 2 月开始正式对外提供服务,标志着中国的企业征信行业开始进入市场化运作阶段。1995 年,美国邓白氏公司在上海成立了一家全资子公司,同时也带来了国际先进的企业信用管理和营销理念。

同一时期,随着中国债券市场发展,中国信用评级业务开始起步。1987年,国务院发布《企业债券管理暂行条例》,企业债券市场由此开始发展;1992年,国务院下发《国务院关于进一步加强证券市场宏观管理的通知》,将信用评级作为债券发行审批的一个重要环节;此后,国务院、发展改革委、财政部、人民银行等相关部门,陆续发布和实施有关政策、办法。为规范债券市场发展,1987年,中国人民银行和国家经济体制改革委员会提出发展信用评级机构,但当时组建的信用评级机构主要以中国人民银行系统内组建的为主。1988年,中国第一家独立于金融系统的外部信用评级机构——上海远东资信评估有限公司成立,打破了信用评级市场的单一格局。1992年,国务院印发《国务院关于进一步加强证券市场宏观管理的通知》,确立了评级机构在债券发行中的作用,一批新的评级机构随之涌现,评级业务开始逐步发展。1992—1995年,上海新世纪资信评估投资服务有限公司、中诚信国际信用评级有限责任公司的前身中国诚信证券评估有限公司、大公国际资信评估有限公司、联合资信评估有限公司的前身福建省信用评级委员会先后注册成立。随着债券市场发展和评级监管力度加大,中国信用评级机构在评级技术上和业务规范上均有了很大的进步,信用评级机构发展取得了新的突破。全国性信用评级机构大多建立了完整、独立的评级指标体系,并且部分机构还通过与穆迪、惠誉等国际知名评级机构的合作,提高了自身的评级技术和市场公信力。

20世纪90年代以后,随着金融改革的逐步推进,商业银行及监管部门对信用信息共享的认识上升到全新高度。1992—1995年,中国人民银行在深圳试点贷款证制度,由放贷银行在贷款证上逐笔登记放贷信息。1996年,开始推进电子化管理,将贷款证升级为贷款卡;1997年,依托贷款卡,中国人民银行组织金融机构建设银行信贷登记系统,并于2002年建成地市、省级和全国三级数据库体系。全国统一的个人信用信息基础数据库起点较高,2000年7月1日,在中国人民银行和上海市政府的大力推动下,上海市率先开展了个人信用联合征信的试点工作,100多万上海市民成为中国首批拥有个人信用记录的主体。2004年,中国人民银行启动全国集中统一的个人信用信息基础数据库建设,并于当年实现15家全国性商业银行和8家城市商业银行的全国联网,2006年1月,个人信用信息基础数据库在全国正式联网运行。2006年3月,中国人民银行征信中心成立,承担起数据库的建设、运行和维护。

2013年,《征信业管理条例》正式实施,确立了征信机构设立的基本原则,建立了从事个人征信业务和企业征信业务所应遵循的基本规则,为促进征信机构多元化发展奠定了重要基础。市场化的个人征信机构和企业征信机构迎来了难得的发展机遇。

二、中国主要的征信机构

(一)金融信用信息基础数据库

金融信用信息基础数据库(以下简称金融数据库)是中国重要的金融基础设施,其前身是中国人民银行组织建设的国家统一的企业信用信息基础数据库和个人信用信息基础数据库。这两个数据库由中国人民银行征信中心负责建设、运行和维护。收集信息的对象主要是从事信贷业务的机构,包括以商业银行为主体的银行业金融机构,以金融消费公司为主体的非银行金融机构,以及以小额贷款公司为主体的非金融机构等。通过以上放贷机构收集企业和个人的身份信息、银行信贷信息等。这些信息经过整理、加工,提供给各类放贷机构,用于贷前审查、贷后管理等目的。

目前,金融数据库提供的信用信息产品不仅被各类金融机构广泛应用在信用风险管理中,而且渗透到经济社会的其他方面。一是促进金融机构提高信用风险管理水平,提升审批效率。金融数据库促进金融机构实现了信贷决策从简单的定性分析向定量分析转化,有效提高了风险管理能力。金融信用信息基础数据库在提高授信申请审批效率、推动解决小微企业融资难问题方面也成效显著。二是为信贷市场健康发展提供了基础。近年来,中国信用卡、消费信贷等发展迅速,借款主体不断增加,而不良贷款率逐年下降,金融体系稳定运行,金融数据库发挥了基础性作用。三是支持社会信用体系建设,特别是部分政府部门在财政贴息项目审查、小微企业扶持计划资质认定、企业信用分类管理、集中采购、项目招投标、招商引资、公务员录用等活动中将企业和个人信用状况作为评价指标之一,有效促进了失信联合惩戒机制作用的发挥。

(二)政府背景的征信体系

《社会信用体系建设规划纲要(2014—2020年)》明确了建设行业、地方、社会和金融四大领域的信用信息系统的总体框架,提出通过对行业信用信息系统、地方信用信息系统和社会化征信系统三类系统的建设,逐步形成覆盖全部信用主体、所有信用信息类别、所有区域的信用信息网络。不少地方政府部门积极推动地方信用体系建设,由地方政府直接出资,或设立政府独资或控股的征信公司,直接参与社会信用服务系统的建设和经营管理,接收各类政务信息或采集其他信用信息,并向政府部门、企业和社会公众提供信用信息服务。

(三)社会(民营)征信机构

相较于金融信用信息基础数据库等公共征信系统,社会(民营)征信机构规模相对较小,机构分布与区域经济发展程度相关,机构之间发展不平衡,征信业务收入和人员主要集中在几家大的征信机构上。

1.个人征信机构

个人征信机构是指提供消费者个人信用状况调查服务的专业机构,它们主要提供消费者信用调查报告、征信数据和个人信用评分服务,大量提供个人征信报告和数据服务的个人征信机构俗称为信用局。

个人征信机构分私营机构和公共机构,其实是指私营和公共模式的个人征信机构。在我国,采用私营模式的个人征信机构并非私人投资机构,而是指采用联合征信模式的征信机构。如上海资信有限公司,其实是国有控股性质的企业。而采用公共模式的个人征信机构则专指中国人民银行总行负责运行的个人信用信息基础数据库,它采用的是金融联合征信方式。不论私营机构还是公共机构,它们都提供消费者信用调查数据和报告服务,只是服务的对象范围不同。在有些国家只有私营的个人征信机构,如美国和英国;在有些国家只有公共的个人信用信息系统,如法国、罗马尼亚和一些拉美国家;多数国家则是两种机构并存。

个人征信的调查对象是来自零售信用、现金信用和服务信用领域的信用申请人或应聘者,如消费信贷的申请和使用者、信用卡的申请和持有者、个体工商户、应聘者、租房者、水电气用户、电话或移动通信服务使用者等。

2. 企业征信机构

企业征信机构提供关于企业的信息,这些企业包含个人独资企业、合伙企业和公司制企业,并通过公共渠道、直接调查、供货商和贸易债权人提供的付款历史来获取信息。企业征信机构所覆盖的企业在规模和经营收入上都小于信用评级机构所覆盖的企业,其采集的信息一般用于信用风险评估或信用评分,或是用于贸易信用展期等其他用途。

企业征信机构与个人征信机构的差异体现在以下几个方面:企业征信机构采集的信息不包括个人敏感信息,所覆盖的交易的规模也大得多。与个人征信相比,企业征信往往需要采集更多的有关企业借款人的支付信息和财务信息。为了保护个人数据主体的权利,个人征信机构会披露数据提供者的身份,但企业征信机构却不会让企业数据主体知道其数据来源或用户的身份。

企业征信机构也可能会采集小企业的信息,但由于其报告的数据项并不适合小企业,所以采集的信息往往有限。正如前面提到的,由于小企业往往不会公开自身的财务信息,所以其企业主的信用记录对评估小企业的信用情况非常有用。但企业征信机构并不采集个人数据。此外,由于微型或小型企业的信用信息采集成本往往较高。因此,与企业征信机构相比,个人征信机构往往能更好地满足对微型和中小型企业的征信需求。

截至 2020 年 7 月底,全国共有 23 个省(市、自治区)的 131 家企业征信机构在中国人民银行分(支)行备案,另有 20 多家企业征信机构被注销。

3. 混业经营征信机构

2017 年 11 月 24 日,在中国互联网金融协会第一届常务理事会 2017 年第四次会议上,审议并通过了互金协会参与发起设立个人征信机构的事项。2018 年 1 月 4 日,中国人民银行发布公告,受理了百行征信有限公司的个人征信业务申请。2020 年 7 月,中国人民银行在公示完成后对百行征信有限公司的企业征信业务进行了备案。至此,百行征信正式成为国内第一家持有个人征信与企业征信业务双牌照的市场化征信机构。百行征信有限公司的最大股东为中国互联网金融协会,持股 36%。其他股东包括芝麻信用管理有限公司、腾讯征信有限公司、深圳前海征信中心股份有限公司、鹏元征信有限公司、中诚信征信有限公司、考拉征信有限公司、中智诚征信有限公司、北京华道征信有限公司,持股比例分别为 8%。百行征信的业务范围,包括争取利用企业信息,开展企业信用评估,评级咨询培训,市场调研与研究,数据服务,技术服务等。其中提供征信服务是其核心业务。

协会牵头建立数据共享机制,会有助于行业合规、健康发展,也将进一步提升全民信用意识。与央行个人征信系统相比,侧重于互联网金融领域的"百行征信"在数据源和数据结构上会有比较明显的差异,在人群覆盖上可以更多元化,能够很好地填补市场空白。具体区别如下。

（1）机构性质不一样。中国人民银行征信中心是中国人民银行旗下的一个平台，是直属于中国人民银行的一个事业单位，它是目前我国核心信用基础数据库，不以营利为目的，主要是为公共提供基础信用服务，目前每个公民每年都有两次免费查询的机会。而百行征信是由社会上一些征信机构共同组织的一个征信系统，从本质上来说就是一个企业，它是以盈利为目的的，它通过为企业以及个人提供征信信息，收取一定的费用。

（2）数据来源。央行征信的信息来源主要是一些正规金融机构的金融信息，这些金融机构包括银行、担保公司、金融服务公司、融资租赁公司、财务公司、小额贷款公司等，只记录与金融相关业务数据。而百行征信的信息来源比较复杂，也比较广泛，一方面是来源于八大百行征信机构信息，这八大征信公司的数据来源也有很大的差异，比如芝麻信用主要覆盖的信息包括借呗、花呗、备用金、网商银行等信贷信息，来自余额宝、招财宝等平台的理财信息；来自天猫、淘宝、聚划算的购物信息，来自生活缴费记录的日常信息等。除了八大征信机构之外，目前有很多网贷平台都接入了百行征信，这些平台的借贷信息也是百行征信的重要信息来源。

（3）用途不同（贷款而言）。央行征信是作为银行等其他金融机构借贷业务风险评估的一个依据。百行征信是作为部分金融机构、网贷平台、互联网公司、民间借贷等借贷业务风险评估的一个依据。

（4）数据结构上的差异。央行征信中心更多是结构化数据，百行征信可能包括非结构化数据。非结构化数据包括网络图片、视频、聊天记录等，而不仅仅是数字信息。

（5）百行征信机构产品化更加丰富。央行个人征信系统所记录的内容包括个人一些常规的信息以及信贷、信用卡、担保、公共信息，查询记录等与金融相关的业务数据。百行征信记录的内容除了金融数据之外，还会记录其他数据，比如学历、职业、司法记录、社会信息记录、房产车产记录、公司股权、网购行为等。除征信报告外，八家征信机构都有自己的评分，还有更深层次的模型、精准营销、大数据的服务。系统会根据用户的一些信息做出一些判断和评分，比如个人发展历程、财富估值、偿债评估、个人行为特征、多头借贷、风险信息等。

自 2019 年 5 月 5 日正式面向机构开放查询以来，百行征信的个人信用报告日均查询 50 万笔，累计使用量超过 1.2 亿笔；特别关注名单、信息核验、反欺诈系列等增值产品，日均查询 25 万笔，累计使用量超 5 300 万笔。所有产品使用量每秒 8.7 次，且在稳步上升。截至 2020 年 5 月 22 日，百行征信已拓展金融机构达 1 710 家，签约信贷数据共享机构近 1 000 家，百行个人征信系统收录个人信息主体超 8 500 万人，信贷记录 22 亿条。累计收录 P2P 借款人 4 000 余万，基本实现网络借贷人群全覆盖，有效配合了互联网金融专项整治工作。同时，百行征信已经对接了公安身份信息、运营商手机信息、银行卡信息、航空出行信息、铁路出行信息、失信被执行人信息和互金逃废债信息等九类金融替代信息，并与地图地址信息、地方政务信息、生活服务信息等五类信息源达成合作意向。

2020 年 7 月 17 日，中国人民银行深圳市中心支行公布企业征信机构备案公告信息，百行征信获得企业征信机构备案，至此，百行征信是目前国内唯一一家持有个人征信与企业征信业务双牌照的征信机构。央行与百行征信将在依法合规、保障信息安全的前提下，积极开展征信战略、业务、技术合作研究，切实发挥"政府＋市场"作用，进一步推动我国征信市场繁荣发展。

思考与练习

1. 什么是征信机构？征信机构的特点是什么？
2. 简述征信机构的演变历程。
3. 公共征信系统和私营征信机构的产生背景分别是什么。
4. 简述公共征信系统和私营征信机构的主要区别。
5. 简述中国征信机构的主要类型。

第三章　个人征信业务

【学习目标】

- 了解我国个人征信的发展历程。
- 掌握个人征信产品中的个人信用调查服务、个人征信报告服务与个人信用评分服务。
- 掌握个人征信信息的主要内容，掌握个人征信信息的主要来源与采集方式。
- 了解个人信用评分的原理、个人信用评分模型的开发与检验以及个人信用评分模型的类型。
- 了解个人征信报告的解读方法。

第一节　个人征信产品

个人征信业务是指专业化的征信机构依法对个人的信用信息进行采集、整理、保存、加工并对外提供服务的活动。

一、个人信用调查服务

个人信用调查服务是指个人征信机构对自然人的信用申请人或受信人的信用状况进行调查和分析的技术操作，包括对消费者的信用价值进行评价。在个人信用调查服务中，调查委托人是各种各样的授信机构、雇主和一些政府部门；被调查对象是自然人性质的消费者、个体工商户；从事调查作业的是个人征信机构。个人征信机构主要依靠所掌握的个人信用信息资源，以个人征信数据、个人信用记录、个人特征变量、个人信用评分等服务方式，让授信机构、雇主或政府了解自然人性质的个人信用状况，正确评价个人的信用价值，包括了解个人的行踪。个人信用价值是对授信机构而言的，个人征信机构对个人信用状况进行评价的结果包括三个方面：①申请信用的消费者或潜在消费者有没有可以发放信用的价值；②可以向一位消费者授予多大额度的信用，具体对应哪种信用工具；③假设给一位消费者发放信用工具，预测他（她）未来可能出现的违约概率，是对前两项的一种检验。理论上说，个人信用调查的作业模式，是在接到对自然人进行调查的委托后，个人征信机构派人去采集被调查人的信用信息，然后加以分析，做出该人的信用调查报告。

目前虽然在市场上还有一些非主流的小型个人征信机构、个别的私家侦探所商务调查公司和律师事务所在采用这种主动调查的作业方法,但这早已不是个人征信行业普遍使用的调查作业方法了。

个人征信行业的主流调查作业模式是依靠巨型的个人征信数据库,对一城或一国的所有居民进行主动征信,为每个人建立一份信用档案。在接到调查委托时,个人征信机构直接从个人征信数据库中调出该调查对象的资料,经过快速汇总,形成个人信用报告,交给合法的用户使用。

二、个人征信报告服务

个人征信报告是向合法用户提供的消费者个人信用行为的汇总记录,有的报告还包括对当事人信用状况的分析和定量化评价。个人信用报告的种类很多,主流报告是当事人信用调查报告,就业报告和个人信用评分报告的销售量也很大。为了在保护个人隐私和降低信用交易双方信息不对称性这两者之间取得平衡,各国信用信息保护类法律陆续出台,行业组织也积极推动个人征信报告版式标准的制定。美国的 CDIA 曾经制定过涉及个人征信报告格式的标准,即所谓的"信用观察 2000"表格。该标准要求个人征信报告应包括 5 个栏目的个人信用记录,分别为人口统计信息、付款/费记录、就业记录、公共记录、查询记录。为个人信用报告制定统一报告格式的好处是保证了个人征信行业全行业的机构都能集体避免违反法律规定;保证了个人征信报告的产品质量;告诉个人信用信息供应者提供信息的范围;在客观上设置了个人征信机构的业务门槛。

根据法律规定,个人信用报告分为个人信用记录型报告和个人信用调查型报告两大类。个人信用记录型报告是大型个人征信机构的主流报告产品,种类很多,购房信贷信用报告、就业报告、商业报告、销售支援报告、个人信用评分报告等是常见的报告。个人信用调查型报告是在记录型报告的基础上补充了一些现场访谈和调查性的资料,以及调查员对消费者的主观评价。个人信用调查型报告的主要用户是保险公司和雇主,其市场需求比较小,主流的个人征信机构较少生产这种报告。鉴于个人征信报告有特定的版式,使用专用的符号和编码系统,而且报告所用的语言非常简练,所以个人征信机构往往需要向客户提供报告解读服务。

三、个人信用评分服务

个人信用评分是一种度量消费者个人信用风险的量化方法,通过预测消费者个人未来的信用表现,可以提高授信机构授信决策的正确性和工作效率。在原理上,个人信用评分是一种用于预测信用风险的数学模型,只要输入个人信用档案中的数据,就可以得出个人信用风险度量的具体分值,生产出个人信用评分报告产品。对于个人信用评分报告的用户而言,个人信用评分的主要用途有两个:①预测信用申请人的违约可能性,并依此决定是否批准一份信用申请,从潜在客户群中筛出信用风险小的好客户;②预测授信机构现有客户的违约率,帮助授信机构对客户群体进行分类,区分出客户的好与坏,以及盈利与损失。

个人信用评分分为通用评分和行业选择评分两大类,前者是市场上的主流评分产品。建立通用的个人信用评分模型所使用的数据样本主要取自于大型个人征信数据库,样本数量非常大,所使用数据具有跨越授信机构和商业银行、时间长度和空间跨度非常大的特点,因此,通用评分作为通用化的客户行为模型,是各个人征信机构普遍使用的个人信用评分系统,也是各商业或金融机构普遍采用的数据处理标准以及机构之间相互比较和沟通的交流手段。常用的个人信用评分产品是 FICO 评分。FICO 评分系统用于预测情况变坏的可能性,它所预测的是:在评分后的 24 个月内消费者逾期 90 天还款的可能性。

行业选择评分是指适用于某行业的特定信用评分,常见的行业选择评分产品针对的领域包括房地产信贷、住房抵押贷款、分期付款信贷、汽车贷款、其他大件产品的分期付款贷款、循环信用工具、信用卡、赊购卡。由专业信用评分技术开发机构和个人征信机构共同开发的行业选择信用评分系统的针对性很强,比通用评分对金融或非金融信用工具的信用风险预测更为精确。

四、其他个人征信服务

目前,许多征信机构利用自身拥有的数据库,推出了越来越多的产品和服务。除了上面介绍的三种个人征信产品外,征信机构还开发出市场服务、欺诈监测、身份认证等一系列增值服务。另外,大数据时代,除目前的征信机构,互联网企业和金融机构也将进军征信业,建立新型的征信机构,并推出相应的互联网个人征信产品。此外,随着互联网金融的兴起,一些成熟的第三方网贷平台将转型成为行业征信主体,利用大数据技术提供征信服务。

第二节 个人征信数据

一、个人征信信息的主要内容

个人信用报告主体基本上包含个人基本信息、信用交易信息、公共记录、查询记录以及异议标注与个人声明五个栏目的信用记录。

1. 个人基本信息

个人基本信息也称识别信息,主要用来帮助个人报告的使用者迅速了解信息主体的身份及基本情况。个人基本信息一般包括信息主体的姓名、身份识别号码、家庭及工作地址、电话号码等数据项。通过身份识别号码或身份识别号码与其他数据项的组合,可以对信息主体进行唯一标识和定位,从而将来自不同数据报送机构的信息整合在一起,最终形成完整的信用报告。身份识别号码可以是个人身份证号码、社会保险号、税号、选民号,甚至是驾驶执照号码。

2. 信用交易信息

信用交易信息主要指贷款、信用卡、支票账户、对外担保等信息。其中,每一项信息又包含许多具体的数据项,如贷款信息又包括账号、账户类型、开户日期、闭户日期、贷款金额、当前余额、付款方式、月付款额度以及历史还款记录等数据项。其中,历史还款记录显示出了个人在某个时间段中管理账户和使用款项的情况,对于反映个人的消费习惯、消费能力和支付能力等极其重要。

3. 公共记录

公共记录主要包括缴费记录、个人破产记录、法院民事案件判决、行政处罚记录等,作为判断个人信用状况的辅助参考。

4. 查询记录

查询记录是指数据库系统根据信息主体被查询的情况而自动记录、生成的数据信息,通常包括查询用户、查询原因、查询时间等。查询记录对于判断个人信息主体的信用价值非常重要,在实践中各个授信机构也都非常重视对查询记录的分析。当一个人积极地寻求借贷的时候,会向不同的授信机构提出申请,会出现多次集中的查询记录,被拒绝的次数也较多。因此,在一般情况下,短时间内查询记录越多,表明该信息主体贷款需求越迫切,偿债能力也就越弱,风险会随之上升。

5. 异议标注与个人声明

异议标注是指个人信息主体认为其信用报告中的记录存在错误、遗漏时,向征信报告机构或数据报送机构提出异议,征信机构或数据报送机构对处于异议处理期的信息予以标注而产生的信息。征信机构或数据报送机构经过核查,仍然不能确认该项记录是否有误时,信息主体可以要求在个人信用报告中对有关异议信息添加一段个人声明。

二、个人征信信息的主要来源

征信机构本身不生产数据,征信数据主要是从与个人进行信用活动的交易对手方,即信用数据产生的源头来获取数据,这些源头主要有以下几类。

1. 社会安全管理部门

这类机构提供借款者的基本信息,比如个人姓名、身份证号码等。中国对于在本土居住的居民和非居民身份识别存在一定的差异。对于除军人以外的所有中国公民,使用公安部统一提供的个人身份证号码;在中国,所有的军官可以使用军官证号码;外宾使用护照号码识别;来自我国台湾地区的人则使用台胞证号码识别;来自我国香港地区的人员使用香港身份证号码识别。征信机构可由公安部全国公民身份证号码查询服务中心提供的查询服务,核实个人提供的身份信息的真实性。

2. 商业银行等金融机构以及其他提供授信的机构

这类机构提供个人的信贷数据,如借款金额、还款信息、拖欠信息等。由于授信机构在授信过程中对于交易对手的真实情况可能不了解,因此只能用借款者还款历史的详细信息来了解借款者过去的信用状况,并用于预测未来的还款概率。

3. 水电燃气等公共事业单位

这些部门掌握着个人的非金融负债数据,比如,个人缴纳水电燃气费用的数据由自来水公司、电力公司、天然气公司提供等。将这类信息记入征信数据库有利于增强对借款者信用状况的判断。以电信数据为例,电信公司(固定电话)的电子化程度较高,已建成个人话费交费情况数据库,可通过个人身份证号实现单一识别。

4. 掌握公共记录的政府部门

这些部门掌握着个人遵纪守法的数据,比如,个人缴纳税款的数据由税务部门提供,个人的法院判决数据由法院提供。在政府部门依法行政的过程中,产生了许多行政处罚信息,这类信息反映了借款者遵纪守法的情况,可能会对借款者以后的信贷履约造成重大影响。例如,法院依法审判产生的司法判决信息,不仅反映了被判决人的负债状况,在某种程度上也反映了被判决人履行合同的意愿。

5. 各类商业机构

商业赊销零售机构以及各类金融创新形式的民间金融机构也存在大量个人信贷及信用交易记录,特别是随着互联网的发展,电商交易数据、社交数据、网贷机构数据等都成为新的数据来源。

6. 与个人的信用报告被查询记录相关的信息

个人信用报告每次被查询的情况,如查询人、查询原因、查询时间、查询记录结果等,都会被记录在数据库中并展示在个人信用报告中。

三、个人征信信息的采集方式

对于征信机构而言,个人数据采集可以分成三种方式:同业征信、联合征信和金融联合征信。

(1)同业征信。同业征信是一种由征信机构在一个独立或封闭的系统内部进行征信和提供征信服务的征信工作方式,在本行业范围内定期采集用于评价客户的信息,一般由行业服务征信机构执行。该信息只能在本行业内进行流通和使用。同业征信的方式仅在特定的行业内收集信用信息,并只能使用于特定行业,通常信用信息的提供者就是后来制作的信用报告的使用者。

(2)联合征信。联合征信是一种由征信机构根据协议,从一家以上的征信数据源单位采集征信数据的形式。联合征信允许向所有拥有征信数据的单位采集征信数据,并且通过征信机构,在提供征信数据的单位之间建立数据资源共享的关系。通过联合征信的方式,取得被征信个人的补充和核实信息,包括个人就职单位、金融机构、工商部门、税务部门、公安部门、电信公司、保险公司,以及公共服务部门(如水、电、气、暖供应商)的有关个人信息积累,通过建立信息甄别与校验机制,最大限度地保证信息的真实可靠和实效性,最终形成完整的个人信用档案库。

(3)金融联合征信。金融联合征信是指金融机构向指定的征信机构提供消费者的信贷记录、偿贷记录、信用卡消费记录、与银行往来情况记录等,由征信机构将证信数据处理后生成调查报告,然后再向所有金融机构提供征信服务。

此外,个人征信数据采集方式还包括以下两个方面。

(1)主动建档。消费者通过书面或上网的方式填写个人征信(个人信用信息采集)表格,由工作人员经过核实确认后,直接录入个人信用信息数据库。征信机构除对信息进行常年的维护外,还将为消费者提供首次录入信息的定期信息更新服务。

(2)社会举报。同业征信理事会向社会公开设立信用维权公益电话,任何单位和个人均可对不守信行为进行举报,同时提供证据。如果所反映的不守信者是征信对象,则记入其信用档案,并调整其信用评分;如果不是征信对象,则记入后备资源信息库,以备后用。

第三节　个人信用评分

一、信用评分的原理

信用评分是指运用一定的公式和规则,评估客户的信用价值(可信度)的方法。传统的信用评分模型就是将预先通过统计方法确定的权重分配给申请人,将该权重作为申请人的主要信用特征指标,由此产生出一个信用分数。最常用的信用评分用来预测信用申请者准时且足额偿还信贷的可能性,如果评分的分值比分界值高,那么申请人即得到许可。信用评分模型可以从服务商那里购买,也可以根据自己拥有的信用数据开发。

信用评分模型隐含着一个假设:存在着一种测度,能将良好信用及较差信用的评价对象区分成不同的两种分布。当然在这两个分布之间可能有一些重叠即所谓的灰色地带。

有些信用评分专注于对这个灰色地带的信用消费者群体进行细分。这是由于在激烈的市场竞争下,信用评分极低的信用申请者早已被排除,而信用评分极高的也早已被各个授信机构竞相争夺,评分高的客户群体的信用需求已得到满足,各种信用供给者需要从获得中等评分的潜在客户群体中挑选合适的授信目标,因而对中间地带的信用消费者进行细分的评分模型是十分必要的。进行近乎连续的细致的信用评分不能仅仅依靠消费者偿债、公共记录、专业和雇佣记录来简单地排除有明显不良记录者,而更需要在此基础上,进一步详细地分析消费者的消费行为,包括所属的消费者群体、年龄段、消费规律、偏好、习惯等,一个科学的信用评分模型需要建立在对消费者群体的长期或阶段性跟踪、区域调查和大量的数理统计分析的基础上。

二、个人信用评分模型的类型

根据信用评分模型的用途可以分为信用额度模型、追账模型、账户取消模型、欺诈鉴别模型等。

(1) 信用额度模型是基于这样的事实:信用限额的使用程度与该信用的品质高低呈反向相关关系。为了鼓励品质良好的用户使用他们的信用额度,放贷者愿意增加他们的信用额度,并诱以其他的措施,例如分层定价。信用额度模型的构建是在综合考虑原有额度使用程度及偿付及时性基础上的,可以辨识出哪些可以提高信用额度但又不会带来拖欠概率显著增加的客户。

(2) 追账模型针对的是信用阶梯的另外一端,即当某客户有较高的风险,将会演变成坏账的情况下需采取哪些强化的追账措施,经验表明早期的干预能够有效地使拖欠最小化,同时也能减少真正变成坏账的账户及其带来的损失。追账模型用于收费及偿付活动的持续监控,以辨别出正在恶化的账户。用于追账模型中的变量包括信用分数、账户来源、偿用额度利用模式、月偿付占余额的百分比及拖欠历史等。尽管银行通常不向征信机构订购关于这些借款人的定期的信用报告，但在一些特定情况下也会订购使用。预测未来问题的能力取决于模型捕捉预警信号、如延迟的偿付及较低的偿付率，CASA 的消费者分析部总管 Stephen Coggsha 认为洞察消费者行为的一个关键在于认真分析信用合约及所有可获得的辅助数据。他认为放贷者倾向于将信用许可、信用监控及追账管理的全过程看作是由高度分立的几个部分组成的。然而，为了追求更高的效率，他认为应开发出这样的模型，能够把客户选择、产品定价、信用管理等整合到一起，在他看来，账户的活动仅仅是以个人更广泛的经济及生活周期特征为基础的金融产品信用模型的一个因素而已。

（3）账户取消模型可用于限制某个账户的继续提款，甚至完全取消这个账户（如果不采取这样的行动，该客户会借出越来越多的款项，最终成为坏账冲销）。取消模型类似于追账模型，但通常是在一个新的组合被购入之后，发现它包含较少的良好信用，此时它才会发挥作用，如果没有法律上的限制，取消模型可以成为限定并预先支付损失以获得组合回购条款下的减免的有效途径。

（4）欺诈鉴别模型通过与以往欺诈经验中类同模式的比较来辨别欺骗性的账户。例如，假如某账户提款只比信用额度限额略小，这可能是表明该信用卡已被盗窃的一种信号。从直觉上来看，可由某个特定地理位置、某个商店及某个商品类型在不正当的时间内，不正常地连续大量购入，而且不正常地大额透支而追查出来。用神经网络模型可以辨识出正常的信用使用额度的模式，并在出现与正常模式发生偏离的行为时发出警告，特别是当这种偏离的发生是与一些特定商品的购买相关联时，这些商品如珠宝或大宗消费品等。消费者的欺骗行为也可能是宣布破产的前兆。在客户宣布破产之前采取取消或转移资产等方法是银行应对欺骗性破产的常用措施。包括贷款申请在内的申请者信用历史的计算机记录可能对预测和分析欺骗性破产是有所帮助的。

第四节　个人征信报告的解读

随着人民银行个人信用信息基础数据库的不断完善，目前个人征信报告已经成为各家商业银行贷前审查和贷后管理的主要风险把控工具，查询信用报告也是整个信贷生命周期管理的必要步骤。个人征信报告包含上百个数据项，内容丰富，在信贷生命周期的不同阶段应该有不同的重点关注内容和分析方式，这样才能运用好征信报告，完全体现出征信数据的应用效果。

征信报告中包含的信息对于贷前审查起到重要作用，如何对这些信息加以判断和解读，是充分利用征信信息的关键。

一、个人基本信息解读

目前，个人征信基础数据库中的个人基本信息，仍是展示最近上报的数据，尚未建立个人基本信息的整合机制。从时间顺序上可以简单地推断，最新上报的个人信息应该是较能反映客户申请贷款时的实际情况的，但鉴于各家商业银行对大部分个人信贷的填写和核实要求均不高,所以该部分数据主要用作参考分析,实际审查判断还是要结合客户具体情况,不能呆板的"唯数据论"。

(一)学历解读

学历反映个人的受教育程度,根据对违约客户的数据分析,受教育程度较高的客户,违约概率相对较低。但各家商业银行对个人客户的学历情况往往不进行核实,一般在系统中直接采信客户提供的学历情况。所以客户学历情况的准确性就不能完全根据征信报告"最高学历"一栏直接判断,而是要结合其他信息一起考量。

(1)一般而言,学历与年龄有一定的关联性。从客户的出生日期计算出客户年龄,若征信报告显示的最高学历明显与年龄不符,那就表明学历信息可能有误,需要客户进一步提供相关证据材料。例如,征信报告显示最高学历为研究生,而年龄仅为 22 岁,那么这两个数据项在普遍意义上就存在一定的矛盾。同样,婚姻状况和年龄也存在关联性。

(2)学历与信用卡开户日期比较。一般而言,学生在校期间不会拥有多张信用卡,尤其是额度超过 1 万元的信用卡。一般的学生信用卡(目前已被监管部门叫停)额度多在 3 000～5 000 元。如果从客户年龄和学历推算出其为在校学习期间,发生较大额度的信用卡开户就需要进一步的核实。

(二)职业信息解读

客户的职业信息,尤其是工作单位名称一般在申请贷款或信用卡时均是商业银行关注审核的重点,应该说上报的信息准确性还是较高的。从单位可以基本衡量出客户的大概收入水平。当然,部分知名大型企业内部可能存在劳务用工形式,所以审核客户是否是该企业的正式在编职工也是信贷审核中必需的。

从客户工作单位列表罗列的单位数量,结合客户的年龄和学历,基本可以了解客户工作是否稳定、职业生涯规划是否有序、是否经常处于换工作的不稳定状态,这对个人资信的审核也起到一定的作用。

年收入一栏的数据,由于各行对收入的认定标准不尽相同,并且客户会根据申请授信的额度填写收入金额,随意性较大。故征信报告上的收入水平应主要作为一种参考,具体操作时可以大概取一个平均数,而目前尚不宜作为主要衡量客户收入水平的依据。

二、个人信用信息解读

个人信用信息直接描述了客户历史信贷行为,商业银行在审核贷款时对这部分信息的解读是重中之重的工作。

(一)贷款信息的解读

1. 还款能力判断

从月应还款额以及逾期情况,可以判断出客户的偿还能力。在目前我国个人所得税扣缴尚不完善的情况下,个人收入的判断与审核存在一定难度,由此也给衡量客户的还款能力带来了困难。但从征信报告上显示的月应还款额和历史的还款情况,可以判断出客户的还款能力。例如,客户每月归还其他商业银行月供 5 000 元,经过正常还贷两年,现已结清,且还款历史很少有逾期,那么可以基本认定该客户具备归还每月 5 000 元以下贷款的能力。

从贷款种类方面可以推断出客户申请拥有的房产套数,贷款种类为个人住房贷款的,如果均尚未结清的,可以说明客户名下至少拥有的房产套数。房产目前仍是我国公民的主要资产,从这个方面可以较好地体现客户的资产实力。当然对于利用贷款购房套数过多的客户,由于其可能涉及投机炒房,面临资金链紧绷的风险,在房地产市场发生波动的情况下,这类客户还是面临较大的潜在风险,在信贷审核时需要重点关注。

2. 个人资信情况解读

目前,各行对于客户的资信情况的评价尚未形成较为统一的标准。但一般都不是采取教条的方式,机械地解读个人征信报告信息。也就是客户发生逾期,并不表示客户个人资信情况较差。由于造成贷款逾期的原因多种多样,往往界定客户个人资信的标准是判断是否"恶意逾期"。

同样,我们认为反映个人资信情况的信息较多,在日常信贷审核中应该制定并执行一个客户个人征信分层的政策。这样标准化地解读征信报告,比较符合个人信贷业务批量化、流水化的作业特点。一般解读个人资信情况应遵循以下三个原则。

(1)借款申请人名下有多笔贷款的,以其中还款记录表现最差的一笔确定客户的信用状况等级。

(2)在客户申请贷款时,应根据名下已结清贷款的信用记录结清原因的实际情况,认定时适当放松。

(3)金额 2 000 元以下的拖欠记录,认定时可以酌情不列入逾期次数。

同时,根据贷款近 24 个月还款状态记录、累计逾期次数、最高逾期期数三个主要指标,分别从近期逾期情况、历史逾期情况以及违约程度等角度对客户进行一个分层。

(二)信用卡信息解读

信用卡透支由于频率高、额度小,可以更为全面地体现客户的消费习惯和日常信用习惯,也是人们日常信贷审核的重点关注之处。以往普遍认为信用卡申请过多的客户,存在自身收入不足,严重依赖透支消费的风险。但鉴于目前各家商业银行发卡准入门槛较低,一人多卡的现象普遍存在。例如,大部分银行员工为了相互完成信用卡发放指标任务,均办理了多张信用卡,所以不能仅凭信用卡的张数简单判断客户资信情况,而是应该结合信用额度和最大负债额一并考虑。比如,客户申请多张信用卡,且平均信用额度都较低,客户经常透支并出现逾期,那么客户的资信水平相对是较低的。

目前各家商业银行对信用卡的审核大多遵循这样一个原则:本行给予的信用额度不低于其他银行已授予客户的额度。即如果其他银行已授予该客户 2 万元的透支信用额度,那么本行结合参考该额度的授予时间,给予授信。2 万元在最近授予客户的,本行也直接给予相同的额度。如果 2 万元授予时间远,且客户透支还款情况良好,那么在 2 万元的基础上适当给予提升。这样充分利用征信信息进行审贷,不但大幅提高了审贷效率,节约了资源,也较好地控制了风险。

另一种客户是没有任何信用卡和贷款的申请记录,以往认为该类客户没有信用记录,对其的资信评定有一定负面影响。但考虑到中国地域广阔,南北习惯差异较大,部分地区部分人群虽然有良好的收入,但仍不太习惯透支借贷消费,所以对于该类客户的评定还是要根据其收入、工作和资产状况综合评定。

三、个人信用价值的影响因素

信用是受信方主观上的履约意愿和客观上的履约能力的统一。具体来讲,信用是指经济主体之间以谋求长期利益最大化为目的,建立在诚实守信道德基础上的心理承诺与约期实践相结合的意愿和能力。可见,信用包括履约意愿和履约能力两部分。因此,凡是与个人履约能力和履约意愿有关的各种特征都成为影响个人信用价值大小的因素,本书借鉴国际通用的"4C"分析法,重点从涉及个人信用的个人品德、个人资产状况、个人偿债能力和个人基本条件等方面进行考察。

(一) 个人品德

品德是对个人诚实正直和道德品行等综合属性的无形概括,是一种心理状况,属于个人形象的一部分,个人品德是影响个人履约意愿的重要因素。一个人的品德通常难以准确衡量或评价,只能通过此人的行为进行判断,例如,职业道德、责任心、对债务的偿还习性,是否恶意透支、是否拖欠银行贷款、是否有犯罪记录等,由于个人的行为是具有惯性的,所以可以依据个人的历史记录来预测其未来的行为趋势,如信贷历史记录能够比较全面地揭示贷款申请人的信用品质、经济状况、付款态度和付款习惯。可以说,一个品行端正、负责、守法的人,会比较信守承诺,因此可以根据个人的品德来衡量个人履行意愿的大小。

(二) 个人资产状况

资产状况主要由储备资产水平决定,可以用其能够支配的个人或家庭资产的价值来衡量,它是影响个人履约能力的重要因素。个人资产可能是有形的,如银行存款、房地产、有价证券等;也可能是无形的,如版权、专利或专有技术等。

资产状况调查首先是要确定个人对其资产的所有权是否属实,比如处于分期付款中的商品,在付清所有货款之前,个人不具备所有权,该类商品是属个人的资产还是负债要依据已付及未付款项的情况而定;其次要对个人拥有的资产价值进行准确衡量,流动性资产价值容易确定,其他资产价值评估有一定的难度,其评估方法将在下面的内容中详细介绍。

(三) 个人偿债能力

个人偿债能力属于影响个人履约能力的因素,具体衡量个人偿债能力的主要指标有个人的收支状况和个人资产负债比率。

收入是衡量个人偿还债务能力的首要指标,要调查个人收入状况首先必须确定其收入来源的稳定性与持续性。一般来说,长期失业或经常跳槽者的收入稳定性比长期受雇于一家企业的人要差得多,个人的收入来源也可能因季节性或经济环境变化而波动,从而使个人的未来收入水平不具有保障,当前个人收入状况的信息一般来源于个人所在单位的工资存根和工资表,确保信息真实、可信,个人收入主要包括工资性收入、生产经营收入、劳务等不固定性收入、债权收入、其他收入。当个人财务会计体系建立后,个人的收入状况信息可以直接从已经公证的个人损益表中获得。

个人支出是收入的减项,主要包括固定支出、日常生活必需开支、分期付款的债务、医疗保健支出、纳税、公益性支出以及其他支出等。总收入扣除总支出后的剩余为净收入,可以用于偿还债务,当个人财务会计体系与个人基本账户建立后,个人支出的相关信息也可以从个人账户和个人损益表中获取。

另外,前面书中提到的个人月度偿债收入比率可以作为衡量个人短期偿还债务能力的相对指标;资产负债率可以作为衡量个人长期偿还债务能力的相对指标。

(四)个人基本条件

个人基本条件主要是指申请人的自然条件及社会条件,包括年龄、受教育程度、职业及工作状况、婚姻状况、健康状况、现有住房性质及居住时间等,这些条件的变化会影响个人的履约意愿和履约能力。

1. 个人年龄

通常来说,年龄较大的人,理性思考重于一时冲动,他们经过多年的社会锻炼,往往会比年轻人更稳重、更讲求信用,社会道德规范意识往往强于年轻人,而且年纪稍大的人,其经济基础也通常比年轻人雄厚,自然承担风险的能力更强,维护其信用价值的物质保证更大。但是,需要注意的是,随着年龄的增长,年龄超过一定的临界值(如 60 岁或 70 岁),其对个人信用价值将产生负面影响,因为年龄越大,其工作能力越弱,直至丧失工作能力,并且身体状况会越来越差,所以如果在坐标图中用一条曲线来描述年龄对个人信用价值的影响,其形状呈一条抛物线,近似正态分布。

2. 个人受教育程度

个人受教育程度对其工作、品德、社会责任心及其对履约的态度影响很大。主要体现在两个方面。

(1)一般来讲,受教育程度较高的个人都有一个理想的职业,受教育程度与个人的收入水平和收入稳定性成正比,且追求高等教育和职业发展的人一般需要勤奋努力工作并持之以恒,这也是个人品行上积极性的表现。

(2)通常情况下,个人的受教育程度与个人的素质和修养具有很大的相关性,接受过良好教育的人通常更懂得法律和道德规范标准以及维护个人信用的重大意义,因此他们通常具有较强的自我约束能力以维护自身的信用水平,反之,那些文化程度较低的个人,则往往缺乏信用意识,违约的可能性大。

3. 个人工作状况

工作是居民的主要收入来源,个人所从事的职业,个人的职务、职称以及工作年限都会不同程度地影响个人的收入水平,直至影响个人的履约能力。一个人的职业不仅决定了其收入水平、收入的稳定性,还影响着其对待某些事物的态度,尤其在中国现阶段,职业差别甚至决定了一个人所能够享受的住房、医疗、劳保、退休等方面的待遇,因此,职业状况是影响个人信用价值的一个重要因素,根据目前中国的实际情况,一般来说,国家公务员、事业单位职工、教师等与其他行业职工相比,工作和收入稳定性更好,工资外的各种福利待遇更有保障,而且由于职业的特点,他们对于诚实守信的认同感较强,因此,其信用水平一般比较高,此外,还有一些具有垄断性质的行业(如邮政、电信、银行、保险等)和处于成长期的行业,由于可享受垄断利润或具有广阔的发展前景,职工的工作相对稳定,收入水平一般也较高,其信用水平显然高于那些工作不稳定的人,另外,个人的职务和职称能够说明其相应的收入水平,一般认为,个人工作年限越长,其收入稳定性越强,相对收入水平越高。

4. 个人婚姻状况

对个人来说,结婚是人生的一个转折点,一般情况下,婚姻会使人们的生活进入一种稳定状态,特别是在心理上,个人在结婚后,往往会具有更强的责任感,因为个人的履约情况不仅会影响个人自身,还会影响家人(配偶及子女),所以婚姻能够影响个人的履约意愿,同时婚姻也能增强个人的履约能力,因为结婚后,家庭成为个人承担行为责任的保障。

5. 个人健康状况

个人健康状况是影响其履约能力的因素。一般认为健康状况的好坏与个人的履约能力成正比。

6. 住房状况

住房状况同样也能反映个人收入水平和经济状况。可以通过个人住房性质和居住稳定性两个方面进行考察。通常认为拥有住房所有权比租房更能说明收入的稳定性;居住比较稳定的个人一般具有较强的履约意愿,同时也能说明其收入相对比较稳定。

第五节　个人信用报告的应用

一、个人信用报告在个人信贷领域中的应用

交易的一方通过查询对方的信用报告,可以多角度地了解其信用状况,或因信息不对称而给自身带来信用风险的概率,当前利用个人信用报告最频繁的业务是商业银行的个人信贷。由中国人民银行操作的个人征信系统于 2006 年 1 月正式运行后,各家商业银行已建立了依托该系统的信用风险审查制度,将查询申请人信用报告作为信贷审查的固定程序。个人信用报告在提高审贷效率,方便个人借贷,防止不良贷款和个人过度负债以及根据信用风险确定利率水平方面发挥了重要作用。根据对商业银行利用个人信用报告情况的调查,笔者整理了部分典型案例,以证实个人信用报告在个人信贷中发挥的积极作用。

【案例 1】　个人信用报告帮助商业银行简化审批流程、缩短审批时间。

中国工商银行某分行在审查一笔 120 万元的个人经营性贷款时,通过个人征信系统查询个人信用报告发现,该客户在其他银行有一笔 23 万元的贷款,还款付息正常。查询结果与客户本人声明相符,间接证实了客户的信用度。结合客户提供的抵押物、还款能力

进行综合分析后,该行做出放贷决定,贷款额度确定为 100 万元。这样由于使用个人征信系统提供的信用报告使该行原来需一个多月的贷款审批时间缩短为两个星期。

【案例 2】 个人信用报告帮助商业银行了解客户在异地、他行的借款以及还款记录,客观判断客户的还款能力或还款意愿,规避潜在风险。

2015 年 4 月,某客户到中国工商银行某分行申请个人综合消费贷款 7 万元,该行查询个人征信系统发现,该客户除在工商银行有个人住房按揭贷款 24.8 万元外,在另一家银行还办理了个人住房按揭贷款 31.3 万元,且已逾期 15 次,拖欠贷款本金 4.41 万元,拖欠时间超过 180 天,鉴于该客户存在严重的不良记录,该行做出了拒贷决定。

2017 年 4 月,某客户向中国银行某分行申请办理准贷记卡,该行查询个人征信系统发现,该客户在其他银行已有 2 张准贷记卡和 1 张贷记卡,且 3 张信用卡都有逾期记录,其中 1 张准贷记卡透支天数达 180 天以上;而且在其他银行还有 1 笔金额 2.5 万元的贷款,有 5 次担保人代还的记录,另外,该客户还为他人贷款担保 1 万元,综合该客户各方面的信息,该行认为其信用风险过高,因而拒绝了其准贷记卡申请。

【案例 3】 个人信用报告帮助商业银行全面了解客户及其家庭的总体负债情况,客观评价客户的还款能力,规避潜在风险。

某客户月家庭综合收入 2 万余元,2018 年 11 月,该客户向上海浦东发展银行某分行申请 10 年期个人住房贷款 40 万元,该行查询个人征信系统发现该客户已有两笔个人住房贷款 50 余万元,月还款金额 6 000 元。经过细致调查,该客户贷款用途确系购买自用住房,同时,欲将原有住房赠予父母居住,考虑到相关房贷政策及合理控制风险的需要,该行最终同意向该客户发放个人贷款 28 万元,贷款利率执行基准利率,不下浮。

中国建设银行某分行在审查某客户的个人住房贷款申请时,查询其内部业务系统发现,该客户及其配偶在本行已各有一笔贷款,余额为 114.50 万元。查询个人征信系统发现,该客户及其配偶在其他银行还有 11 笔个人住房贷款,而且都发生在近 1 年内(其中 2015 年 2~5 月就有 7 笔,金额为 23 750 万元),总贷款余额约 696 万元,月还款额共计约 8.7 万元,与其收入相比,偿还能力明显不足,虽然目前该客户及其配偶的 13 笔贷款的还款记录正常,但在短期内连续多笔贷款购房的行为已经不属于个人住房消费,具有明显的投机倾向,信用风险较高,该行拒绝了其申请。

某客户于 2016 年 1 月向中国建设银行某分行申请个人住房按揭贷款,金额 19 万元,期限 180 个月,查询个人征信系统发现,该客户已办理个人住房贷款一笔,金额 21.4 万元,个人汽车贷款一笔,金额 17.3 万元,客户每月共需还款 8 888 元,而该客户提供的收入证明显示家庭每月总收入为 4 311.2 元,同时该客户办理的个人汽车贷款有逾期 5 次的记录,综合以上情况,该行认为该客户申请 19 万元个人住房贷款已超出其还款能力,因此拒绝了其贷款申请。

中国工商银行某分行在审查一笔 89 万元的住房按揭贷款时,查询个人征信系统发现,该客户已有两笔 5 年期住房按揭贷款 188 万元,同时还发现,作为其共同申请人的男方尚有 10 年期的住房按揭贷款 150 万元,尽管该客户身为某企业高层管理人员,其共同申请人自办一家公司,双方都有一定经济实力,但其投资性购房意图明显,如果此笔贷款申请成功,共同负债将高达 427 万元,每月需还款 7 万余元,该客户的个人信用报告还显示,该客户已出现数次逾期还款的情况,风险已经显现,该行拒绝了此笔贷款申请。

【案例4】 个人信用报告帮助商业银行核实借款人真实身份,防范意图套贷情况发生。

某房地产开发商一次性向中国建设银行某分行上报客户按揭贷款申请10人,从申请资料上看这10个客户的工作单位各不相同,打电话核实也没有发现问题。但该行查询个人征信系统发现,这10位借款人所在工作单位都是该开发商,经再次核实,证明这是开发商为了融资而虚报的一批假数据,该行果断拒绝了这批贷款申请。

某房地产开发商工作人员带着5份个人贷款申请材料(材料齐全)到中国建设银行某分行申请个人贷款,金额共计800多万元,该行查询个人征信系统发现了很多疑点,第一,该批借款人的工作单位为该开发商或其关联公司,其中2人的工作单位与为其出具收入证明的单位不一致;第二,这5人在其他商业银行已有700多万元贷款余额,且每月收入不足以偿还其已有贷款的月还款额;第三,这5人都有过逾期记录,经分析,该行认为这5份个人贷款申请有很大的套贷嫌疑,当该行信贷人员把这些疑点向该房地产开发商工作人员询问时,该工作人员无言以对,主动撤回了贷款申请。

【案例5】 个人信用报告帮助商业银行回收逾期贷款。

2015年2月,某客户向中国银行某分行申请个人购车贷款,该行查询个人征信系统发现,该客户曾于2012年4月向中国银行另一分行贷款12万元,用于购车,期限3年,截止到2015年2月,该客户尚未还清该笔贷款,贷款余额为8.1万元;同时征信系统还显示该笔贷款累计逾期26次,在贷前调查过程中,该客户得知该行已了解其信用记录后,为了使此次贷款申请得到审批,2015年3月初,将其在另一分行的贷款提前还清。

2016年3月某客户向中国建设银行某分行申请办理信用卡,其提供的申请资料比较齐全,符合该行办卡要求,但该行查询个人征信系统发现,该客户2015年有一笔透支被另一家银行核销,该行拒绝了其信用卡申请,并要求该客户归还核销金额,最终为银行挽回了损失。

某客户在中国银行某分行有一笔车贷已逾期1年未还,客户经理催讨时发现该客户已搬离原住所并变更联系方式,该行查询个人征信系统后发现,该客户用新地址在另一银行申请了信用卡,该行马上到新地址与客户商谈还款事宜,当客户了解到个人征信系统的作用后,还清了全部拖欠款项。

【案例6】 个人信用报告帮助商业银行了解借款人为他人担保情况,全面审查潜在负债风险,做出合理贷款决策。

某客户向中国建设银行某分行申请个人贷款8万元,贷款期限5年,家庭收入月均3 400元,初步符合该行贷款条件,该行查询个人征信系统发现,申请人同时为他人担保1年期贷款5万元,一旦承担担保责任,将影响其按时偿还每月还款。因存在着潜在的风险,该行拒绝放贷。

某小企业业主向中国建设银行某分行申请住房贷款6.6万元,贷款期限10年,该客户月收入3 000元,初步符合该行贷款条件,但该行查询个人征信系统发现,申请人已办按揭贷款4万元,同时为他人担保1年期贷款5万元,如果发放贷款,申请人合计负债金额达15.6万元,存在潜在风险,该行拒绝了该笔贷款申请。

【案例7】 个人信用报告帮助商业银行防范中小企业信贷风险。

2016年9月，某公司股东以其房产为抵押向中国工商银行某分行申请中小企业贷款200万元，该行考虑到小企业多为私人公司，股东个人的信用状况将直接影响到企业信用，于是通过个人征信系统查询该公司股东个人信用情况，结果显示该公司1名股东在2家银行都有个人住房贷款，且存在12次逾期记录；申请人该年4月的借款也出现4次逾期记录，经过核实和讨论，银行最终做出拒贷决定。

【案例8】 个人信用报告帮助借款人防范信用盗用风险。

2018年11月，某客户向上海浦东发展银行某分行申请一笔4万元的购车贷款。该行通过查询个人征信系统发现，该客户一笔住房按揭贷款有连续6期的逾期记录，于是决定拒绝这笔贷款申请，并向该客户说明了具体原因。该客户当场就提出异议，并解释说，他曾担任高层管理人员的某公司为其购置了1套住房，该公司承诺每月负责还款，房子在其服务期满后归其所有，但该客户在服务期间离开了该公司，也退还了房子，但该公司每月仍然以他的名义还款，针对银行提出的问题，他与原公司进行了交涉，该行也做了许多配合工作，最终公司答应以后按月及时还款，并对逾期记录产生的后果承担责任。

某客户向中国工商银行某分行申请一笔5万元的个人住房贷款，该行查询个人征信系统发现，该客户已在其他银行办理过一笔5万元的个人经营性贷款，且已严重逾期，因而做出拒贷决定。但该客户反映其长期在外打工，并未办理过个人贷款，当即提出异议，后经查实，系因其身份证被他人盗用造成的。

【案例9】 诚信致富缺资金，政府贴息贷款来帮忙。

为积极推进农村经济发展，支持并激励农村青年致富带头人创业，某行与政府相关部门合作发放了由政府贴息的青年创业贷款。在青年创业贷款发放过程中该行对调查、审查、审批各环节严格把关，其中借款人的征信情况，是该行决定是否为其发放青年创业贷款的最重要的一项内容。

2019年4月法库县黄岭村村民李某急需资金经营蔬菜大棚，其为符合条件的青年创业带头人，该行通过查询其征信报告了解其记录良好，为其优先发放了5万元的青年创业贷款，在享受政府补贴的同时也解决了其资金需求。

【案例10】 个人征信良好，个人住房给予利率优惠。

赵某，就职于某市印刷厂，月收入在6 000元左右，婚姻状况为离异。2019年3月，赵某欲购买该市商品住宅一套，面积88.67m²，单价4 000元/m²，总房款35.47万元。由于自有资金不足，无法全款买房，赵某向该市建设银行申请一手房购房按揭贷款24万元，贷款额度为总房款的67.66%。

2019年5月，该行在为赵某办理贷款业务的过程中，在取得借款人授权的情况下对赵某的个人征信报告进行了查询。征信报告显示，赵某征信记录良好，其名下没有信用卡，无银行贷款，没有违约欠息或逾期记录。银行认为，借款申请人过往信誉好，无其他银行负债，个人收入水平良好，不仅批准了赵某的24万元借款申请，还将其借款率在基准利率的基础上下浮15%，利率水平为4.165%。赵某因为征信良好享受到了该行利率下浮的优惠。

【案例 11】 征信系统识别谎言风险。

客户郑女士向某行申请信用卡财智金分期业务,申请前客户口头阐述说自己征信较好,无逾期记录,并且没有其他经营性及消费性贷款,通过查询其个人征信信息,发现其在他行有大额经营性贷款,月还款金额较大,名下资产和流水无法覆盖其负债,且之前有多次逾期,因此拒绝该客户的业务申请。

点评:通过查询个人征信系统了解客户的借贷情况,以及月还款情况和资金紧张程度,识别客户蒙骗的谎言,将信用风险规避在审批的前端,提高了银行办理业务的效率,节约人力、物力等资源,同时有效地规避资产类业务的风险,防范了不良信用借款。

【案例 12】 粗心大意晚还款,儿子结婚无法贷款。

2017 年 5 月某行审核客户刘某的贷款申请,办理分期通业务,客户欲贷款 10 万元整,还是该行房贷客户,持有该行信用卡,客户条件良好。但客户信用报告显示,客户名下商行的两张信用卡近 2 年有 20 多个 30 天以内的逾期,逾期频繁,引起征审人员注意,经询问客户得知,客户在使用信用卡的过程中粗心大意,认为就是晚还几天,时间不长,没有关系,内心没有重视起来。客户在得知贷款没有审批下来,焦急万分说这款项是准备给孩子结婚装修用款要银行通融一下,但是很遗憾不符合征审条件被拒绝了。

二、个人信用报告在其他领域的应用

目前,个人信用报告主要用于商业银行的各项消费信贷业务,随着社会信用体系的不断完善,信用报告将更广泛地被用于各种商业注销、信用交易、招聘求职、购买保险、租房、特殊岗位任职等领域。例如在美国,保险公司不仅在销售保险时参考个人的信用报告和信用评分,还根据个人信用评分的变化调整个人的保险费;个人在求职甚至决定是否继续留任时,经个人同意,雇主也可以参考个人的信用报告,特别是一些特殊岗位,如公司高级管理岗位和财务岗位等;个人在租房时,房东也可以要求查阅个人的信用报告;此外,个人信用报告也为查询者本人提供了审视和规范自己信用历史行为的途径,并形成了个人信用信息的校验机制。

个人信用报告具有科学的生成程序,标准的格式和内容,特别是信息覆盖面更广。在个人信贷领域,成熟的个人信用报告能为贷款人提供更加全面的信息,进一步降低信用风险产生的可能性;另外,个人信用报告还可以应用于招聘求职、租房等其他领域。个人信用报告在实践中的广泛应用能将个人在多个领域的活动联系在一起。一方面,它有利于个人积累信誉财富,每一次按时偿还银行借款、按时缴纳电话费、水电燃气费等看似微不足道的小事都会在个人信用报告中留下一笔良好的记录,提高个人的信用价值,方便个人获得银行融资、工作和晋升;另一方面,虽然个人不会因为拖欠缴费就失去工作和晋升的机会,但它强调了个人应当在所有领域信守承诺、尊重合同、对自己对他人负责的重要性。这不仅会产生巨大的社会效益和经济效益,更重要的是它还将促进整个社会诚信和道德水平的提高。

思考与练习

1. 简述个人信用调查服务的过程。

2. 简述个人信用调查的作业模式。

3. 对于个人信用评分报告的用户,个人信用评分有哪些用途?

4. 个人信用报告主体包含哪些信息?

5. 个人征信信息的主要来源有哪些?

6. 简述个人征信信息的采集方式。

第四章 企业征信业务

【学习目标】

- 掌握企业征信报告的概念与主要内容。
- 了解企业征信信息的来源及主要方式。
- 理解企业信用评级体系。
- 掌握征信报告各项内容的含义。

第一节 企业征信产品

一、企业信用尽职调查

（一）企业信用尽职调查的概念

企业信用尽职调查又称"审慎调查"，指投资人在与目标企业达成初步合作意向后，经协商一致，投资人对目标公司的资产和负债情况、经营和财务情况、法律关系以及目标企业所面临的机会与潜在的风险进行的一系列调查活动。企业信用尽职调查多发生在企业公开发行股票上市和企业收购中，是企业收购兼并程序中最重要的环节之一，也是投资过程中重要的风险防范工具。调查过程中通常利用管理、财务、税务方面的专业经验与专家资源，形成独立观点，用于评价投资优劣，作为管理层决策支持。

（二）企业信用尽职调查的种类

尽职调查包括财务尽职调查、法律尽职调查、商业尽职调查、人事尽职调查和其他尽职调查。

1. 财务尽职调查

财务尽职调查是指接受客户委托，为客户的投资、并购等商业事务提供财务尽职调查服务，降低企业并购的财务风险。财务尽职调查可以弥补其他尽职调查的不足。上市过程中的法律尽职调查和商业尽职调查都各有倾向，而对财务问题的关注往往会有所减弱，目前中国的税法纷繁复杂，需要专业性极强的财务律师进行税务尽职调查，就财务问题为企业出具专业的法律意见。

同时,财务尽职调查还能查找主要的财务隐患,保证企业顺利上市。多数科技创新企业在创业初期,账务管理一般都欠完善,税务律师则以税法法规和政策为依据,审查凭证、账册、交易合同等相关的信息,分析可能存在的问题,化解相关税法风险。

2. 法律尽职调查

法律尽职调查是指就股票发行上市、收购兼并、重大资产转让等交易中的交易对象和交易事项的法律事项,委托人委托律师按照其专业准则,进行的审慎和适当的调查和分析。

法律尽职调查的目标是确保目标公司依法成立并拥有经营其业务的营业执照,找出任何实际的和潜在的法律诉讼,理解目标公司所处的政治和监管环境,理解风险投资所涉及的审批程序,以便尽快开展工作、获得支持、降低获准审批的不确定性。

3. 商业尽职调查

商业尽职调查是指从外部和内部对公司业务发展的内外部环境和情况进行调查,对企业达到其发展计划的关键因素进行评估和分析。商业尽职调查遵循审慎原则,有着一套严谨的流程,最终是为了支持投资决策,选择正确的投资对象。

商业尽职调查的目的是明确目标公司的商业前景。通过对其宏观环境、市场规模和竞争环境的分析,了解目标公司所处的行业地位和未来发展趋势。并通过对其内部运营管理的分析,可以为交易完成后价值提升和并购后整合方案的制定做出准备。

4. 人事尽职调查

人事尽职调查是整个并购过程中尽职调查的一个重要环节,是最终促使交易成败的关键组成部分,是对目标企业的人力资源相关风险的识别与规避。

从人力资源尽职调查的结果来看,80%以上的并购目标企业中的人力资源部门都存在着风险及潜在负债,在新劳动法实施之后更为突出。这些潜在的风险将会给并购方带来的风险不仅是财务上,同时还会影响到公司的声誉及形象。如一些企业不遵守劳动法,没有与员工签订劳动合同、没有为员工购买社会保险或存在拖欠员工工资的情况。

5. 其他尽职调查

除了以上尽职调查服务之外,还有 IT 尽职调查和环境尽职调查,环境尽职调查又称为行业尽职调查,其目的在于理解目标公司所处的宏观环境,行业所处的生命周期和前景,市场的规模、整合度,目标公司与其竞争对手的各自特点和所占市场份额,今后面临的机遇和挑战。

(三)企业信用尽职调查的内容

1. 公司简介

公司简介内容包括:公司成立背景及情况介绍;公司历史沿革;公司成立以来股权结构的变化及增资和资产重组情况;公司成立以来主要发展阶段,以及每一阶段变化发展的原因,公司成立以来业务发展、生产能力、盈利能力、销售数量、产品结构的主要变化情况;公司对外投资情况,包括投资金额、投资比例、投资性质、投资收益等情况和被投资主要单位情况介绍;公司员工状况,包括年龄结构、受教育程度结构、岗位分布结构和技术职称分布结构;董事、监事及高级管理人员的简历;公司历年股利发放情况和公司现在的股利分配政策;公司实施高级管理人员和职工持股计划情况。

2. 公司组织结构

公司组织结构内容包括:公司现在建立的组织管理结构;公司章程;公司董事会的构成,董事。高级管理人员和监事会成员在外兼职情况;公司股东结构,主要股东情况介绍,包括背景情况、股权比例、主要业务、注册资本、资产状况、盈利状况、经营范围和法定代表人等;公司和上述主要股东业务往来情况(如原材料供应、合作研究开发产品、专利技术和知识产权共同使用、销售代理等)、资金往来情况,有无关联交易合同规范上述业务和资金往来及交易;公司主要股东对公司业务发展有哪些支持,包括资金、市场开拓、研究开发、技术投入等;公司附属公司(厂)的有关资料,包括名称、业务、资产状况、财务状况及收入和盈利状况、对外业务往来情况;控股子公司的有关资料,包括名称、业务、资产状况、财务状况及收入和盈利状况、对外业务往来情况、对内资金和业务往来情况;公司与上述全资附属公司(厂)、控股子公司在行政上、销售上、材料供应上、人事上如何统一进行管理;主要参股公司情况介绍。

3. 供应

供应内容包括:公司在业务中所需的原材料种类及其他辅料,包括用途及在原材料中需求中的比重;上述原材料主要供应商的情况,公司有无与有关供应商签订长期供货合同,若有,请说明合同的主要条款;各供应商所提供的原材料在公司总采购中所占的比例;公司主要外协厂商名单及基本情况,外协部件明细,外协模具明细及分布情况,各外协件价格及供货周期,外协厂商资质认证情况;公司有无进口原材料,若有,该进口原材料的比重,国家对进口该原材料有无政策上的限制;公司与原材料供应商交易的结算方式、有无信用交易;公司对主要能源的消耗情况等。

4. 业务和产品

业务和产品内容包括:公司目前所从事的主要业务及业务描述,各业务在整个业务收入中的重要性;主要业务所处行业的背景资料;该业务的发展前景;主要业务近年来增长情况,包括销量、收入、市场份额、销售价格走势,各类产品在公司销售收入及利润中各自的比重;公司产品系列,产品零部件构成细分及明细;公司产品结构,分类介绍公司目前所生产主要产品情况和近年来销售情况;产品需求状况;上述产品的产品质量、技术含量、功能和用途、应用的主要技术、技术性能指标、产品的竞争力等情况;针对的特定消费群体;公司是否有专利产品,若有,公司有哪些保护措施;公司产品使用何种商标进行销售,上述商标是否为公司注册独家使用;上述产品所获得的主要奖励和荣誉称号;公司对提高产品质量、提升产品档次、增强产品竞争力等方面将采取哪些措施;公司新产品开发情况等。

5. 销售

销售内容包括:简述公司产品国内外销售市场开拓及销售网络的建立历程;公司主要客户有哪些,并介绍主要客户的有关情况,主要客户在公司销售总额中的比重;公司主要客户的地域分布状况;公司产品国内主要销售地域,销售管理及销售网络分布情况;公司产品国内外销售比例,外销主要国家和地区分布结构及比例;公司是否有长期固定价格销售合同;公司扩大销售的主要措施和营销手段等。

6. 研究与开发

研究与开发内容包括：详细介绍公司研究所的情况，包括成立的时间，研究开发实力、已经取得的研究开发成果，主要研究设备、研究开发手段、研究开发程序、研究开发组织管理结构等情况；公司技术开发人员的结构，工程师和主要技术开发人员的简历；与公司合作的主要研究开发机构名单及合作开发情况；合作单位主要情况介绍；公司目前自主拥有的主要专利技术、自主知识产权、专利情况，包括名称、用途、应用情况和获奖情况等。

7. 公司主要固定资产和经营设施

公司主要固定资产和经营设施内容包括：公司主要固定资产的构成情况（包括主要设备名称、原值、净值、数量、使用及折旧情况、技术先进程度）；按生产经营用途、辅助生产经营用途、非生产经营用途、办公用途、运输用途和其他用途分类，固定资产分布情况；公司所拥有的房屋建筑物等物业设施情况，包括建筑面积、占地面积、原值、净值、折旧情况以及取得方式；公司目前主要在建工程情况，包括名称、投资计划、建设周期、开工日期、竣工日期、进展情况和是否得到政府部门的许可；公司目前所拥有的土地的性质、面积、市场价格、取得方式和当时购买价格（租赁价格）。

8. 公司财务

公司财务内容包括：公司收入、利润来源及构成；公司主营业务成本构成情况，公司管理费用构成情况；公司销售费用构成情况；主营业务收入占总收入的比例；公司主要支出的构成情况；公司前三年应收账款周转率、存货周转率、流动比率、速动比率、净资产收益率、毛利率、资产负债比率等财务指标；公司前三年资产负债表、利润及利润分配表；对公司未来主要收入和支出有重大影响的因素有哪些；公司目前执行的各种税率情况。

9. 主要债权和债务

主要债权和债务内容包括：公司目前主要有哪些债权，该债权形成的原因；公司目前主要的银行贷款，该贷款的金额、利率、期限、到期日及是否有逾期贷款；公司对关联人（股东、员工、控股子公司）的借款情况；公司对主要股东和其他公司及企业的借款进行担保及抵押情况。

10. 投资项目

投资项目内容包括：本次募集资金投资项目的主要情况介绍，包括项目可行性、立项情况、用途、投资总额、计划开工日期、项目背景资料、投资回收期、财务收益率，达产后每年销售收入和盈利情况；投资项目的技术含量，技术先进程度，未来市场发展前景和对整个公司发展的影响；公司目前已经完成主要投资项目有哪些，完成的主要投资项目情况介绍。

11. 其他

其他内容包括：公司现在所使用技术和生产工艺的先进程度、成熟程度、特点、性能和优势；与同行业竞争对手相比，公司目前主要的经营优势、管理优势、竞争优势、市场优势和技术优势；公司、公司主要股东和公司董事、高级管理人员目前是否有法律诉讼，如有，对公司影响如何。

12. 行业背景资料

行业背景资料包括：介绍近年来行业发展的情况；国家对该行业的有关产业政策，管理措施，以及未来可能发生的政策变化；该行业的市场竞争程度，并介绍同行业主要竞争对手的情况,包括年生产能力、年实际产量、年销售数量、销售收入、市场份额、在国内的市场地位;国外该行业的发展情况;国家现行相关政策对该行业的影响;目前全国市场情况介绍,包括年需求量、年供给量、地域需求分布、地域供给分布、生产企业数量,是否受同类进口产品的竞争等。

二、商业化企业征信报告服务及应用

(一)企业征信报告的概念

企业征信报告是指由征信机构出具的全面记录企业各类经济活动,反映企业信用状况的文书;是根据合法方式采集的信用信息,经验证、整理、分析后形成的客观反映被征信企业信用状况的信息集合报告。它是供使用人作为判断被征信企业信用状况的参考,也是企业征信系统的基础产品。

企业征信报告客观地记录企业的基本信息、信贷信息以及反映其信用状况的其他信息,全面、准确、及时地反映其信用状况,是信息主体的"经济身份证"。企业征信报告涵盖的内容十分丰富,有企业股东情况、管理情况、经营情况、财务情况,也包括关联企业情况、上下游企业情况,还有行业情况、宏观经济情况、政府政策情况以及相关的具体数据、具体指标等。企业征信报告作为基本的企业征信产品,能够全面反映企业的信用状况,从而缓解信用交易中信息不对称的问题,扩展企业经济活动的地域空间。

征信报告的作用是客观呈现信用主体以往的信用历史,了解其偿债能力与偿债意愿,帮助授信机构据此更加准确地评判信用风险,从而降低贷款成本、减少贷款不良率、提高授信机构运营效率。企业信用报告也用于政府部门评奖、评优、招标或审计机构进行财务审计等许多活动中。在经过企业的授权同意后,商业银行、政府部门等可以查询该企业的信用报告,了解其信用状况。正因为征信报告具有全面、客观和真实的特点,其他征信产品才能以它为本进行深度分析和挖掘,因而征信报告也是征信业发展的基石。

(二)企业征信报告的种类

1. 按内容分类

企业征信报告按内容的不同可划分为四类,分别是一般征信报告、基本征信报告、深度征信报告和信用追踪报告。

(1)一般征信报告主要包括信息主体最基本、最普遍的信息。对于信息主体是个人的情况,主要包括基本信息、信用记录、查询记录等信息;对于信息主体是企业的情况,主要包括企业的基本信息、品质、能力、资本、经营状况、担保品和财务信息等。

(2)基本征信报告则相对简单,主要提供信息主体的基本信息,如名称、住址、电话、邮编以及一些公开的负面记录等。

(3)深度征信报告又称个性化定制报告、特制报告,是征信机构接受客户委托,根据客户的需求,结合宏观经济形势、消费者行业发展趋势或企业所处行业发展趋势等,从多角度深入分析信息主体当前的信用状况,可以包含信用评分、信用风险指数及信用评级等在内,是最具综合、最富价值的征信产品。当然,这类报告的价格也非常高。

（4）信用追踪报告是在征信报告出具后，征信机构提供的征信后续追踪增值服务，如针对异常事项快速提供的企业信用异常通报。

2. 按使用对象分类

按使用对象的不同，可以将征信报告分为商业银行版征信报告、普通企业版征信报告、政府版征信报告和监管版征信报告等。

上述分类是根据不同主体的实际需要，对信息主体的信息进行灵活地组合、加工和分析得出的。可以说，信用报告的分类还可以有很多种，如何分类取决于商业需要和公共服务需要。

（三）企业征信报告的内容

企业征信报告通常包括企业概况、财务状况、信用信息、公共记录及声明信息五个方面的内容。

（1）企业概况，即企业基本信息，主要用于识别目标企业身份，帮助用户辨别企业之间是否有关联。企业基本信息主要包括企业身份信息、主要联系方法、主要出资人信息、高管人员信息和关联企业信息等。其中，企业身份信息是指能够对不同企业进行标识和区分的信息，例如工商登记信息等；主要联系方法包括企业的联系电话和通信地址；主要出资人信息包括出资方名称、证件类型、证件号码、出资金额、出资占比等；高管人员信息包括法定代表人、总经理和财务负责人的姓名、证件类型、证件号码、性别、出生年月等，这部分信息对于小企业来讲尤为重要，因为小企业的信用状况与企业主信用状况有密切相关性。

（2）财务状况，是指企业主要的财务数据，是企业经营状况的货币表现。通过财务状况可以对企业的运营能力、盈利能力、偿债能力、发展能力和现金流量等进行分析，从而对企业的财务能力进行比较客观的量化评估。企业的财务能力是与该企业的信用价值紧密相关的要素，是影响企业偿债能力最直接、最重要的因素，是保持企业良好信用的基础。

（3）信用信息，包括企业贷款信息、偿债信息以及对外担保信息等，反映了企业借贷和还贷的历史，是用于评估企业信用风险最为核心的内容。企业偿债信息应包含企业的还款方式和还款记录，有无逾期或拖欠现象等；对于已结清的信贷业务，还应包括结清时间和还款方式，是否是通过资产管理公司处置、担保人代偿或债转股等方式结清原来已被列为不良的债务；对外担保是造成企业或有负债的一种重要形式，被担保人经营状况和偿债能力的恶化可能会使其转变为企业的现实义务，所以对外担保也是影响企业信用风险的重要因素之一。

（4）公共记录，是指社会公共部门所掌握的关于企业社会行为和表现的记录，它能够从另一侧面反映企业的经营能力和还款能力，既包括负面的信息，也包括正面的信息，如法院诉讼和裁决记录、政府监管资质认证、政府部门授予奖励或许可等信息。

（5）声明信息，主要由数据报送机构、征信机构、信息主体提出，对某些信息做出解释或说明。

三、其他服务

现代市场经济中使用较多的企业信用服务还包括商账管理、信用管理咨询与培训、数据增值服务等。

（一）商账管理

商账管理是指由专门的中介机构接受企业、金融机构或其他组织的委托,进行应收账款的管理和追收,包括对债务人进行调查与评估、确定赊销期限和条件、协助企业进行销售分类账管理,代表企业催收账款等系列活动。通过根据企业、行业特点确定应收账款合理规模、设立符合企业性质的应收账款评价指标、动态跟踪客户信用状况、制定应收账款延期支付决策流程等应收账款管理系统,协助企业以较低的整体应收账款管理费用实现应收账款的全面有效管理,从而实现在顺利解决欠款的前提下,最大限度地减少对企业已经建立的客户关系的影响,保障企业未来的持续发展。

（二）信用管理咨询与培训

信用管理咨询是指针对企业实际遇到的信用管理问题提供咨询解决方案,主要建立在配合企业整体战略目标的基础上,对企业现有或空白的信用控制体系做出诊断和分析,通过分析企业的生产经营模式,找到企业信用管理过程中存在的缺陷,帮助企业制定连贯一致的信用管理制度,对信用交易的事前、事中和事后各个阶段实施信用风险监控管理,包括企业信用诊断管理服务、企业信用组织架构设计、企业信用管理政策的制定、企业客户信用档案的设计建立、客户信用评估评级服务等。服务的主要模式有传统式顾问、专业计算机软件智能服务、外包服务和全球服务。

信用管理培训是指对企业中从事信用管理的人员进行从业培训,或业务能力提升的培训,也包括向企业中相关人员普及信用管理的专业知识。

（三）数据增值服务

征信机构依据庞大的数据资源,可向客户提供信用监测、行业风险指数、行业研究等数据增值服务。信用监测是指对目标企业的重大新闻、诉讼记录、红黑榜、注册信息、股东信息、财务状况、商标专利等信息的动态监控服务。行业风险指数是指集合行业中大量企业的信用信息,经专业风险评价模型计算得出的结果,以反映行业风险状况与变化趋势。行业研究主要是根据客户需求,对某一行业或行业中主要公司进行的统计分析,一般涉及宏观经济环境、行业竞争环境、行业发展机会和风险等。此类报告可为投资项目的可行性分析、市场进入方案分析、新产品开发分析等提供重要参考。

第二节　企业征信数据

一、企业征信数据主要内容

企业征信信息是指反映企业的经济状况、履约能力、商业信誉等信用状况的信息以及用于判断企业守信意愿或能力的信息。企业征信数据是由企业信用信息转换而来的。企业征信机构有针对性地采集企业的信用信息,经过筛选、整理、分类、比较、修复、核实等多个处理程序,便可以将企业信用信息转化为企业征信数据,并输入到企业征信数据库中。信用信息在转化成征信数据之后,才能用于生产各类企业征信报告。

企业信用信息的采集或保存必须是合法的。一些在技术上有意义的信用信息,如果在采集、保存或应用等方面受到法律的限制,只能归于"非法信用信息"。事实上,由于收集信息是有成本的,因此企业征信机构也不见得会广泛地采集所有能够采集到的企业信息。企业征信机构是否加工或保存一类征信数据,受到技术和成本两个条件的制约。征信数据必须在技术上能够对企业信用价值的评估做出贡献,并且在经济上是合算的。为控制成本,某些征信机构只会选择生产几种性价比高的报告,但是每家征信机构的主流产品都是普通版企业资信调查报告和企业基本信息报告。

对于企业征信机构来说,征信数据的质量至关重要。数据的质量会直接影响征信报告产品的质量,也决定了数学模型预测的精度。此外,征信数据的质量还会直接影响征信数据库的质量,决定征信数据的交换价值和征信数据库的资产评估值。对于企业征信数据质量好坏进行衡量的主要指标包括:①征信数据项的完整性。数据项完整,基本没有漏项,才可形成用于报告生产的成套数据。②征信数据的时间完整性。③征信数据的更新频率。更新频率指标非常重要,不仅体现出数据质量,还要求数据源供应的稳定性,这项指标直接影响到征信数据库的价值。一般来说,财务数据最好每三个月更新一次,而登记注册事项最好能够随时更新。④征信数据的真实性。最主要的是数据来源的可靠性和征信机构自身处理数据的水平。包括核实数据程序的合理性和真实性。⑤征信数据的精度。数据的精度主要影响数学模型预测的准确性。精度指标必须达到国际或国内相关标准,在必要的情况下,征信机构需要对数据精度提出更高要求。⑥征信数据的合法性。征信数据库中不允许保存任何非法的征信数据,全部征信数据必须是合法的。⑦符合国家或行业标准。国家、行业和国际标准要求的基本征信数据项、数据精度和数据结构是衡量征信数据质量的最低标准。征信机构要达到最严格的标准要求。

企业征信数据内容通常包括企业的注册信息、财务报表、公共记录、雇员、进出口情况、银行往来情况、付款记录、经营者简历、企业发展史、财务报表反映不出的经营状况、产品介绍以及相关的市场宏观经济状况和行业发展状况等。

二、企业征信数据主要来源

(一)政府掌握的企业征信数据

政府掌握的信用信息是公务信息的一部分,产生于政府执行公务或对企业实施监管的工作过程之中。根据企业征信机构的经验,十几个政府部门掌握了大量的企业信用信息,如市场监督管理局、税务局、中国人民银行、海关总署、统计局、法院、国资委、商务部、邮政局等。

市场监督管理局掌握着大量的企业基本信息、企业财务信息和行政处罚信息。目前,市场监督管理局掌握的信用信息是有条件的开放,其中企业登记注册的信息是基本对外开放的。市场监督管理局在很多省市地区开通了"红盾网",可以免费在网上查询当地企业的登记注册信息。

统计局定期形成的各种统计报表和经济普查报告,其中包括企业的财务报表。目前,统计局掌握的信用信息还没有全部对外开放,还无法从这个信息源中得到单个企业的信用信息。

海关掌握企业从事进出口活动的相关信息,海关的统计部门和信息中心会定期形成报关单和各种进出口统计报表,主要内容包括进出口的产品名称、货品数量、产地、发货地、到达地、交易对象、交易时间等。此外,海关还会形成季度和年度进出口统计和分析报告。

中国人民银行征信中心负责国家金融基础信息数据库的建设管理工作,已经建立了公共的企业征信系统和个人征信系统,各类正规金融机构掌握的企业及个人信贷已经被汇集到这两个系统中。商业银行等金融机构经企业、个人授权同意后,在审核信贷业务申请以及对已发放信贷进行贷后风险管理的情况下,可提供企业、个人征信报告。

国有资产管理委员会拥有国有企业的资产、隶属、经理人员、并购、政策等资料。外汇管理局掌握着所管辖有外贸经营权企业从事外汇交易活动的外汇交易额、进出口货物情况、结汇情况、应收账款情况等。房屋管理局主管房地产登记管理工作,确认房屋权属,办理房屋所有权登记和初始登记、转移、变更、注销及设定他项权登记。公安局车辆管理所掌握所管辖区域内所有机动车所有权登记信息。还有些政府部门会定期公布诸如破产、抵押品置留权、动产抵押申请、民事诉讼、经济仲裁等公共记录,上述政府部门提供的企业信用信息非常有价值。

(二)非官方的企业信用信息

非官方的企业信用信息是指政府公务信息之外的企业信用信息,有时也被称为"民间信息",特别指那些非商业化的企业信用信息。非官方的企业信用信息的主要来源是商业银行、行会商会、公用事业单位、电信公司、企业的供应商、各类房东、租赁公司和新闻媒体等,这些信用信息的拥有者所提供的信息是庞杂的。但是,经过企业征信机构的筛选和处理,有些信用信息是可以利用的,能够成为企业征信数据。

商业银行拥有大量的企业信用信息,如企业开户信息,贷款、担保和还款记录等信息,资金流入和流出量及去向方面的信息。长期以来,商业银行是最重要的民间信用信息来源,对于那些没有公共征信系统的国家更是如此。

在许多国家,商业银行都会向企业征信机构提供信用信息,它们不仅正常地提供企业信用信息,而且不一定收取费用。中国人民银行征信中心建立了我国企业和个人公共征信系统,产生于商业银行的企业信用信息都被汇集到中国人民银行征信中心的企业征信系统中。目前中国人民银行征信中心不对金融系统之外的机构开放,只向商业银行等正规金融机构提供信息查询服务。

目前公用事业单位可提供大量的付费信息,这对于了解和评价其用户的信用行为和财务能力非常有用。所谓的公用事业单位,主要包括电力公司、自来水公司、电话公司、燃气公司、供暖公司等,人们还经常将移动通信服务类公司也包括进去。如果一个企业长期拖欠公用事业单位的费用,那么企业征信机构将根据其欠费额度的大小,给予欠费企业不良信用记录。另外,公用事业用户的付费方式也对了解用户的财务状况和信用行为有帮助。

各行各业的行业协会或商会都有着自己行业情况的信息积累,如它们有相当详细的业内主流机构、行业发展和从业人员变化等信息。这些信息可以反映行业当前的实际情况和行业发展趋势。行业协会掌握的信息有可能是与业内机构共享的,面向自己的会员企业服务。很多行业协会都负责编纂本行业的年鉴,它们有采集年鉴所需信息的渠道,这些信息渠道对企业征信机构是有价值的,如《中国电子信息产业年鉴》《中国汽车年鉴》和《中国金融年鉴》等。年鉴对行业在过去一年的发展情况、产品情况、技术水平、企业发展情况、盈利水平、发展趋势、大事记等做了详细的记录和说明,具有较高的参考价值。

在报纸、杂志、广播、电视、网络等公众传媒上,也有大量的信用信息在传导,从中可以筛选出一些有用的信用信息。目前,互联网已经成为重要的"信息集散地",从各类网站获取所需的信用信息成为企业征信机构的一个重要的信息渠道。政府部门的网站是该部门的权威信息发布平台,相关行业政策、法规和行业总体运行情况都会在部门网站中得到及时反映。大量网站对行业和企业的经济活动给予动态报道,它们都是企业征信机构的重要信息来源。

从征信机构的用户角度来看,不同信息来源的原始信用信息有可能存在不完整、有偏见、有误导、不及时等缺陷。

(三)商业化的企业征信数据及其采购

商业化的企业信用信息是非官方信用信息的一部分,通常以征信数据的形式存在,是可以进行交易的商品。

在发达国家的市场上,可以找到许多数据供应商,企业征信机构可以从数据供应商处采购数据。因为数据供应商是销售数据产品的专业机构,它们有能力提供符合企业征信机构要求的征信数据,而且数据的质量很高。

除了数据供应商之外,企业征信机构还可以从其他的征信机构购买企业征信数据。一些拥有大型征信数据库的企业征信机构也提供不同加工深度的企业征信数据。

在必要的时候,企业征信机构还可以委托其他类型的机构帮助调查,取得一些特殊类别或特别准确的企业信用信息。例如,委托律师事务所进行调查,通过律师取证得到调查对象的账本或特殊信息。当然,还可以委托会计师事务所进行调查。然而,通常企业征信机构不使用律师事务所或会计师事务所提供的专案调查服务,尽管这种调查所取得信息的可靠性高,但费用太高。另外,这种调查的震动大,容易被调查的目标企业察觉,可能伤害到企业征信机构与委托人关系。

在市场上采购企业征信数据,要通过一个设定的工作程序,避免花钱却没买到可用的数据问题,或是买了质次价高的征信数据。一个好的企业征信数据供应商应该具备下列特征。

(1)必须是合法的征信数据供应商,提供的征信数据也是合法的。

(2)提供的征信数据质量好,特别要剔除那些提供假数据(特别是假财务报表)的数据供应商。

(3)征信数据的供应稳定,更新频率高。

（4）征信数据的广度和深度达到要求。

（5）征信数据的服务方式和数据格式符合买方的要求。

（6）征信数据的价格合理。

（7）大型的数据供应商还可以提供海外采购服务，代理销售外国企业的征信数据。

（8）个别数据供应商允许交换数据，可以节约买方的采购成本。

三、企业征信数据采集的主要方式

（一）公开数据的采集方式

政府公务信息的采集主要存在以下常见方式。

（1）掌握政府信息公开网站的结构，建立数据自动抓取系统，自动化采集。

（2）建立商业化的信用信息采集关系。

（3）建立数据交换关系。

从公用事业单位采集信息主要方法有两种：①从公用事业单位或通信公司采购数据，至少要采集欠费用户的负面信息；②承接公用事业单位或移动通信公司的信用风险控制任务，帮助它们建立信用风险防范机制，包括欠费催收工作。

对于征信数据供应商，企业征信机构主要的工作是对它们进行筛选。评价供应商优劣的硬性指标包括合法性、类型、覆盖、质量、更新频率、效率、成本、稳定性和服务态度。

（二）电话调查采集方式

电话调查也是企业征信机构经常使用的调查方法之一，是一种低成本的调查方法。通常来说，企业征信机构使用电话调查方法的作用有两个：①采集信用信息；②核实信用信息。在以传统作业方式操作的企业征信机构中，电话调查员主要的工作是采集信用信息，是根据委托人的需求进行个案调查。但是，在拥有大型征信数据库的企业征信机构中，电话调查员的主要工作是核实征信数据。

在拥有大型征信数据库的征信机构，如果向用户提供征信数据产品或数据库服务，需要有比较高质量的企业基本信息。因此，在这样的企业征信机构，需要相当数量的电话调查员同时工作。

企业征信机构对电话调查员的培训是很严格的，培训内容包括相关法律法规、通话用语、掌握主动、应对拒绝、控制时间、认真记录等。如果采用专业软件进行管理，需要实现一系列业务和管理功能，主要体现在提示、录音和监控等功能上。对于企业征信机构，最重要的是不能让电话调查员使用非法的语言。由于对方是否提供信用信息完全出于自愿，因此企业征信机构要严格管理电话调查员的业务操作行为，防止电话调查员在通话时冒充具有监管职能的政府公务员，避免产生纠纷和政府查处。

总之，电话调查方法既有优点，也有局限性。企业征信机构应该合理使用电话调查方法，既不能过分依赖，更不能完全放弃。

（三）信用信息资源共享方式

使用信息交换方式对于企业征信机构有以下优点。

（1）通过交换，得到自己需要的信用信息。

（2）不是采购行为，没有资金付出，经济成本很低。

（3）与交换对象建立了良好的合作或公共关系，形成一种双赢的局面。

（4）社会意义明显，如促进了失信记录的传播，有助于加大失信惩戒机制的震慑力度。

鉴于上述诸多优点，企业征信机构应尽量采用信息交换方式获取自己所需要的信用信息。

四、信用信息采集的原则

在采集信用信息时，应遵循以下 4 项原则。

1. 客观真实性原则

在采集信用信息时，应保证客观、真实地反映企业信用状况，坚决杜绝由于信用信息采集工作人员的主观臆断、个人好恶或由于其他目的故意隐瞒事实真相，造成评估决策的错误。

2. 多渠道验证原则

在采集信用信息时，应通过多种渠道和方法采集信用信息，使这些信用信息能够相互验证。如果信用信息来源的渠道单一，由于信息资料短缺造成无法相互验证，信用信息的质量就无法保证，出现误差的可能性就会很大。因此，一般要求通过三个以上的渠道和方法采集客户信用信息。

3. 低成本高效率原则

采集信用信息必须考虑获取信息的成本。对调查过于细致，固然能够保证采集信息更全面，调查内容更准确，但也会造成采集费用过大，信用管理成本过高，使企业的整体效益受到影响，违背了信用管理降低企业成本的初衷。因此，在采集信用信息时，应尽量降低采集成本，用最低的成本采集到能够满足企业信用评估和决策要求的信息。

4. 时效性原则

为了保证征信数据库的更新频率，要求征信机构定期更新征信数据，所以采集信用信息的工作要非常及时。征信机构要根据自己拥有信用信息源的多寡，安排适当数目的人员照看信用信息源，及时将所需要的信用信息采集上来。同时，征信机构还要聘用适量的电话调查员去核实信用信息。

五、企业征信数据库

企业征信数据库是由征信机构等建设的，专门用以储存反映企业信用状况和信用能力相关信息的特定数据库。

征信数据库以及基于数据库开展征信服务的信息系统、网络系统由征信机构投资、建设、运营，其设计方案和管理运营必须确保信息及服务安全。

当前,我国征信数据库主要包括下述几种类型。

(1) 政府各个部门或行业建设的征信数据库。该类数据库是指由政府各部门或行业在行政过程中建立的征信数据库,如工商、税务、海关、交通、司法、质监、药监、环保、商务、人民银行等,其中最突出的是中国人民银行征信中心负责建设运行的"金融信用信息基础数据库"。但目前这些部门的数据大多处于分隔状态,相互之间缺乏共享,没有较好地发挥公共信用信息的作用。

(2) 各个地方政府建立的征信数据库。该类数据库是指由地方政府针对该地区的信用主体建立的征信数据库。例如,上海市、深圳市、辽宁省、江苏省、四川省等均陆续建立了地方性的信用信息数据库。随着社会信用体系建设工作的开展,这些地方的信用信息数据库所涵盖部门的范围逐步扩大,所收集的数据质量正逐步得到提升,为全国公共信用信息数据库的建立积累了经验。

(3) 第三方征信机构建立的征信数据库。该类数据库是指专业的、独立的第三方机构针对社会信用主体建立的征信数据库。例如,中诚信、大公国际、新华信、鹏元资信等建立了自己的征信数据库。这些征信机构通过多年的发展,通过多种手段收集数据,其征信数据库也得到了进一步完善。

第三节　企业信用评级体系

一、企业信用评级的概念

信用评级又称资信评级,是一种社会中介服务,将为社会提供资信信息,或为单位自身提供决策参考。最初产生于20世纪初期的美国。1902年,穆迪公司的创始人约翰·穆迪开始对当时发行的铁路债券进行评级。后来延伸到各种金融产品及各种评估对象。由于信用评级的对象和要求有所不同,因而信用评级的内容和方法也有较大区别。资本市场上的信用评估机构,对国家、银行、证券公司、基金、债券及上市公司进行信用评级,著名企业有穆迪、标准普尔和惠誉国际;商业市场上的信用评估机构,它们对商业企业进行信用调查和评估,著名企业有邓白氏公司。消费者信用评估机构,它们提供消费者个人信用调查情况。

本节主要讨论的内容是针对商业企业进行的信用评级即企业信用评级,企业信用评级作为一个完整的体系,包括企业信用评级的要素和指标、企业信用评级的等级和标准、企业信用评级的方法和模型等方面的内容。其中企业信用评级指标和企业信用评级方法是信用评级体系中最核心的两个内容,同时又是企业信用评价体系中联系最紧密、影响最深刻的两个内容。

信用评级的内涵主要包括以下三方面。

(1) 信用评级的根本目的在于揭示受评对象违约风险的大小,而不是其他类型的投资风险,如利率风险、通货膨胀风险、再投资风险及外汇风险等。

(2) 信用评级所评价的目标是经济主体按合同约定如期履行债务或其他义务的能力和意愿,而不是企业本身的价值或业绩。

(3) 信用评级是独立的第三方利用其自身的技术优势和专业经验,就各经济主体和金融工具的信用风险大小所发表的一种专家意见,它不能代替资本市场投资者本身做出投资选择。

二、企业信用评级要素

企业信用评级的要素决定于对资信概念的认识。狭义上说,资信指还本付息的能力;广义上说,资信指资金和信誉,是履行经济责任的能力及其可信任程度。因此,信用评级的要素应该体现对资信概念的理解。国际上对形成信用的要素有很多种说法,有 5C 要素、3F 要素、5P 要素等。其中以 5C 要素影响最广。在我国,通常主张信用状况的五性分析,包括安全性、收益性、成长性、流动性和生产性。通过五性分析,就能对资信状况做出客观的评价。建立信用评级指标体系,首先要明确评级的内容包括哪些方面,一般来说,国际上都围绕以上 5C 要素展开,国内评级则重视五性分析。从整体上来看影响企业信用评级的因素有以下五个方面。

(1) 企业信用的环境要素。指影响企业信用状况的外部条件,主要包括法律环境、市场环境、政策环境和经济环境等内容。

(2) 企业信用的基础要素。指影响企业信用状况的内部条件,主要包括企业素质、规模实力、管理机制等信用评估内容。

(3) 企业信用的动力要素。指企业的经营能力、成长能力、发展前景等信用评估内容,体现了企业信用的动力,是推动企业不断前进,改善信用状况的作用力。

(4) 企业信用的表现要素(信用评估的主要内容)。偿债能力和履约情况是企业信用状况的表现。企业信用状况的好坏最后要从偿债能力和履约情况表现出来。

(5) 企业信用的保证要素(企业信用状况的根本)。指企业的经济效益或盈利能力。企业信用状况的表现是偿债能力和履约能力,而保证偿债能力和履约能力的关键是企业的经济效益或盈利能力。

信用评估就要从这五个方面着手进行分析。实际上目前理论界提出的信用 5C 要素、3F 要素、6A 要素、5P 要素、10M 要素等,都没超出上述五个方面的内容。不同的评估对象,不同的行业,评估的内容并不完全一样,但都不会超出以上五个方面的要求。

三、企业信用评级指标

企业信用评级的方法主要有两种:定量分析和定性分析。

(1) 定量分析:也称评估模型法,即是以反映企业经营活动的实际数据为分析基础通过数学模型来测定信用风险的大小,主要是通过企业的财务报表来进行分析。

(2) 定性分析:主要是通过对企业的内部及外部的经营环境进行分析,也就是评估人员根据其自身的知识、经验和综合分析判断能力,在对评价对象进行深入调查、了解的基础上,对照评价参考标准,对各项评价指标的内容进行分析判断,形成定性评价结论。

在进行企业评级时要注意定性分析和定量分析相结合。在评级过程中强调定性分析,除在财务分析和部分指标预测中采用数据分析外评级中采用大量的定性分析,综合各种因素的分析和专家意见得到评级结果。

在财务分析上主要注重现金流的分析和预测,同时也要侧重对受评对象对未来偿债能力的评估,其中主要因素有:经济周期、竞争地位、行业发展态势、法律诉讼、政策环境及突发事件等。对企业进行信用评级应主要考察以下几个方面的内容。企业素质:包括法人代表素质、员工素质、管理素质、发展潜力等;经营能力:包括销售收入增长率、流动资产周转次数、应收账款周转率、存货周转率等;获利能力:包括资本金利润率、成本费用利润率、销售利润率、总资产利润率等;偿债能力:包括资产负债率、流动比率、速动比率、现金流等;履约情况:包括贷款到期偿还率、贷款利息偿还率等;发展前景:包括宏观经济形势、行业产业政策对企业的影响;行业特征、市场需求对企业的影响;企业成长性和抗风险能力等。

信用评级要素和信用评级指标密切相关,信用评级要素表示信用评级所要评价的内容,而信用评级指标是反映信用状况某一方面的某种特征。信用评级指标是信用评级要素的具体化,而信用评级要素是信用评级指标的综合表现。信用评级人员执行信用评级业务,应当根据受评客体类型、资料收集情况等相关条件,主要考虑行业发展趋势、国家政治和监管环境、管理层基本素质、基本经营和竞争地位、财务状况、组织结构、特殊事件风险等,采用定量分析与定性分析相结合、静态分析与动态分析相结合的分析技术,对受评客体现金流充足性进行分析和预测。

(一)定量指标

定量指标主要对被评估人运营的财务风险进行评估,考察会计质量,主要包括以下几方面的内容。

1. 资产负债结构

在评估时,必须分析受评企业负债水平与债务结构,了解管理层理财观念和对财务杠杆的运用策略,如债务到期安排是否合理,企业偿付能力如何等。如果到期债务过于集中,到期不能偿付的风险会明显加大,而过分依赖短期借款,有可能加剧再筹资风险。此外,企业的融资租赁、未决诉讼中如果有负债项目也会加大受评对象的债务负担,从而增加对企业现金流量的需要量,影响评级结果。

2. 盈利能力

较强的盈利能力及其稳定性是企业获得足够现金以偿还到期债务的关键因素。盈利能力可以通过销售利润率、净值报酬率、总资产报酬率等指标进行衡量,同时分析师要对盈利的来源和构成进行深入分析,并在此基础上对影响企业未来盈利能力的主要因素及其变化趋势做出判断。

3. 现金流量充足性

现金流量是衡量受评企业偿债能力的核心指标,其中分析师尤其要关心的是企业经营活动中产生的净现金流。净现金流量、留存现金流量和自由现金流量与到期总债务的比率,基本可以反映受评企业运营现金对债务的保障程度。一般不同行业现金流量充足性的标准是不同的,分析师通常会将受评企业与同类企业相对照,以便对受评企业现金流量充足性做出客观、公正的判断。

4. 资产流动性

资产流动性也就是资产的变现能力,这主要考察企业流动资产与长期资产的比例结构。同时分析师还通过存货周转率、应收账款周转率等指标来反映流动资产转化为现金的速度,以评估企业偿债能力的高低。

(二)定性指标

定性指标主要分为以下两方面的内容。

① 行业风险评估,即评估公司所在行业现状及发展趋势、宏观经济景气周期、国家产业政策、行业和产品市场所受的季节性、周期性影响以及行业进入门槛、技术更新速度等。通过这些指标评估企业未来经营的稳定性、资产质量、盈利能力和现金流等。一般来说,垄断程度较高的行业比自由竞争的行业盈利更有保障、风险相对较低。

② 业务风险评估,即分析特定企业的市场竞争地位,如市场占有率、专利、研究与开发实力、业务多元化程度等,具体包括以下内容。

1. 基本经营和竞争地位

受评企业的经营历史、经营范围、主导产品和产品的多样化程度,特别是主营业务在企业整体收入和盈利中所占比例及其变化情况,这可以反映企业收入来源是否过于集中,从而使其盈利能力易受市场波动、原料供应和技术进步等因素的影响。此外,企业营销网络与手段、对主要客户和供应商的依赖程度等因素也是必须考虑的分析要点。

2. 管理水平

管理水平指标包括企业管理层素质的高低及稳定性、行业发展战略和经营理念是否明确、稳健,企业的治理结构是否合理等。

3. 关联交易、担保和其他还款保障

如果有实力较强的企业为评级对象提供还款担保,可以提高受评对象的信用等级,但信用评级机构分析师要对该担保实现的可能性和担保实力做出评估。此外,政府补贴、母公司对子公司的支持协议等也可以在某种程度上提高对子公司的评级结果。

(三)企业信用评级指标的设定原则

企业信用评级指标的设定应充分考虑下列原则。

1. 全面性

评级指标应能较全面地反映被评对象信用状况。不仅能反映被评对象历史情况,还应对未来发展趋势进行预测;不仅反映被评对象自身情况,还应结合考虑外部环境因素及其可能产生的影响。

2. 科学性

评级指标应以科学的方法和充足的数据为基础,设定的指标之间在涵盖的经济内容上不应重复,解释功能上能互为补充。

3. 针对性

评级指标应针对企业的具体特点及报告的不同用途设定,但不宜因过于强调被评对象的个性而忽略相互间的共性。

四、企业信用等级

信用等级即反映资信等级高低的符号和级别,是信用(资信)评估机构根据企业资信评估结果对企业信用度划分的等级类别,它反映了企业信用度的高低。西方国家划定企业信用等级,有的采用 AAA、AA、A 三类等级,也有的采用三类九级,即 3A、3B、3C,通过划定企业类别来指导投资者的行为。不同的信用等级,对企业在市场上筹资,获得银行贷款,其难易程度和条件会有极大差别。

我国通常采用国际通行的"四等十级制"的评级等级,具体等级分为 AAA、AA、A、BBB、BB、B、CCC、CC、C、D,每个等级可用"+""—"符号进行微调,表示略高或略低于本等级,但不包括 AAA+。

(1) AAA 级——信用极好。企业的信用程度高、债务风险小。该类企业具有优秀的信用记录,经营状况佳,盈利能力强,发展前景广阔,不确定性因素对其经营与发展的影响极小。

(2) AA 级——信用优良。企业的信用程度较高,债务风险较小。该类企业具有优良的信用记录,经营状况较好,盈利水平较高,发展前景较为广阔,不确定性因素对其经营与发展的影响很小。

(3) A 级——信用较好。企业的信用程度良好,在正常情况下偿还债务没有问题。该类企业具有良好的信用记录,经营处于良性循环状态,但是可能存在一些影响其未来经营与发展的不确定因素,进而削弱其盈利能力和偿还能力。

(4) BBB 级——信用一般。企业的信用程度一般,偿还债务的能力一般。该类企业的信用记录正常,但其经营状况、盈利水平及未来发展易受不确定因素的影响,偿债能力有波动。

(5) BB 级——信用欠佳。企业信用程度较差,偿还能力不足。该类企业有较多不良信用记录,未来前景不明朗,含有投机性因素。

(6) B 级——信用较差。企业的信用程度差,偿债能力较弱。

(7) CCC 级——信用很差。企业信用很差,几乎没有偿债能力。

(8) CC 级——信用极差。企业信用极差,没有偿债能力。

(9) C 级——没有信用。企业无信用。

(10) D 级——没有信用。企业已濒临破产。

其中 AAA 级的含义就是"信用极好",表示企业的信用程度高、债务风险小。该类企业具有优秀的信用记录,经营状况佳,盈利能力强,发展前景广阔,不确定性因素对其经营与发展的影响极小。反之,D 级企业信用等级最低,信用最差,表示企业的信用程度低、债务风险大。

第四节   企业征信报告的解读

一、报告的用途

企业信用报告主要有以下两个方面的用途。

(1) 供企业主动了解自己的征信记录,如查看信用报告中是否存在不良信贷信息、比较信用报告中的贷款余额与自身实际的借款账面余额是否相符等。

（2）企业查询后提供给交易对手、政府部门或其他机构使用,作为自身资质及信用状况的证明,以取得对方的信任,如提供给拟合作的投资伙伴,政府部门对企业进行各类招标时也要求企业提供自己的信用报告以了解企业有无不良记录。

二、信息展示说明

信用报告的结构主要分为八个部分:报告头、报告说明、基本信息、有直接关联关系的其他企业、信息概要、信贷记录明细、公共记录明细和声明信息明细。

（一）报告头

报告头如图 4.1 所示。

企业信用报告
（自主查询版）

名称:　**报告样本公司**
机构信用代码:　G11110108116779***
中征码:　1101080000000***
报告日期:　2016-08-12

图 4.1　报告头

报告头为信用报告的起始部分,用于描述信用报告的生成时间、查询信息等基本要素。供用户在线浏览时,还要展示机构信用代码、贷款卡编号、报告日期等要素。

供打印和下载时,报告头以封面的形式呈现,封面展示的数据项包括报告编号、信息主体的名称、机构信用代码、贷款卡编号、报告日期等要素。

（二）报告说明

报告说明的内容主要是对信用报告中的数据源、部分专有名词,以及一些需要补充说明的重要事项进行说明。

供在线浏览时,不展示报告说明。

供打印和下载时,报告说明在封面的后一页展示。

（三）基本信息

基本信息展示信息主体的一些基本属性,内容包括身份信息、主要出资人信息、高管人员信息等。

1. 身份信息

身份信息主要包括信用主体的名称、注册地址、登记注册号、组织机构代码、登记注册日期、有效截止日期、国税登记号、地税登记号、中征码、最后一次年审日期等,如图 4.2 所示。

☞**身份信息**

名称	报告样本公司		
注册地址	北京市北京路 188 号		
登记注册类型	工商注册号	登记注册号	18379731-*
登记注册日期	1998-01-01	有效截止日期	2018-01-01
组织机构代码	12345678-8	中征码	51080271447434*
国税登记号	G1000000000000*	地税登记号	5564555522566*

图 4.2　身份信息

2. 主要出资人信息

主要出资人信息包括注册资金、出资方名称、证件类型、证件号码、币种、出资金额、出资占比等,如图 4.3 所示。

☞**主要出资人信息**

注册资金折人民币合计 250,000 万元

出资方名称	证件类型	证件号码	出资占比
报告样本上海公司	中征码	410309000006345*	40%
陈光	身份证号码	11000019450614002*	60

图 4.3　主要出资人信息

3. 高管人员信息

高管人员信息包括职务、姓名、证件类型、证件号码、性别、出生年月等。按照高管人员类别依次展示法定代表人、总经理和财务负责人的信息,如图 4.4 所示。

☞**高管人员信息**

职务	姓名	证件类型	证件号码
法定代表人	李伟	身份证	110000194506140025
总经理	王伟	身份证	110000194606140025
财务负责人	张伟	身份证	110000194706140025

图 4.4　高管人员信息

(四) 有直接关联关系的其他企业

展示与该企业存在一级关联关系的企业。关系类别只展示大类,依次为家族企业、母子公司、投资关联、担保关联、出资人关联、高管人员关联、担保人关联。对于同一个中征码,在"关系"中列出所有的关联关系类别,企业按照关系类别的多少进行排序,如图 4.5 所示。

名称	中征码	关系
报告样本北京公司1	410309000006345	企业担保关联-被担保
报告样本北京公司2	410309000006345	企业担保关联-相互担保
报告样本北京公司3	410309000006348	集团企业关联-母子关系

图 4.5　有直接关联关系的其他企业

（五）信息概要

信息概要主要目的是让企业能够迅速了解自己的信用报告主要包含哪些内容,总体的违约情况和负债情况,提高了阅读后面明细记录的针对性,提升了解读信用报告的效率。

信息概要的具体内容先展示一段描述性文字,再依次展示当前负债信息概要、已还清债务信息概要和对外担保信息概要。

1. 描述性文字

此部分描述信息主体的总体信用状况,具体包括三部分内容。

（1）信贷信息总体描述,包括信息主体首次与金融机构发生信贷关系的年份,发生信贷关系的金融机构数量,以及目前仍存在信贷关系的金融机构数量。

（2）公共信息总体描述,即对信息主体在遵纪守法方面的表现做提示性说明,主要展示信息主体有几条欠税记录、民事判决记录、强制执行记录、行政处罚记录。

（3）声明信息总体描述,即对信用主体项下是否存在报数机构说明、征信中心标注和信息主体声明等信息进行提示。

2. 当前负债信息概要

此部分主要描述信息主体当前负债及或有负债的总体情况,包括未结清的由资产管理公司处置的债务、担保代偿、欠息和垫款汇总信息和七类未结清信贷业务汇总信息,如图 4.6 所示。

☞当前负债信息概要

由资产管理公司处置的债务			欠息汇总	
笔数	余额	最近一次处置完成日期	笔数	余额（元）
1	20,000	2011-01-23	1	1,000

垫款		担保及第三方代偿的债务		
笔数	余额	笔数	余额	最近一次还款日期
1	10	1	20,000	1,000

	正常类汇总		关注类汇总		不良/违约类汇总		合计	
	笔数	余额	笔数	余额	笔数	余额	笔数	余额
贷款	2	1,456,908	1	2,300	1	23,030	4	1,482,238
类贷款	5	12,234,890	1	22,390	1	890,300	7	13,147,580
贸易融资	2	1,456,908	1	2,300	1	23,030	4	1,482,238
保理	3	234,450	1	4,300	2	45,050	6	283,800
票据贴现	3	34,780	1	5,800	2	3,000	6	43,580
银行承兑汇票	2	34,000	1	3,908	1	55,000	4	92,908
信用证	1	45,020	1	43,708	1	2,340	3	91,068
保函	1	42,900	1	3,908	1	78,290	3	125,098
合计	17	14,082,948	7	86,314	9	1,097,010	33	15,266,272

说明：正常类指债权银行内部五级分类为"正常"的债务。
　　　关注类指债权银行内部五级分类为"关注"的债务。
　　　不良类指债权银行内部五级分类为"次级""可疑""损失"的债务。下同。

图 4.6　当前负债信息概要

3. 已还清债务信息概要

此部分主要展示该信息主体已还清债务的总体情况,具体包括已结清的由资产管理公司处置的债务、担保代偿、垫款汇总及七类信贷信息的汇总信息,如图 4.7 所示。

☞已还清债务信息概要							
由资产管理公司处置的债务			被剥离负债汇总			欠息汇总	
笔数	原始金额	处置完成日期	笔数	金额	最近一次被剥离日期	笔数	最近一次结清日期
1	20,000	2009-01-12	2	30,000	2010-05-01	3	2010-05-01

垫款汇总			担保及第三方代偿的债务		
笔数	金额	结清日期	笔数	金额	追偿完毕日期/代偿还清日期
1	20,000	2011-01-23	1	20,000	2011-01-23

	贷款	类贷款	贸易融资	保理	票据贴现	银行承兑汇票	信用证	保函
不良/违约类笔数	1	6	1	2	0	0	0	0
关注类笔数	1	6	1	2	0	0	0	0
正常类笔数	2	10	2	4	5	100	100	50

图 4.7　已还清债务信息概要

4. 对外担保信息概要

此部分展示信息主体名下当前有效的对外担保汇总信息,如图 4.8 所示。

☞对外担保信息概要						
	笔数	担保金额	所担保主业务余额			
			正常	关注	不良	合计
保证汇总	2	20,000	10,000	1,000	0	
抵押汇总	3	200,000	22,000	0	1,000	11,000
质押汇总	3	23,000	12,000	0	0	

注:"所担保主业务余额"的"合计"是指信息主体提供担保对应主业务的当前余额合计,当一笔主业务存在多种担保方式时,主业务余额排重后加总计算。

图 4.8　对外担保信息概要

(六) 信贷记录明细

信贷记录明细通过逐笔详细描述信息主体的信贷业务信息,反映信用主体借钱和还钱的历史,如图 4.9 所示。

首先展示当前负债,再展示已还清债务,最后展示对外担保。按照信息受金融机构关注程度由高到低,当前负债依次展示:由资产管理公司处置的债务、担保代偿、欠息、垫款、不良和关注类业务、正常类业务;已结清债务依次展示由资产管理公司处置的负债、担保代偿、垫款、贷款、贸易融资、保理、票据贴现、银行承兑汇票、信用证、保函等;对外担保依次展示保证担保、抵押担保、质押担保。

信贷业务按照先表内、后表外的顺序依次展示贷款、贸易融资、保理、票据贴现、银行承兑汇票、信用证、保函。

☞ 当前负债

▦ 由资产管理公司处置的债务

处置机构	币种	原始金额	余额	最近一次处置日期
华融资产管理公司	人民币	5,000	2,000	2011-01-23

▦ 担保及第三方代偿信息

代偿机构	最近代偿日期	累计代偿金额	代偿余额	最近还款日期	原业务
担保公司 A	2010-01-02	1000	500	--	查看
担保公司 B	2010-01-02	2000	1000	--	查看

▦ 欠息记录

授信机构	币种	欠息余额（元）	余额改变日期	欠息类型
中国光大银行北京分行营业部①	美元	1,000	2010-10-09	表内

①信息主体于 2011 年 11 月 5 日提出异议：我公司从未发生过欠息；业务发生机构于 2011 年 11 月 8 日提交说明：该笔欠息确实存在；信息主体于 2011 年 11 月 15 日提出声明：该笔欠息为我公司 2008 年收购**公司所欠息。

▦ 垫款记录

授信机构	币种	垫款金额	垫款余额	垫款日期	五级分类	原业务
中国银行股份有限公司北京市分行	人民币	10	10	2011-01-02	正常	信用证

图 4.9　信贷记录明细

　　当某类信贷业务存在多笔时，同一顶级机构名下的业务放在一起展示；在当前负债中，不同顶级机构之间按照同一顶级机构项下的余额汇总值大小降序排列；在已结清债务中，不同顶级机构之间按照发生额汇总值大小降序排列。同一顶级机构名下的业务则按照"五级分类"严重程度由高到低（损失、可疑、次级、关注、正常）排列，"五级分类"相同的，当前负债按照到期日由近及远展示，已结清债务业务按照结清时间由近及远展示。

（七）公共记录明细

　　公共记录明细依次展示欠税记录、民事判决记录、强制执行记录、行政处罚记录、社会保险参保缴费记录、住房公积金缴费记录、获得许可记录、获得认证记录、获得资质记录、获得奖励记录、出入境检验检疫绿色通道信息、进出口商品免检信息、进出口免检分类监管信息、上市公司或有事项、拥有专利情况、公共事业缴费记录，如图 4.10 所示。调整展示顺序，是为了先展示信息主体不遵纪守法的信息，再展示一些正面公共信息，最后展示一些比较敏感的信息。

（八）声明信息明细

　　声明信息明细依次展示报数机构说明、征信中心标注、信息主体声明，如图 4.11 所示。报数机构说明通常为信息主体信用信息的一部分，所以优先展示。征信中心标注通常包括两方面信息：①描述一些与信息主体有关的重要事项；②对信用报告中所采集的信用信息进行异议标注，所以放在报数机构说明之后展示。信息主体声明主要是信息主体对异议处理情况进行的申述，所以将其放在最后展示。

公共信息明细

☞欠税记录

主管税务机关	欠税总额（元）	欠税统计日期
北京市国税局	100,000	2010-10-01

☞民事判决记录

立案法院: 四川省泸州市中级人民法院	立案日期: 2007-12-13
案由: 房地产合同纠纷	诉讼地位: 被告
案号: (2007)泸民终字第 295 号	审判程序:第一审
诉讼标的: 房屋	诉讼标的金额（元）: 15,000,000
结案方式: 判决	判决/调解生效日期: 2008-05-05
判决/调解结果: 驳回上诉，维持原判。限期被告中国有限责任公司支付原告四川王氏房地产开发有限公司违约金 45 万元。如果未按期履行给付金钱义务，应当依照法律规定，加倍支付债务利息。驳回原告的其他诉讼请求。	

☞强制执行记录

执行法院: 北京市西城区人民法院	立案日期: 2008-09-25
执行案由: 货款	案号: (2008) 建执字第 1546 号
申请执行标的: 房屋	申请执行标的金额（元）: 420,000
案件状态: 2008 年 12 月已结案	结案方式: 执行完毕
已执行标的: 房屋	已执行标的的金额（元）: 420,000

☞行政处罚记录

处罚机构: 北京市质量技术监督局	处罚决定书文号: (京) 质技监罚字[2008]01 号
违法行为: 生产伪造产地的建筑材料	处罚日期: 2008-04-29
处罚决定: 该类产品停产	处罚金额（元）: 500,000
处罚执行情况: 已缴纳罚款	行政复议结果: 无

图 4.10 公共记录明细

声明信息明细

☞报数机构说明

内容	报送机构	添加日期
该信息主体曾于 2009 年 5 月被起诉，法院判决赔偿金额为 50,000 元。	中国建设银行股份有限公司北京分行	2010-10-10

☞征信中心标注

内容	添加日期
该信息主体于 2009-02-18 被起诉，法院判决赔偿金额为 50,000 元。	2009-03-18

☞ 信息主体声明

内容	添加日期
本企业于 2009 年 5 月被环保部门处罚 20000 元，于 6 月底将罚款交清。但环保部门未对该数据进行更新。	2009-12-12

* 汇率（美元折人民币）: 6.17 有效期: 2016-08

图 4.11 声明信息明细

第五节 企业征信报告的应用

一、企业守信激励类案例

【案例1】 企业按期还款,从未被催缴,营造良好银企关系,授信额度不断提升。

某工程实业有限公司成立于2010年,是一家以拆迁工程、绿化工程、水泥制品及桩基础工程施工为主营的公司。公司生产各类水泥制品,拥有大型搅拌站两座、相关施工车辆20辆。借款企业与某行合作已有四年的时间,在该行存在短期流动资金贷款和银行承兑汇票业务,2014年至今,借款企业均注重征信记录,确保每月按时将还款利息存入对公账户,从未发生过逾期不还情况。连续几年的合作里,该行在每年到期续做时均会查询借款企业以及法定代表人和配偶的相关征信,记录均为良好,借款企业不仅在该行未出现过逾期情况,在他行贷款还款记录也一直保持良好状态。

在2018年到期续做时,该行结合近年来借款企业的综合征信情况,以及借款客户的资金需求情况,将授信额度从原有的500万元增加到1000万元,其中银行承兑汇票业务从敞口200万元增加到敞口700万元。

【案例2】 小企业抵押少,征信记录良好也是宝。

借款人某公司是以从事大米加工、销售和粮食收购、仓储等为主营的一家小微企业,符合国家产业政策,销路有保障,市场需求大,项目发展前景较好。由于流动资金短缺,向某行申请保证贷款1000万元。

该企业虽然无足值抵押物,但信贷调查人员通过查看其企业信用报告,了解该企业资信状况良好,无不良贷款记录,认定信用风险较小,为其优先发放了1000万元的保证贷款,缓解了企业的资金压力。

二、企业失信惩戒类案例

【案例3】 企业信用报告中存在被起诉、逃废债、欠息逾期、欠税等情况,导致贷款被拒。

A公司拟在某行办理流动资金贷款,该行通过查询企业征信信息系统,对企业贷款卡信息和企业基本信息报告进行了解:法人客户信用报告显示有法院强制执行记录一条。根据征信中的信息,该行派客户经理对企业进行充分调查,并进一步评估论证,认为该企业不具备贷款条件,于2018年4月告知客户因其信用记录中有强制执行记录,该行不能为其提供信贷业务。

【案例4】 企业实际控制人信用不良,企业融资被拒。

2017年11月,A有限公司向某行申请流动资金贷款,该企业注册资本3000万元,该行通过对A企业实际控制人李某个人征信查询发现,此人贷记卡逾期次数多达27次,最长逾期持续4个月,最高逾期金额为15000元,且有多次持续未还款情况出现。此人解释为忘记导致,非恶意拖欠,该行客户经理认为该企业法定代表人存在较高的信用风险,并根据该行信贷相关政策及时告知借款人该行无法办理此笔贷款业务。

后续发现,该企业 2016 年 4 月至 2017 年 2 月多次变更法定代表人及股东,且有多次被执行情况发生,其中包括民间借贷纠纷案件、合同纠纷案件等多起,涉及金额较高。

处理结果：该行客户经理通过个人征信情况,及时发现企业本质问题,拒绝向该企业提供贷款。

三、企业不良资产转让信息报送错误案例

案情简介 2019 年 1 月,某公司反馈称 A 银行在金融信用信息基础库中报送的贷款担保信息错误,要求删除其企业信用报告中的不良贷款担保信息。经核查,A 银行于 2016 年 12 月将该公司担保债务在内的财政部委托处置资产包转让给了当地某资产经营有限公司。鉴于该公司担保企业的债务债权关系已经转让给当地资产经营有限公司,其与 A 银行的债务债权关系已经终结,人民银行要求 A 银行对该笔业务做结清处理。A 银行根据征信中心企业征信数据采集规范及其总行内部文件的相关要求,将不良贷款征信信息按账户状态为"结清"、余额为零重新报送,并在特殊交易信息的明细信息中增加"债权转让结清"文字说明。

法律分析 按照《企业征信系统数据采集接口规范》的有关要求,买断型信贷资产转让业务的数据报送方式为：在办理转让手续后,由出让方将该笔业务做结清处理,还款方式为"转出"；同时受让方以"转入"方式重新开立此笔业务,贷款形式为"转入"。在本案例中,该公司担保的债务债权关系已经转让给资产管理公司,其与 A 银行的债务债权关系已经终结,A 银行不应再将此业务展示在本机构下。

案例启示 金融信用信息基础数据库接入机构应建立数据质量内部管控机制,规范不良资产处置信息向金融信用信息基础数据库报送的方式,定期开展数据比对核查,及时发现改正错误数据,保证征信数据质量,减少数据错误对信息主体造成的不便。

思考与练习

1. 简述企业征信报告按照内容不同所划分的类别。
2. 企业信用报告通常包括哪些内容？
3. 简述衡量企业征信数据质量好坏的主要指标。
4. 当前我国征信数据库主要包括哪些类型？
5. 简述企业信用评级的内涵。

第五章 征信技术

【学习目标】

- 了解信用登记、信用调查、信用评分和信用评级的概念与主要内容。
- 理解信用评分和信用登记的技术。
- 掌握信用调查的方法及要点。

第一节 信用登记技术

征信数据库的构建是信用登记业务最为关键的内容,其本质是由信息提供机构从业务系统中提取数据,通过专用的计算机网络系统向征信机构的数据交换处理平台报送,最后将通过质量检查的数据加载到数据仓库中。在数据仓库的构建过程中最核心的技术是从信息提供机构的业务数据库向数据仓库抽取、转换、加载数据的处理技术。

一、征信信息的采集和共享

信息采集是通过收集、处理个人或企业的信息资源服务于社会所做的准备工作。最初服务于金融领域,随着社会对征信信息的需求日益广泛,它的服务范围逐步扩大深入到整个社会。其信息的内容包括基本信息、信用信息、行政和司法部门的执法信息、其他信息等。信息采集方式也进入"信息化、数字化、网络化"时代。

(一)征信信息的内容和种类

综合征信机构的信息来源主要分为:①借款者的基本信息,包括姓名、企业名称、居住或注册地址、联系方式、身份识别号码等;②借款者的信用信息;③企业注册信息和财务信息;④行政和司法部门的执法信息,包括法院民事判决信息、欠税信息、工商、质检等部门的年检结果等;⑤判断个人还贷能力的信息;⑥其他信息,如车辆违章信息、保险理赔信息等。由于信息披露机制不同,征信机构需要针对不同的信息来源从事信息采集,涉及主体隐私的信息如企业的商业秘密、个人收入、宗教信仰等不能采集。

下面介绍企业和个人信息采集的来源。

1. 借款者的基本信息来源

个人和企业的基本信息来源不同,前者主要来源于公安部门(警察局)、社会安全管理部门(如社会安全管理局)、大选登记记录等,后者主要来源于市场监督管理部门、税务部门、质检部门等。

个人基本信息的来源各国因国情不同有所差异。在个人基本信息中,个人身份识别号码是核心,具有唯一性和永久性,目前许多国家如美国、德国、中国等均有个人身份识别号码。

企业基本信息的来源,一般通过是工商注册部门、质检部门获得。这些基本信息是政府部门在登记注册、执法等过程中需要企业提供的。工商注册、年检信息、其他执法信息在企业信用认定中非常重要,需要分别单独论述,这里只集中论述企业身份识别信息。

企业身份识别信息很多,例如,市场监督管理局为企业配发统一社会信用代码,人民银行给每个贷款企业发放中征码。依靠这些身份识别号码,各不同征信机构可以方便地进行企业信息归类。

在我国,私营征信机构从事信息采集也有自己的编码,有的征信机构没有自己的编码系统,但是使用人民银行提供的企业中征码进行企业关联,并且以市场监督管理局配发的统一社会信用代码作为补充,将企业信息进行整合。目前除军队和武装警察以外的机构都有组织机构代码,并且为了确保这个代码的唯一性,2000 年质检总局已实现了到县级的全国性联网,目前建立了一个中央数据库,约有 1 200 万个单位的数据,广泛应用于银行开户、税收、工商、车辆登记等,因此对于没有自己编码的征信机构,使用质检总局的机构组织代码进行代替是一个很好的选择。但是,从长远的角度看,征信机构应有自身开发的企业身份识别编码,为未来业务拓展、数据整合留下充足的空间。

2. 借款者信用信息的来源

信用信息是指信息主体在信用交易中形成的关于受信方借贷与偿还状况的信息。信用信息是征信的核心,由于授信机构在授信过程中对于交易对手的真实情况可能不了解,因此只能用借款者还款历史的详细信息来了解借款者过去的信誉状况,并用于预测未来的还款概率。根据授信机构的不同,信用信息可以分为银行信用信息和商业信用信息,前者是银行在授信过程中产生的信用信息,后者是普通借款者之间发生的信用信息,如企业与企业、企业与个人、个人与个人之间的借贷信息。

对于公共征信机构而言,绝大多数只采集银行的信用信息,实现银行间信用信息的共享,只有极少数的公共征信机构采集商业信用信息。对于私营征信机构而言,其采集信用信息的范围较广,往往既采集银行信用信息,也采集商业信用信息。由于私营征信机构专注的市场方向不同决定了它们采集的信用信息不同,多以银行信用信息为主,也有商业信用信息。并且,各个国家因为国情不同,在信用信息采集来源上也有所不同。

中国目前的信用信息主要是由中国境内的商业银行提供,另外还有财务公司、信托公司提供的包括个人和企业的信用信息。在中国当前的国情下,由于商业信用不是十分发达,零售商并不发放信用卡,因此中国的商业信用文化没有发达国家普及,这类信息目前难以采集。

借款者信用信息的来源还有以先消费后付款形式形成的负债,主要包括电话费,水电燃气费等。将这类信息收集进入征信数据库有利于增强对借款者信用状况的判断,这类信息分别来自公用事业部门,如电话局、自来水公司、燃气公司等,但是由于各国国情不同,这类信息收集的难度在各国存在差异。以中国为例,电信公司(固定电话)的电子化程度较高,已建成企业、个人话费交费情况数据库,可通过营业执照号、个人身份证号,实现单一识别。移动通信公司的电子化程度和集中程度都很高,已实现了全国联网。水电燃气费以城市为单位,已基本实现电子化,但数据集中程度较低。

3. 企业注册信息和财务信息的来源

由于企业注册信息和财务信息在对企业信用状况进行评价时非常重要,因此这里单独作为一部分加以研究。

依法注册是企业合法存在的第一步,因此企业的注册信息是授信机构核实其身份、了解其基本情况的基础。虽然欧美各国在公司注册登记制度及相关信息披露的具体安排上不尽相同,但相关法规的实质是相似的,普遍遵循信息公开和披露原则,即为了保护社会公众的利益,公司的注册信息以及年检时向工商登记机构报送的财务信息必须向公众或利益相关主体公开。在美国,此类信息公开是被认为理所当然的事情,但在欧洲却存在障碍。因此,为促进此类信息的共享,欧盟出台了一些法律推动此事。例如,按照欧盟《第1号公司法令》和《第4号理事会指令》的要求,欧盟各国的有限责任公司必须向社会公布其注册信息和财务信息。

我国的工商注册登记和年检信息的来源情况如下。

市场监督管理局是我国企业注册登记的法定机构,在市场监督管理局注册登记的企业类型包括个人独资企业、合伙企业、非公司企业法人、公司企业法人等。对个人独资企业、合伙企业的登记分别按照《中华人民共和国个人独资企业法》和《中华人民共和国合伙企业登记管理办法》进行;而对非公司企业法人的登记是按照《中华人民共和国企业法人登记管理条例》进行的:对于公司企业法人则是按照《中华人民共和国公司登记管理条例》进行的。在企业初始登记时,所有的企业均按照市场监督管理部门的统一要求填报企业的基本信息(即注册信息)。

按照国家市场监督管理部门的要求,不同的企业有不同的年检方式,年检报告书有四种,分别为《公司年检报告书》(适用于依据《中华人民共和国公司法》设立的有限责任公司和股份有限公司)、《企业法人年检报告书》(适用于依照《中华人民共和国企业法人登记管理条例》及其施行细则注册登记的企业法人,包括未按照《中华人民共和国公司法》规范的公司)、《年检报告书》(适用于一切非法人的企业和经营单位)、《外商投资企业、外国(地区)企业年检报告书》(适用于已注册登记的外商投资企业和在我国境内外从事生产经营活动的外国(地区)企业)。

对于有限责任类型的企业而言,其财务会计报告在企业年检时均会提交给企业注册登记的市场监督管理部门,由市场监督管理部门进行年度审查。我国实行的是实质审查制度,这与西方的形式审查有着根本的不同,比西方的审查更为严格。

目前,中国市场监督管理部门并不是垂直管理的体系,省以下市场监督管理部门属于垂直管理,省市场监督管理部门属于本地政府的一个职能部门,国家市场监督管理总局对省级市场监督管理部门具有业务指导关系。企业在市场监督管理部门注册登记采用属地管理政策,美国的公司注册登记和年检信息分布于各州,信息的查询需要收费。

市场监督管理部门在推动企业信息流动方面,存在的主要问题是目前没有法律明确要求市场监督管理部门有义务向社会公众披露企业的注册和财务信息,因此大量的信息沉淀于市场监督管理部门而没有为社会有效利用。另一个问题是企业注册和财务信息分布于各地市场监督管理部门,没有实现有效的汇集,信息的流动比较困难。

4. 行政处罚信息和司法判决信息的来源

在政府部门依法行政的过程中产生了许多行政处罚信息,这类信息反映了借款者遵纪守法的情况,可能会对借款者以后的信贷履约造成重大影响。例如,一个公司长期违反环保规定,受到环保部门的处罚,蕴涵着巨大的风险,如果整治不力,可能会被迫倒闭,所以行政处罚信息直接影响到借款者的生存发展,进而对借款者的偿债能力产生影响。法院依法审判产生的司法判决信息,不仅反映了被判决人的负债状况,某种程度上也反映了被判决人履行合同的意愿。下面来分析行政处罚信息的产生来源。一般来说,由哪个机关实施处罚,该机关就拥有此类信息。

在我国,根据《中华人民共和国行政处罚法》的规定:行政处罚由具有行政处罚权的行政机关在法定职权范围内实施;国务院或者经国务院授权的省、自治区、直辖市人民政府可以决定一个行政机关行使有关行政机关的行政处罚权,但限制人身自由的行政处罚权只能由公安机关行使;法律、法规授权的具有管理公共事务职能的组织可以在法定授权范围内实施行政处罚。

行政处罚信息(含欠税信息)是政务信息的一部分。由于政府部门属于强权部门,如果没有相应的法律支持,社会公众很难从政府部门获得这类信息。为此,美国、英国、日本等国为了促进这类信息的公开,相继出台了一系列的法律法规,满足社会各界对政府信息的知情权。正是在这一理念的支持下,这些国家相继推出了《信息自由法》或《信息公开条例》等,对政府信息公开做了详细的规定。《信息自由法》首先明确了四项原则:一是政府信息以公开为原则,不公开是例外;二是政府信息具有公共产品的性质,所有人获得信息的权利是平等的;三是政府对拒绝提供的信息负有举证责任,必须提供拒绝的理由;四是政府机关拒绝提供信息时,申请人可以向法院请求司法救济。

从我国的情况看,由于目前没有相关的法规和措施来确保这些信息的披露,加之各级行政部门的管理水平不同,信息保存的形式和时间可能存在很大差异,分散度高,因此信息的可得性比较差。随着《中华人民共和国政府信息公开条例》的出台和实施,中国政府信息的采集工作将走上有法可依的道路。

5. 判断个人还贷能力信息的来源

判断个人还贷能力的信息包括个人收入和财产状况、学历、稳定性和就业状况等。从个人的收入状况最能判断一个人的还贷能力,因此,国内外商业银行在给予个人授信时往往需要他们提供个人收入证明。财产状况也是一个重要的衡量指标,通过财产状况的评估,结合其在商业授信机构的贷款头寸,能够有效识别借款者的偿债能力。尽管个人学历并不完全代表一个人的能力,但是从统计学角度看,个人学历和个人的社会地位、还贷能力具有高度的正相关性,因此将个人学历作为一个重要的参考指标具有合理性。最后,个人家庭的稳定性和就业状况也直接关系到还贷能力,例如一个人在家大型公司工作,则可以间接印证其收入状况,因此个人的婚姻状况、工作单位及在该单位工作时间等也是判断借款人还款能力的重要参考依据。下面分别介绍以上信息的来源。

目前,我国房地产产权登记是属地管理,由当地房管所登记。这部分信息存在三个问题:①信息源比较分散,因不存在行政隶属关系,因此目前还没有建立全国统一系统的规划;②各地房产产权登记的电子化程度不一致,有些地方仍处于手工阶段;③房产登记没有以姓名和身份号码为标识码,房产证也没有全国统一的编号系统和方法,标准化程度较低,目前征信系统无法采集该信息。

对于个人学历信息的来源,在我国教育部学生信息中心已建成并开通了"中国高等教育学生信息网",可根据姓名和毕业证书号公开查询。该网收集的信息包括1991年以后毕业的研究生、普通本专科、成人本专科、网络教育以及自学考试等国家承认的全国高等教育学历证书的信息,含有身份证号码。

对于个人稳定性信息来源,目前我国个人婚姻状况的数据来源于国家民政部,具体由各街道办事处登记办理。各地民政部门的个人婚姻登记资料分散在街道等基层单位,以手工操作为主,未实现电子化,一般来说,各级民政部门只能提供某人曾于某时到本街道办事处登记过的信息,对某人目前的婚姻状况不能提供任何证明,信息基本不具备可采集性;个人就业信息最可靠的来源是人力资源和社会保障部门,目前社保部门已实现全国联网,数据质量也较高,缺点是只覆盖参加社保的人群。

(二)信息采集的方式

在征信业刚刚起步的时候,征信机构采集征信数据往往采用人工调查和抄录的方式,大量的信息是通过调查员进行实地调查,或者到特定的场所(如法院的公告栏)抄录。随着商业银行信贷业务,尤其是信用卡业务的迅速兴起,这种原始的采集方式的效率已经越来越不能适应信贷市场的迫切需求,同时20世纪80年代开始的计算机信息技术的飞速发展,为淘汰这种古老的手工采集方式提供了技术保障。

从20世纪80年代开始,以商业银行为代表的个人征信数据的来源机构,以及国际上著名的征信机构都纷纷建立起庞大的计算机数据库系统,用于处理越来越复杂的业务。征信数据的采集也进入"信息化、数字化、网络化"的时代。

各类账户信息主要从商业银行、通信运营机构等信息来源机构,采用批量方式采集。各信息来源机构一般根据与征信机构约定的数据采集接口标准,编制特定的数据抽取程序,以从其计算机数据库系统中导出的方式获得征信数据,形成数据文件,再通过专用的计算机网络批量地提供给征信机构。

由于各信息来源机构的信息化水平参差不齐,征信机构仍然会提供手工录入界面,由专人将部分信息来源机构提供的非电子化征信数据通过手工录入的方式形成数据文件采集进来。征信数据的异议处理、申报身份信息等一般也采用手工录入方式采集数据。此外,征信机构在对外提供征信服务过程中,还可以采用在线数据交换或脱机批处理比对的方式,进行征信数据的采集。如为了核实个人基本信息,征信机构可以与社保、公积金、公安部门等建立数据交换比对机制,将特定人员的信息数据采集进来。这种通过信息比对的方式进行的征信数据采集也是征信数据的重要来源。

二、ETL 技术

(一) ETL 技术简介

数据抽取、转换和加载技术(extract- transform-load,ETL)负责将不同来源、不同结构的数据(如关系数据、平面数据文件等)抽取到数据中转区进行转换、清洗,最后加载到数据仓库中,作为后续的联机处理、数据挖掘的基础。ETL 过程相当于是连通数据源与数据仓库之间的一座桥梁,同时还在桥梁上设立"检查站"对经过的数据进行检查,去除不合格的问题数据,将通过质量检查的数据装载到数据仓库中。

ETL 的过程就是数据流动的过程,数据从异构数据源流向统一的目标数据库。其英文 Extract-Transform-Load 可以简单解释此技术中的三个主要步骤,即抽取、转换和加载,但是此名词并没有体现数据的运输过程、步骤间的重叠和新技术对于此流程的改变。

传统的 ETL 流程如图 5.1 所示。数据被从在线交易处理数据库和其他数据来源中提取出来,然后,数据转换形态,这个转换过程涵盖了数据清理和数据优化。转换后的数据被载入到在线分析处理数据库中。最后,相关的商务智能团队对以上数据进行运作,把它们展现给终端用户。

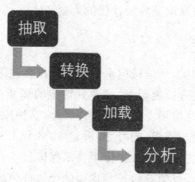

图 5.1 传统的 ETL 流程

现代数据处理技术已经改变了大部分企业的 ETL 流程,主要有以下两大原因:①一些强大的数据仓库,例如亚马逊 Redshift 和谷歌 Bigquery 的出现,这些新兴的云基础数据库有着很强的"马力"去在库转换数据;②当今的数据通常是生成数据分析,使得 ETL 系统发展得更加轻薄、透明、可变性强。当前的数据处理的大致程序如图 5.2 所示。

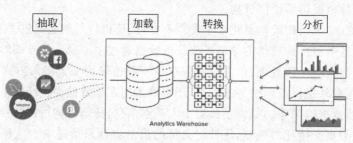

图 5.2 当前的数据处理的大致程序

更加细节化的 ETL 处理流程如图 5.3 所示。

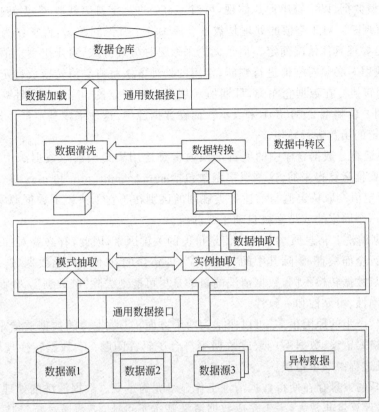

图 5.3　细节化的 ETL 处理流程

　　（1）数据抽取。从源数据库中抽取数据时，技术人员首先需要开发通用的数据库访问接口，实现跨平台访问各种数据源，支持在不同类型的数据源之间建立连接。在设计数据抽取方案时，通常需要考虑源数据库和数据仓库的数据库格式是否一致、从源数据库中可以抽取哪些字段及实现数据抽取的技术手段、目标数据从源数据库的哪些文件中抽取等问题。数据抽取包括模式抽取和实例抽取，即先从数据源中抽取模式信息，然后进行人工分析或智能分析，形成实例数据的抽取策略，并将其存储在知识库中作为加载数据的依据。

　　（2）数据转换。不同数据源的数据之间往往存在不一致的问题，如字段长度、赋值、数据类型等，数据转换即处理这些不一致问题的过程。数据转换包括两方面的内容：①数据名称和格式的统一；②数据仓库中存在源数据库可能不存在的数据，通过对数据进行拆分、合并等操作创建新的数据。

　　数据转换的规则包括以下几种基本类型。

　　① 直接映射。如果数据源字段和目标字段的属性个数相同，数据类型一致，则将源数据不改变地复制到数据仓库。

　　② 字段运算。对数据源的一个或多个字段进行数学运算得到目标字段，该规则一般适用于数值型字段。

③ 字符串处理。从数据源某个字符串字段中获取特定信息,如身份证号。通常这些信息为数值型数据,以字符串形式体现,可对字符串进行字符串截取、类型转换等操作。

④ 空值判断。对于空值的处理是数据仓库中一个常见问题,是将它作为"脏数据"还是有效数据,要视具体情况而定。但是无论采取哪种处理方式,对于出现空值的字段不能进行"直接映射",必须对空值进行判断,常用的处理方法是将空值转换成特定的值。

⑤ 日期转换。在数据仓库中,日期值一般都会有特定的、不同于日期类型值的表示方法,如使用 8 位整型 20040801 来表示。而在数据源中,这种字段基本都是日期类型的,需要采用一定的函数进行转换。

⑥ 聚集运算。数据仓库中的度量字段通常是运用聚集函数对数据源中的一个或多个字段进行聚集运算得来的,这些聚集函数包括 sum、count、min 和 max 等。

⑦ 取特定值。取特定值与前述各类规则的区别在于它不依赖于数据源字段,而是对目标字段取一个固定的或是系统自动生成的值。

(3) 数据清洗。信息质量是决定信息价值的关键因素,因此,有必要对加载到数据仓库的数据进行全面检查,删除其中的"脏数据",即错误的和不一致的数据,这一过程就是数据清洗。与数据转换不同,数据清洗的目的是尽可能地去除"脏数据",以保证数据仓库中数据的准确性、可靠性和一致性。

"脏数据"产生的原因很多,可以概括为两个方面:①数据源的数据质量难以保证,可能存在数据格式错误、数据不一致或数据不符合逻辑等问题;②数据转换规则的描述或者 ETL 开发过程中发生错误。

"脏数据"的大量存在使得数据清洗工作显得尤为重要。数据清洗的处理对象都是大型的数据源,计算量非常大,手工完成数据清洗基本不可能,必须通过特定技术进行自动清洗。自动清洗处理一般包括三个步骤,即确定和定义错误的类型、搜索和识别问题数据以及纠正发现的错误。

(4) 数据加载。在将经过转换、清洗的数据装载到数据仓库的过程中,需要对新记录的主键与现存记录的主键进行匹配,如果现存记录的主键与其相匹配,则用新记录数据来更新目标记录数据。如果没有任何与之匹配的现存记录,则将这条新记录添加到目标表中。

(二) 数据匹配技术

数据匹配技术是在 ETL 过程中数据加载环节所运用的关键技术。

1. 数据匹配技术简介

优异的数据匹配技术是征信机构的核心竞争力之一。广义上的数据匹配即识别大数据组中的副本。这些副本可能是来自一个或多个数据库的人们的多条数据记录。数据匹配技术能够识别这些副本,并把两条或两条以上相似的副本整合成一条。征信技术中所指的数据匹配是指征信机构将信息提供者报送的数据中与身份识别相关的信息抽取出来在多个数据源之间执行数据匹配操作,以判断从不同数据源获取的信用记录是否属于同一主体的信用行为,然后将同一主体的信用信息整合起来,形成全面反映信息主体信用状况的信用报告。

2. 数据匹配技术的原理

我们该如何在庞大的数据库中识别相似的或相同的数据个体,并把它们进行合并,这就是数据匹配技术要解决的问题。例如,对于人物数据,其中名字、地址、出生日期、身材、衣着风格等因素有些是可能发生改变的,另一些是不会发生改变的。所以数据匹配技术要先识别不易改变的属性,并匹配其中的相似或相同因子,再进行数据合并。数据匹配技术主要解决两方面的问题。

(1) 同一标识项存在差别。标识项不一致的原因主要有:①拼写错误,如在记录信用数据时,业务人员输入了错误的标识项;②输入不完整,如业务人员少输入了几位数字;③格式不统一,名称中使用了不同的符号字符编码;④数据噪声,如在名称中使用的多余的注释字符。

在这些情况下,如果没有数据匹配技术,计算机进行精确匹配会使同一信息主体的数据整合失败。

(2) 使用了不同的标识项。在识别个人身份时,通常使用姓名、证件类型、证件号码。在信用交易中,同一主体可能会使用身份证、护照、军官证等多个身份证件,容易产生不同标识项问题。对于企业而言,标识项可能更多,如企业名称、统一社会信用代码、中征码等。征信机构从不同的渠道采集信息,不同领域使用标识项可能不同,在这种情况下,通常要先寻找能够识别信息主体身份的字段组合来作为"替代"标识字段,然后再开展实体匹配操作如"企业名称+企业地址""姓名+出生日期"等都可以起到识别信息主体身份的作用。

如图 5.4 所示,银行、法院和税务等信息报送机构逐笔向征信机构报送业务数据,征信机构需将信贷信息、担保信息、法院判决信息、纳税信息等信用信息按实体归集并进行展示。

3. 数据匹配的处理流程

征信机构执行的数据匹配操作可以分为四个阶段:数据标准化阶段、索引与分组阶段、字段值相似度计算阶段和实体匹配阶段(见图 5.5)。

(1) 数据标准化。由于不同数据源对同样的标识项或"替代"标识字段可能使用不同的编码方式和数据类型,有时还会出现格式错误、逻辑冲突等问题,影响到后续属性字段相似度计算和实体匹配运算。因此,为了提高实体匹配的质量,保证不同数据源共享属性的可比较性,需要在进行属性字段相似度计算操作前进行数据标准化。数据标准化常用的技术有快速字符串匹配、缩略语发现、歧义切分等技术,它是数据匹配的必经阶段。其实,ETL 过程的数据抽取、转换环节已对不同数据源信息之间的不一致性进行过处理,这里再列举几种标准化处理操作。

① 格式校验:使字段的数据格式符合该字段属性的类别要求。以个人的出生年月为例,若该属性为连续数字,则应该把诸如"一九八三年九月"的字符串转换为"198309"。

② 内容校验:使数据从内容上满足客观规律的要求。比如,个人的出生年月不能在当前时间之后,如果在 2009 年 2 月发现某条记录的出生年月内容为"200905",则将该属性字段值置空。

③ 结构校验:使描述结构化的字段数据的排列顺序符合预定的规则。例如,设定个

企业信用报告

基本身份信息段：
名称：××有限责任公司
地址：××省××市××路

信贷信用信息段：
贷款1：金额100万元，期限3年……
贷款2：……
担保1：担保金额200万元，抵押
担保2：……

公共信用信息段：
纳税信息1：2010年，纳税10万元；
法院判决费信息1：……
电信欠费信息1：……
环境违法信息1：……
社保缴费信息1：……

信息提供机构的业务信息

机构代码	贷款业务编号	贷款卡编号	企业名称
100	2130129120	9123567	××有限责任公司

商业银行信贷信息

机构代码	贷款业务编号	机构信用代码	企业名称
200	6780213999	28349590	××有限责任公司

担保公司担保信息

机构代码	担保业务编号	担保卡编号	企业名称
300	584828920	58586907	××有限责任公司

纳税信息

机构代码	纳税业务编号	纳税卡编号	企业名称
400	586948375	97070584	××有限责任公司

图 5.4　不同来源的企业信息匹配示意图

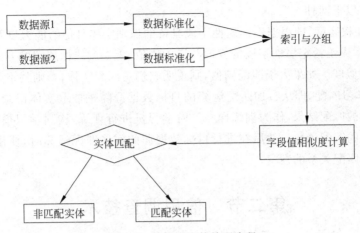

图 5.5 数据匹配的处理流程

人出生年月的存储方式为六位数字,前四位为公元纪年,后两位为月份数,不足以零补齐那么应该将"198390""8309""091983"等字段值修订为"198309"。

④ 逻辑校验:使同一条记录之间不存在逻辑冲突或者不一致的现象。例如,个人的出生年月在其身份证的第七位到第十二位上也有体现,如果两者发生不一致则说明存在逻辑错误,可以设定相应的规则来进行处理。

(2) 索引与分组。当数据源存储的实体记录数量较大时使用两两比较的实体匹配策略,将会使比较次数大幅度增加,造成实体匹配运算在有限时间窗口内无法实现。例如,数据源 1 实体记录数为 100 万条,数据源 2 的实体记录数为也为 100 万条,则相应的实体匹配所需要的比较次数将高达 1 万亿次,在有限的时间期限内(如 T+1)是不可能实现的,而这样级别的数据源是非常普遍的。

为了在面对海量数据时降低实体记录比较的次数,需要对实体记录进行索引或分组,限制执行实体匹配运算时记录比较的范围,其中索引操作是将潜在存在匹配关系的实体记录排序在相邻的位置,然后通过设计匹配窗口,只对窗口范围内的实体记录进行匹配运算。分组操作是将潜在存在匹配关系的实体记录通过抽取关键字或执行聚类算法等方法分在各实体组内,并将实体匹配运算限定在实体组内进行。通过以上方法将减少实体匹配运算时比较的次数,只对潜在存在匹配关系的实体记录进行比较运算,从而可以大幅度提高实体匹配运算的效率。

(3) 字段值相似度计算。字段值相似度计算就是使用规范的数值表示两个实体记录共享属性字段的相似程度,通常采用百分比表示。例如,对于数字 400676 与 400675,它们几乎没有差别,但是它们的相似度是多少,需要通过形式化的数字来描述。可以通过相似度计算公式对字段值的相似程度进行统一描述和规范。字段取值类型不同,如数字型、布尔型和字符串等数据类型,相应的相似度计算公式也不相同。

(4) 实体匹配。在计算出实体对共享属性字段相似度之后,需要根据属性字段的相似程度及其识别实体身份的能力进行实体匹配计算,以判断两条不完全一致的信用记录是否是现实中同一实体的行为,从而将信用信息按实体进行归集存储和展示。常见的实体匹配方法有以下两种。

① 人工加权匹配,即根据不同属性字段具备的识别实体身份的能力以及在匹配运算中的重要程度,人工给定属性字段的权值与匹配阈值,再采用线性加权的方式计算实体记录对的整体相似度。如果大于匹配阈值,则说明它们是匹配实体,否则就不是匹配实体。

② 机器学习匹配,即从参加匹配运算的目标数据源随机抽取实体记录对,并使用人工标注记录对的匹配结果,作为训练样本。对学习机进行训练,构建学习模型,学习训练样本中所蕴含的匹配函数。然后在进行目标数据源的实体匹配运算时,使用匹配函数进行实体记录对匹配关系的判定。

第二节　信用调查技术

在开展信用调查业务时,除了通过信息查询来了解调查对象的信用状况外,往往还需要更为主观的调查方法以确保数据的多样性和真实性。例如,通过实地观察、访谈或问卷调查的方式直接从调查对象处或相关方获取信息,或对已取得的信息进行核实。常用的信用调查方法包括深层访谈法、观察法、电话调查和邮寄调查等。

一、深层访谈法

深层访谈是指调查人员和一名受访者在轻松自然的气氛中围绕某一问题进行深入的讨论,目的是让受访者自由发挥,充分表达自己的观点和情感。

深层访谈法的特点在于它是无结构的、直接的、一对一的访问。正因深层访谈是无结构的访问,它的走向依据受访者的回答而定。随着访谈的逐渐展开,调查人员可以彻底地探究每一个问题,受访者也能够把自己的观点淋漓尽致地表达出来。深层访谈一般包括准备、实施和结束三个环节。

(一)深层访谈的准备阶段

(1)选择调查人员和受访者。根据调查目的和已掌握的调查对象相关信息,征信机构筛选和确定受访者名单,选择能够胜任的调查人员。深层访谈要求调查人员具备较为深厚的访谈技巧,能够通过访谈挖掘出尽量充分的信息,好的调查人员对深层访谈的成功至关重要。

(2)预约访谈时间和准备访谈计划。一般情况下,调查人员需事先与受访者进行电话沟通,预约访谈的时间。同时,调查人员要依据访谈的目的和重点,预先准备好提问的问题并拟定好访问提纲。访谈时不一定严格按提纲逐一进行,但提纲应尽量详细。

(3)准备访谈用品。访谈前,调查人员必须准备好能够证明自己身份的证件,如工作证、介绍信等,此外还需要准备笔、笔记本、录音笔等访谈必需的物品。

(二)深层访谈的实施阶段

在这个阶段,调查人员应注意以下两点。

（1）调查人员可以直接、正面地接近受访者，介绍自己的身份，直接说明调查的意图。若是调查人员已事先与受访者约定好，则开始访谈基本会较为顺利。另外，调查人员可以采用侧面接近的方式，先在开会、娱乐等活动中接近受访者，与受访者熟络后再说明来意进行正式的访谈。不管采取何种方式，在开始正式访谈时，调查人员都应详细地介绍此次访谈的目的、意图、受访者的回答有何意义、具有何等的重要性等，明确告知受访者的回答对其自身是没有任何不利影响的，消除受访者的顾虑。

（2）在必要或时间允许的情况下，可从受访者感兴趣的话题开始，但是在访谈过程中，调查人员要注意把握访谈的方向，防止偏离访谈目标。当出现受访者对所提问题不理解或产生误解时，调查人员应当礼貌、巧妙地加以引导。在受访者回答问题或陈述观点时，调查人员要认真倾听，以建立一种理解，并仔细揣摩以找到更深入提问的线索。

（三）深层访谈的结束阶段

结束阶段是整个深层访谈的最后一个环节，这个环节也很重要，不能忽略。首先，访谈结束时，调查人员应迅速重温一下访谈结果或检查一遍访谈提纲，以免遗漏重要内容。其次，访谈结束时，应再次征求受访者的意见，看看他们还有没有补充，这样可能会获得更多的情况和信息。最后，要真诚感谢受访者对本次调查工作的支持。

二、观察法

观察法是一种通过观看、跟踪和记录调查对象的相关情况来汇集信息资料的调查方法，可以对调查对象公开地开展实地观察，也可以在调查对象不知情的情况下采用秘密的方式。

1. 分类

观察法可以从不同角度进行分类。

（1）按观察结果的标准化程度可分为控制观察和无控制观察。控制观察是指根据观察目的预先设计观察范围，在实施观察时，对观察手段、观察技术、观察程序和记录方式标准化。无控制观察比较灵活，对观察目的、程序等不做严格规定，记录也可采取随意的方式。

（2）按观察的具体形式不同划分为人员观察和机器观察。人员观察是由调查人员实地观察调查对象以了解情况的一种常用形式。机器观察则是通过机器观察调查对象，这些设备可能不需要调查人员直接参与。

2. 记录技术

在运用观察法时，记录技术的好坏直接影响着调查结果，应注意采用适当的、良好的记录技术，可以减轻调查人员的负担，不致因忙于记录而顾此失彼。准确、及时、完整地记下转瞬即逝的宝贵信息及事项的变化情况，能加快调查工作的进程，便于资料的整理及分析。记录技术主要包括观察卡片、速记和记忆三种。

（1）观察卡片。观察卡片（观察表）的结构与调查问卷的结构基本相同，卡片上列出一些重要的能说明问题的项目，并列出每个项目中可能出现的各种情况。

（2）速记。这是用一套简便易写的线段、圈点等符号系统来代表在观察中出现的各种情况的方法,不需要用文字叙述,事后再进行整理。

(3)记忆。这是在调查结束后,采用事后追忆的方式进行记录的方法,多用于调查时间急促或不宜现场记录的情况。记忆虽然可以避免给调查对象造成顾虑,但也容易遗忘一些重要信息。

三、电话调查

电话调查指的是调查人员按照事先准备好的问卷,通过电话向受访者了解调查对象的有关情况,并现场迅速记录下答复。

电话调查具有以下优点:①节约费用和时间。②可能访问到不易接触的受访者。例如,有些人工作太忙无法进行面谈,但他们有可能接受短暂的电话调查。③在某些问题上可能得到更为坦诚的回答。④易于控制实施的质量。现场经验较为丰富的调查人员可以在实施现场及时指导和纠正较为年轻的调查人员出现的一些不正确操作。

同时,电话调查还具有以下缺点:①调查的内容难以深入。电话调查的时间不宜过长,问题不宜过于复杂,因此,比较难以调查较为深入的问题。②调查的成功率可能较低。例如,受访者可以轻易地拒绝电话调查。

四、邮寄调查

邮寄调查是指调查人员将事先设计好的调查问卷邮寄给被调查者,由其填好后寄回。

(一)邮寄调查的步骤

邮寄调查的类型包括普通邮寄调查和留置问卷调查。普通邮寄调查就是将问卷装入信封,通过邮局寄给选定的被调查者,并要求他们按规定的要求和时间填写问卷,寄回征信机构。邮寄调查的基本步骤包括三步。

(1)根据调查目的确定被调查者,收集被调查者的名单、通信地址或电话。在邮寄问卷前,可先通过电话、明信片或简短的信件向被调查者说明将向他们邮寄一份问卷,请求他们协助填写。

(2)向被调查者寄出调查邮件。除了调查问卷外,最好是附上贴足邮资并写明征信机构地址的回邮信封。邮件寄出后调查人员可通过电话或信件与被调查者联系,确认是否接到了问卷,并请求合作早日寄回问卷。

(3)接收问卷并对问卷登记编码,统计问卷回收的情况。留置问卷调查是由调查人员先当面拜访被调查者,说明调查目的和填写要求后将问卷留置于被调查者处,并约定几天之后再次登门取回填好的问卷。这其实是介于普通邮寄调查和访谈之间的一种方法。

(二)邮寄调查的优缺点

邮寄调查具有以下优点。

(1)邮寄调查一般都是匿名的,保密性强,这样容易使被调查者有安全感,对问题的回答较为真实。

（2）邮寄调查的调查区域广。从原则上讲，凡是通邮的地方都可以开展邮寄调查。

（3）邮寄调查的费用一般比深层访谈和电话调查都低。

（4）邮寄调查可以完全避免由调查人员造成的偏差，而深层访谈和电话调查的质量很大程度上取决于调查人员自身的素质。

但相比其他调查方法，邮寄调查的回收率较低、所需的时间较长，且存在被调查者可能会找他人代为回答或没有填完所有问题，影响数据的质量。

五、各类调查方法在征信业务中的应用

在信用调查业务中，深层访谈法是最常用、最有效的方法，能够获取很多采用其他方法无法收集的信息。如果调查员能够成功地与调查对象或相关人员预约见面，调查工作也就成功了一半。通过与受访者面对面的交流，除了可以了解事先准备好的征信采集单上列示的信息外，有丰富经验的调查人员还可以借此充分了解受访者的品格和能力，判断授信风险，对评估调查对象的偿还能力和意愿十分有帮助。当然在条件允许的情况下，最好能够实地走访仓库和车间等重要场所，观察企业在内部管理、员工士气等方面的情况，以便更全面地了解或核实调查对象的情况，验证通过其他渠道取得的信息。有时，为核实信息的真实性，还需采取隐蔽调查不让调查对象察觉。例如，观察调查对象生产方面的情况时调查人员可能要赶早到达现场附近的隐蔽处，观察调查对象的员工上班和机器运转等场景。

在某些情况下，征信机构需要调查的区域范围较广，如向被调查企业的上下游企业等相关方面了解其货款拖欠情况或产品质量问题等，这些上下游企业可能非常分散，地域跨度很大，此时邮寄调查和电话调查就能够发挥作用，帮助征信机构收集更为充分的信息。同时，征信机构还会与工商税务或统计等单位建立合作关系，通过电话调查或邮寄调查的方式向它们了解调查对象的相关情况。此外，在实施深度访谈或邮寄调查之前，征信机构通常会事先通过电话调查来对受访者的知情程度和参与意愿进行摸底，以筛选出后续进行深度访谈或邮寄调查的对象。

第三节　信用评分技术

在进行信用评分过程中，最主要的工作内容就是数据挖掘。数据挖掘是指从大量的、不完全的、有噪声的、模糊的、随机的数据中，提取"挖掘"隐含在其中的、人们事先不知道的，但又是潜在有用的信息的过程。通过数据挖掘，可以对数据进行关联分析、聚类、分类、估计、预测、异常检测等。数据挖掘主要涉及数据处理、模型开发以及模型检验等技术，其中模型开发是最主要也是最关键的环节。

一、数据处理技术

数据处理是指在建立模型之前，对采集的基础数据做一些预处理，以符合模型开发的要求，主要包括数据表述和总结技术、变量处理技术、数据分组技术等。

（一）数据表述和总结技术

数据表述和总结是指对数据的集中度和离散度等分布特征进行描述，对数据的质量进行稽核，对数据间的关系进行初步的探索等。常用的统计指标或方法有频率、均值、中位数、方差、极值、多维交叉表、相关系数等。

（二）变量处理技术

（1）在变量初选阶段，对数据进行一些处理，如相关矩阵等，分析因变量和自变量之间的关系，即哪些因素会对信息主体的信用表现产生显著影响。

（2）经过初步筛选后将数量众多的候选自变量进行压缩。从征信的角度看，能够反映信息主体信用状况的信息越全面、越丰富越好，但从统计的角度看，这些自变量之间可能存在多重共线性，往往需要通过主成分分析、因子分析、聚类分析等方法压缩自变量的数目。

（3）出于统计需要，某些变量数据要先进行转换，实现变量值的标准化后才能使用，从而提高模型的抗震性和可解释性，一般采取对数变换、平方根变换等。

（三）数据分组技术

为了使模型更具针对性，通常要对所有数据进行分组，使同一数据组内个体的距离较小（相似度较大），不同数据组之间个体的距离较大（相似度较小）。通过对不同的组分别设计模型，最大限度地区别不同的行为模式和数量关系，提高模型的预测能力。

二、模型开发技术

信用评分业务的核心是评分模型的开发。主要的模型开发技术包括判别分析、回归分析等统计学方法，以及神经网络、遗传算法等非统计学方法。

（一）统计学方法

统计分析的本质就是以数据为对象，从中寻找规律，为人们认识了解客观事物，并对其未来发展进行预测，从而为进行决策或采取控制等提供参考依据。统计学方法是数据挖掘研究中应用最多，理论方法最为成熟的技术。常见的统计学方法有判别分析法、回归分析法、分类树法、最近邻法等。

（1）判别分析法。最早将判别分析用于信用评分的是美国人大卫·杜兰德。自此以后，这一方法在学术界及金融界都得到了广泛的讨论与应用，FICO信用评分就是基于判别分析法建立的。判别分析实质上是一种用来区分判断个体所属类别的统计技术，它的目标是把一个群体分成两个或多个预先确定的小组，然后判断和预测新的个体应该属于哪个小组。

（2）回归分析法。回归分析法是一种确定两种或两种以上变量间相互依赖的定量关系的统计分析方法。运用十分广泛的回归分析按照涉及自变量的多少，可分为一元回归分析和多元回归分析；按照自变量和因变量之间的关系类型，可分为线性回归分析和非线性回归分析。在实际应用中，最为普遍的是 Probit/ Logistic 非线性回归分析法。

（3）分类树法。分类树法是一种根据一个目标变量，从大批候选变量中筛选出某个变量，并确定它的某个值，据此将样本划分成两部分或者更多部分，使不同节点或不同小样本之间目标变量的分布差异最大化，同时，在每个节点内部或每个样本的内部，变量分布的差异最小化的统计学方法。举例来讲，客户向银行申请信用产品时，会填写相关信息，选择一定量的已有客户作为样本。首先将申请人数据集合（全部样本）按照某一特征（居住状况）划分成两个子集（自有/非自有住房），使得当考察申请人样本时，这两个新的子集内申请人的违约风险的同质性要高于原来的数据集。然后这两个子集又各自划分为两个子子集。不断重复这一过程直至所划分的子集成为满足要求的末端节点为止，每个末端节点被划分成好客户组或坏客户组的一部分。整个过程如图5.6所示。

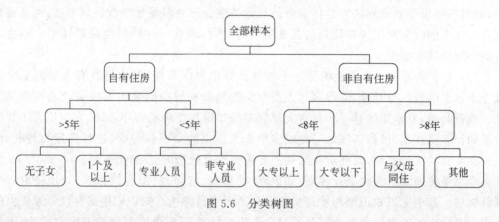

图5.6　分类树图

在形成分类树的过程中需要考虑三个问题：①分叉规则，即用什么规则将集合划分成两个子集；②停止规则，即如何决定一个集合是末端节点；③按什么规则确定末端节点属于好客户类还是坏客户类。

分类树法的过程清晰明确，便于操作，特别适合用来研究变量与变量之间的交互关系，或者是需要对一个复杂的问题做简单化处理的情况。但分类树的缺点在于不够精细，模型构造和方法不够统一，人工干预的成分比较多。

（4）最近邻法。最近邻法是一种标准的非参数统计方法，也称为共性过滤分析法，是一种用来预测个体偏好的技术。其理论基础是具备类似偏好的人倾向于喜欢或购买类似的产品和服务。它通过对一个个体的偏好或交易历史的分析，找到一组具备类似偏好或交易历史的个体群，或叫作"相邻群体"，然后根据相邻群体的集体偏好或集体交易历史来预测该个体会偏好或购买什么，进一步地向该个体介绍或推荐产品及服务。

虽然最近邻法在预测客户违约可能性方面应用针对性不是很强，但是随着信用评分应用领域的拓宽，除了申请评分行为评分等，也越来越多地被应用于信贷机构的信贷决策中，尤其是在产品营销方面。因此，最近邻法的应用性也随之有所加强。

除了以上几种技术，统计分析技术还包括存活分析、多重判别、时间序列等方法。

（二）非统计学方法

实践表明，非统计学的方法，例如，线性规划、整数规划等也能对信息主体的信用风险进行描述、解释或预测。尤其是在数据挖掘技术的出现,大数据概念的提出后,更是激发了人们思路的无限拓宽,人工智能、神经网络、遗传算法等技术纷纷被广泛研究和应用。

(1) 线性规划。求解线性目标函数在线性约束条件下的最大值或最小值的问题,统称为线性规划问题。满足线性约束条件的解叫作可行解,由所有可行解组成的集合叫作可行域。决策变量、约束条件、目标函数是线性规划的要素。

在实际应用中,线性规划的优势在于如果想在评分中加入某种偏好,则该方法可以将这种偏好体现在评分中。但是,缺点是评分人员认为该方法没有统计学基础,不能检验所估计出的参数是否在统计上是显著的。

(2) 整数规划。在使用线性规划方法时,会碰到一些变量需要取整数值,如 0 和 1 等,此时需要用整数规划法。总体上整数规划法进行分类时要优于线性规划法,但是整数规划法在求解时需要比线性规划法花费更多的时间,因此它往往只能处理样本容量为几百的小规模样本数据。

(3) 专家系统法。专家系统是一个智能计算机程序系统,其内部含有大量的某个领域专家水平的知识与经验,能够利用人类专家的知识和解决问题的方法来处理该领域问题。也就是说,专家系统是一个具有大量的专门知识与经验的程序系统,它应用人工智能技术和计算机技术,根据某领域一个或多个专家提供的知识和经验,进行推理和判断,模拟人类专家的决策过程,以便解决那些需要人类专家处理的复杂问题。

专家系统通常由人机交互界面、知识库、推理机、解释器、综合数据库、知识获取六个部分构成。其中尤以知识库与推理机相互分离而别具特色。知识库用来存放专家提供的知识。专家系统的问题求解过程是通过知识库中的知识来模拟专家的思维方式的,因此知识库中知识的质量和数量决定着专家系统的质量水平。推理机针对当前问题的条件或已知信息,反复匹配知识库中的规则,获得新的结论,以得到问题求解结果。在这里推理方式可以有正向推理和反向推理两种。

专家系统的基本工作流程是:用户通过人机交互界面回答系统的提问,推理机将用户输入的信息与知识库中各个规则(例如,如果每年的支出超过收入的 50%,那么这笔贷款不会被偿还)的条件进行匹配,并把被匹配的结论存放到综合数据库中。最后,专家系统将得出的最终结论呈现给用户。当决策者面临的问题是多重的、有顺序的或并行的,以及由于决策的多重性而使得问题不是很清晰时,专家系统法比较适用。

(4) 遗传算法。遗传算法也称基因算法,是模拟生物进化过程的一种计算方法,它由三个基本算子组成:繁殖(选择)、交叉(重组)、变异(突变)。其基本观点是"适者生存"原理,用于数据挖掘中则常把任务表示为一种搜索问题,利用遗传算法强大的搜索能力找到最优解。实际上就是模仿生物进化的过程,反复进行选择、重组和突变等遗传操作,直至满足最优解。遗传算法可处理许多数据类型,同时可并行处理各种数据,常用于优化神经元网络,解决其他技术难以解决的问题,但需要的参数太多,对许多问题编码困难。

除以上技术外,还有神经网络法、模糊数学法、粗糙集方法、关联分析法、聚集发现等方法。

三、模型检验技术

信用评分模型的检验包括对最终信用评分系统的检验和对评分流程各步骤的检验，从数据来源、处理到各因素的设计，再到最后参数的估计和评分结果，缺一不可。一个稳定的评分系统，关键是要真正抓住预测变量与信用状况之间的因果关系，而不是单纯地从数据得到统计结果。

主要的检验技术有返回检验和基准检验。返回检验主要是针对模型的区分能力、准确性和稳健性进行检验。其中针对模型区分能力和准确性的检验方法有：交换曲线、K-S指标、拟合度曲线、区分度、能力曲线和 AR 比率等；此外还有针对模型稳健性的检验方法，如压力测试等。基准检验主要用于检验模型的可适用性和可推广性，它的主要做法是将信用评分结果或各参数与相应的可观测外部信息和数据进行比较，从而对模型进行检验。这里可观测的外部信息可以是公开的外部评级机构的评级结果，也可以是监管机构给出的非公开参考数据等。

第四节 信用评级技术

信用评级业务的开展，通常包括数据收集、现场调查、信用风险度量、信用等级确定等步骤，并且在进行信用风险度量时，不仅包含了对定量数据的计算，也包含了对定性因素的考量。信用评级技术是一项综合的技术，其中包含了调查技术、财务分析技术、建模技术、综合分析和评价等多种技术和方法。比较典型的评级技术有专家打分法、单变量研究法、基于财务数据的多变量模型分析（包括二元选择模型、多元判别分析、混合模型等）、基于市场价格的模型分析（KMV 模型）以及信用风险组合模型等。

需要说明的是，信用评分和信用评级中都有模型的应用，模型本质上是一种工具，许多模型既可用于评分，也可用于评级。但是相比较而言，信用评分的种类繁多，并且其业务本身就是基于模型的开发和利用而开展的，因此对模型的依赖性较大。信用评级则相对目标明确，使用的方法更为综合，模型的应用可能只是其中的一方面或者一个环节，因此对模型依赖性相对较小。因此，本节侧重于信用评级较为常用的几种模型技术。

一、专家打分法

早期使用比较多的是以专家经验判断为基础的评价方法，即按照经验法则，由专家根据自身知识、经验和分析判断能力，在对评级对象进行深入调查了解的基础上对照评价参考标准，对评级对象进行综合的分析和评价。比较有代表性的方法有 5C、5P、5W、CAMPARI 要素分析法以及骆驼评级体系等。

在实际应用中，评级要素被不断地完善，不仅关注点更加全面，指标也更加细化。一般情况下评级机构会考察企业的外部经济运行环境、行业竞争环境、内部管理、股东及关联企业、财务情况、资金实力、经营能力等方面的因素，并且在指标的选取上也会注重定性和定量的结合。虽然各评级机构的基本关注点是一致的，但是往往表现出其自己的独特性,既有共性,又有个性。多数评级机构都有自己完整的独立的评级指标体系。通过专家判断或其他方法给指标体系中的每指标设定一定的权重,由评级人员根据事先确定的打分表对每一指标进行打分,再根据总分确定其对应的信用级别。

专家打分法较多地依赖于评估人员的经验和能力,主观性较大,不同的专家可能对同一个评级对象得出不同的结论。另外,专家在进行评判时也容易形成思维定式,从而导致评判结果有失公允。因此,现在的评级机构在开展评级业务时基本不会简单地依靠专家经验判断,而是采用更为科学、专业和全面的方法。但是,虽然随着数据的积累和技术的进步,评级机构可以选择的技术和方法越来越多,但是现实环境往往是复杂多变的,任何一个定量指标或一种模型都是运用简化的数学方法构建而成的,或多或少会与现实存在差异。因此,多数评级机构会采用定性和定量、动态和静态分析相结合的方法,并且专家或者评级人员的经验在其中也依然发挥着重要的作用。

二、单变量研究法

单变量研究法是一种通过较为单一的指标预测公司的财务危机,从而判定公司信用风险大小的方法。1932 年,菲茨帕特里克对 19 家破产公司和非破产公司的财务比率进行了比较,认为对信用风险判别能力较高的指标为净资产收益率(净利润/净资产)和净资产/负债这两个指标,在美国经济大萧条之前三年,这些比率有显著性的差异。1968 年,比弗利用单一的财务指标预测公司的财务危机,他选取了 1954—1964 年间 79 家失败公司和相对应的 79 家成功公司的 30 个财务比率进行分析,以二分类法从 30 个财务比率中找出最具有区分能力的财务比率及分界点,得出的结论认为预测公司财务危机的最好指标为现金流量/总资产。单变量研究方法虽然克服了专家打分法的主观性,并且具有指标关系简单、逻辑清晰的优点,但是它的缺点也显而易见,主要体现在模型过于简单,考虑的因素过于单一。现实中信用风险的成因往往是复杂的,受多种因素影响,因此单纯地运用单变量研究方法来对某一对象进行信用风险评估显然是不全面的。

三、基于财务数据的多变量模型分析

该类模型通过对公司的多项财务指标进行评价,得出一个评分(或者违约概率),以区分受评对象的信用风险水平。最早的实证研究是多元判别分析法,而在此基础上发展起来的二元选择模型和混合模型成为目前市场上应用最多的评级建模方法。

(一)二元选择模型——以 Probit 模型为例

Probit 模型以概率为核心,重点研究公司发生财务危机的可能性。模型的基本思路是,假设每一家公司都面临违约或不违约两种选择,其选择又依赖于该公司的某组特征或指标,模型旨在建立该公司做出某一选择的概率与该组特征或指标的关系,并以此来预测目标公司发生违约的概率。Probit 模型则是假设违约概率服从累积正态分布的分类因变量模型。

在实际操作中,可按照如图 5.7 所示的流程对公司的违约风险进行分析。

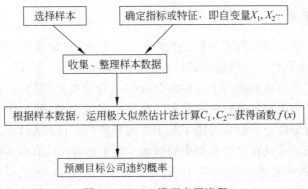

图 5.7 Probit 模型应用流程

（二）多元判别分析法——以 Z 计分模型为例

Z 计分模型是多元线性判别分析方法的典型代表。1968 年，美国学者爱德华·奥特曼首次将这方法运用于信用风险分析，对提出申请破产的 33 家上市公司和同样数量的非破产上市公司进行研究，选取了五项财务指标构建多元判别模型，并运用统计的方法计算出判别阈值，即 Z 的临界值。基本过程如下。

（1）将 66 家样本公司分为两组，A 组为破产类，B 组为非破产类。

（2）基于经验判断和统计显著性确定模型的解释变量并构造一个多元线性判别函数：

$$Z = c_1 X_1 + c_2 X_2 + c_3 X_3 + c_4 X_4 + c_5 X_5 + \varepsilon$$

其中，解释变量分别为流动资本/总资产、留存收益/总资产、息税前收益/总资产、股权市值/总负债、销售收入/总资产，使得该函数符合以下两个条件。

① $\max[Y(A) - Y(B)]^2 = G$，即组间离差平方和最大化。

② $\min[D(A) + D(B)] = H$，即组内样本总离差平方和最小化。

（3）求解该判别函数，得

$$Z = 1.2 X_1 + 1.4 X_2 + 3.3 X_3 + 0.6 X_4 + 0.99 X_5$$

通过对大量公司进行实证统计分析后，爱德华·奥特曼认为 Z 值与公司信用水平之间存在密切关系 Z > 2.67 为安全区，Z < 1.81 为破产区，1.81 < Z < 2.67 为灰色区，表示该区域内误判率较大。

实际运用时，将某公司的财务数据代入上述函数，计算该公司的 Z 值，Z 值越小，破产的可能性越高。此外，爱德华·奥特曼还针对非上市公司对模型进行了修正，并于 1977 年在 Z 计分模型基础上对模型进行了扩展改进，将解释变量扩展为 7 个，从而形成 Zeta 模型。Z 计分模型的另一个主要用途就是制定与各分值相当的债券等级，这样市场参与者就可以通过观察各等级债券的历史表现来评估其违约的可能性。当然该模型也存在一些不足之处：缺乏坚实的金融理论基础；模型是线性模型，但实际破产的路径可能是高度非线性的；模型以财务指标为基础，导致其时效性、全面性较差。

（三）混合模型

混合模型可以说是多元判别分析思想的另一种发展，在继承定量分析的同时加入了定性分析的模块，从而将专家经验和统计方法相结合。

混合模型的定量分析模块与多元判别分析的 Z 计分模型类似，用财务数据等定量指标得到一个分值。如果定量分析模块使用的是违约概率模型，那么需要将预测的违约概率转化为分值。而定性分析模块考虑了基于专家判断的定性指标如行业风险、企业竞争力和管理能力等无法反映在定量模型中的因素。由于要确保具有行业特殊性的指标被纳入到模型中，评级机构通常会根据不同的行业开发不同的定性模块，企业最终的信用等级是定量模块和定性模块分值的加权平均然后再进行相应的等级转换。

混合模型的主要优点在于直观和简单易行，可以充分利用难以量化的定性指标，有利于保障信用分析的灵活性、全面性和前瞻性；缺点在于定性模块和专家经验评估法类似，对专家自身的业务素质要求较高，结果具有一定主观性和随意性，容易产生集体倾向。

四、基于市场价格的模型分析——以 KMV 模型为例

KMV 模型是由美国 KMV 公司开发的基于股票价格的信用风险模型，利用公司的资本结构、资产收益波动率、资产现值等变量来推测债务人的预期违约率 EDF（expected default frequency）。它的基本思路是：将公司股东持有股权看作是买进一份以公司资产为标的的买入期权，标的资产价格相当于公司资产价值，执行价格相当于公司负债。因此，当公司负债到期时，若公司资产价值高于负债，则股东执行买权，即清偿债务；若公司资产价值低于负债，则股东因无力偿还债务，就会选择违约。故公司违约概率的计算，就是公司资产价值低于负债价值的概率。这一水平对应的点就是违约点 DPT（default point），即公司的资产价值等于负债价值时的点。KMV 模型如图 5.8 所示。

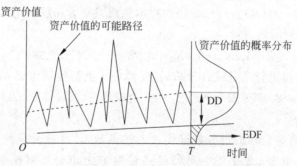

图 5.8　KMV 模型示意图

KMV 模型是一种具有前瞻性的方法，以期权理论基础为依托，利用市场的价格信息进行预测，在一定程度上克服了依赖历史数据向后看的数理统计模型的缺陷。同时，由于其预测准确，对市场情况反应及时，并与其他评级模型在方法论上有很大的不同，所以是作为传统评级技术的很好补充，被市场参与者广泛接纳。但该模型在中国的应用还受到一定限制，主要原因是：①股票市场不如国外成熟，市场有效性低，会影响模型的效力；

②有一大部分大中型企业并未上市，这限制了模型的应用范围；③缺乏符合条件的违约数据库。

五、信用风险组合模型

信用风险组合模型主要用于测算资产组合的信用风险，主要有 Credit Metrics、Credit Portfolio View 和 Credit Risk＋三种模型，比较典型的是 Credit Metrics 系列模型。Credit Metrics 是一种衡量资产组合风险大小的方法，其核心思想是资产组合的价值不仅受到违约的影响，而且受到其信用等级变化的影响，违约仅是信用等级变迁的一个特例。它第一次将资产组合的信用等级迁移、违约概率、回收率等相关因素纳入了一个统一的框架中，并基于这些因素，根据市场信用风险价差计算资产组合在一定期限内（通常为一年）的市场价值及其波动性，进一步得出资产组合的信用在险价值 CVaR（credit value at risk）。运用该模型主要分为四个步骤。

（1）根据评级公司提供的评级结果作为输入变量。

（2）估计资产之间的相关性。

（3）根据历史数据计算出相关资产的联合违约率，并建立信用等级迁移矩阵以及信用等级违约率矩阵。

（4）计算不同信用等级下的损失率，从而估算资产现值。

Credit Portfolio View 模型是 Credit Metrics 模型的扩展和补充，是将各种影响违约概率以及相关联的信用等级转移概率的宏观因素纳入自己的体系。但该模型存在一些缺陷，如实行这一模型需要可靠的数据，而每一个国家、行业的违约信息往往较难获得。此外，该模型中的宏观经济因素调整过程是基于银行信贷部门累积的经验和信贷周期的主观判断，这使得模型的结果具有主观性。Credit Risk＋将违约率处理为多个连续的随机变量，还考虑了违约率的波动性，目的是为了表现出违约率水平的不确定性特征。它最主要的前提是，通过单项资产的风险暴露、违约率均值、违约率的标准差和每个风险暴露分布的板块及相应的损失百分比的数据输入，可以得到一个组合的风险暴露。

作为应用最为广泛的两个模型，KMV 模型和 Credit Metrics 模型在理论和操作层面上都存在着许多不同之处。首先两个模型对信用风险的定义不同，KMV 模型将债务分为"违约"和"不违约"两种范畴；而 Credit Metrics 模型则将"违约"的概念进一步扩大至信用等级变化的范畴，认为违约风险还应该包括债务人信用等级下降导致市场价值大幅下跌的情形。其次，两个模型应用范围的侧重点有所不同，KMV 模型更适合于上市公司的研究，方便从交易价格中计算企业的资产价值和资产波动性；而 Credit Metrics 模型则主要通过信用等级迁移的历史数据间接获得企业资产的市场价值以及波动性，适合用于非上市公司的研究。

六、评级技术在实际评级业务开展中的应用

本节主要介绍了几种在实践中较为常用或者在评级技术发展过程中较为典型的评级技术。在实际应用中，技术的种类远不止这些。并且，如前所述，信用评级技术是一项综

合的技术,评级时需要考虑评级对象财务、经营、管理、宏观经济环境、行业和市场环境等多方面的因素,因此评级机构会综合使用多种技术来分析、评价评级对象的信用状况,以使评级结果尽量科学、客观和有效。同时,在选择技术时,还要考虑市场有效性、数据可获取性、模型成本和应用可行性等因素。

从国内的情况来看,随着近几年评级业务的发展,中国的评级机构也开始逐步建立和使用定量评级模型,但是这些机构较少公开自己的评级模型技术。从公开资料来看,目前中国主要评级机构所采用的评级模型技术都是以混合模型为主。首先,根据受评对象的所属行业,确定各行业的核心定量指标和定性指标;然后,对于定量指标,按照相应行业的评分表进行打分,对于定性指标,由分析师根据行业特点进行主观评分;最后,对各指标分值进行加权平均,计算得出总分,并在此基础上进行综合考虑后,确定受评对象的信用等级。在具体的指标选择上,各家机构根据自己对行业的理解会有所差别;在权重设置方面,各家机构都采用了一定的定量分析方法,但也含有一定的分析师经验判断的成分;在各个指标的具体判断标准上,各家机构也是以自己分析师团队的经验为主。

思考与练习

    1.什么是 ETL 技术? ETL 的实现过程包括哪几个步骤?

    2.什么是数据匹配技术? 数据匹配的处理流程包括哪几个环节?

    3.主要的信用调查方法有哪些? 请简述各种调查方法的优缺点。

    4.什么是信用评分技术? 信用评分技术主要有几种?

    5.常用的信用评级技术有哪些? 信用评级技术有什么特点?

第六章 征信标准

【学习目标】

- 掌握征信标准的内涵、分类、作用。
- 理解征信行业的国际标准的制定背景、主要内容及引用。
- 了解中国征信标准发展历程和现状。

第一节 征信标准概述

一、征信标准的含义

（一）征信标准的定义

征信标准是指为了规范征信机构的业务运作、形成良好的行业秩序，解决信用信息服务中的实际问题而制定的共同使用和重复使用的一种规范性文件。征信标准针对征信机构和征信行业在信息采集、处理、加工和使用中所面临的实际问题，提供了一种建立在科学、技术和经验上的、可共同和重复使用的解决方案。

（二）征信标准的内涵

征信标准的内涵包括以下四个方面。

（1）征信标准是一种规范性文件，是为征信机构及相关主体开展业务活动提供规则、导则或规定特性的文件。

（2）制定征信标准的目的是为了获得最佳的运行秩序，通过征信标准的制定和实施，使征信机构和征信行业的有序化程度达到理想状态。

（3）制定征信标准的对象为重复性的事物，如某一项业务流程、某种评级符号被许多人反复应用，或同一类征信技术在不同地点、不同对象上应用。

（4）征信标准是征信技术或实践的规范化成果，并以此促成对征信资源更有效的利用。

（三）征信标准的分类

（1）按制定主体，征信标准可以分为企业标准、行业标准、国家标准、国际标准。企业标准是由征信机构制定的在其内部使用的标准。行业标准是指由征信管理部门、征信行业协会制定并公开发布的标准,包括由征信机构制定、后来上升为行业标准或被其他机构所采用的企业标准。国家标准是指由一国征信标准化机构制定并公开发布在一国范围内使用的征信标准。国际标准是指由国际或区域性标准化组织、经济金融组织制定和颁布,在全球范围或特定地区适用的征信标准。

（2）按标准内容,征信标准分为总体和基础类标准、产品和服务类标准、运营管理类标准和信息技术类标准。总体和基础类标准是对征信标准制定起指导作用,作为其他征信标准编制和引用的依据而具有广泛指导意义的标准。产品和服务类标准是指征信机构对外提供服务,为确保服务品质、提高生产效率而对不同征信业务、征信产品进行规范的标准。运营管理类标准是指征信机构对内设部门进行的管理活动所需要的标准。信息技术类标准是征信业为实现信用信息采集、加工、交换、使用等过程而制定的技术支撑和安全维护标准。

（3）按标准实施的约束力,征信标准可以分为强制性标准和推荐性标准。强制性标准是指强制实施的征信标准,征信机构必须按照标准要求执行。推荐性标准是征信管理部门或征信行业协会积极向征信机构推荐应用的标准,征信机构可以按照自愿原则自主决定是否采用。

（四）征信标准与征信法律的区别和联系

征信标准与征信法律是征信制度体系的主要内容,共同构成了征信体系的制度基础。征信标准与征信法律在价值理念上具有一致性和相似性,但在制定主体、实施效力、内容形式方面又存在差异。两者的主要区别如下。

（1）在制定主体上征信法律的制定、修改和废止由各级立法机构实施,而征信标准的制定主体存在多种类别,包括国际组织、政府部门行业协会和征信机构等。

（2）在实施效力上,征信法律具有强制性,违反了征信法律的相关规定,国家将借助强制力来维护法律尊严。而征信标准既有强制实施的标准,也有推荐性标准,如果没有监管部门的要求,推荐性征信标准的实施完全取决于标准适用主体的主动性。

（3）在内容形式上,征信法律一般由行为模式和法律后果两部分构成,而征信标准没有后果性规定。

二、征信标准的作用

征信标准的应用与实践为征信业的发展和繁荣提供了重要的制度保障。在现代征信领域,征信标准已成为征信机构或一国征信业的核心竞争力,征信标准化水平已成为衡量一国征信业发展水平的重要标志。一个征信机构乃至一个国家的征信业,要在激烈的市场竞争中立于不败之地,必须深刻认识征信标准对企业和行业发展的重要意义。

（一）征信标准是征信机构科学管理的有效工具

1911 年,科学管理之父泰勒用标准化的方法制定了"标准时间"和"动作研究",证明标准化可以大幅提高劳动生产率。在征信领域,征信标准的广泛应用使得征信机构的生产、服务提供、技术运营、风险控制都日益规范化、程序化，大幅提高了生产效率。例如，征信机构根据个人信息主体众多、查询量大的特点，开发出柜面、自助终端、互联网、移动终端等服务渠道，并根据服务渠道的不同特征，制定规范化的查询流程，在方便信息主体查询本人信用信息的同时，使得大规模、广覆盖的个人信用报告查询服务成为可能，极大地提高了服务效率。

（二）征信标准是征信市场规范发展的重要保障

征信标准是保障征信市场正常运行的必要条件之一。众所周知，征信市场由市场主体和市场客体组成。市场主体是人，包括征信市场上的所有组织和个人，如征信机构、信息提供者、信息使用者、信息主体及行业主管部门等。市场客体是征信产品和服务，以及围绕征信产品和服务进行的征信活动和行为。规范征信市场一方面需要出台征信法律制度，依靠公权力合法干预和调整征信市场主体的行为，另一方面还需要制定征信标准，对征信机构的管理制度、产品和业务、技术秩序等做出规范，促进征信市场形成良好的行业秩序。

（三）征信标准是信用信息共享的技术基础

征信标准起源于信用信息共享的需要，其最基本的作用在于建立数据库、实现各类数据库互联互通，促进信用信息的合理流动和传播。通过制定征信数据元、数据采集格式、数据交换格式等标准，能够统一不同信息系统间的业务语言，实现各类信用信息的快速采集和整合。在美国等征信发达国家，由行业协会或政府部门牵头制定的信用信息共享技术标准，在促进信息共享和传播、推动征信体系发展方面发挥了积极的作用。

（四）征信标准是连接不同征信市场的桥梁和纽带

在经济全球化的趋势下，信用信息服务呈现出跨国界、跨区域的特征。在这一过程中，征信标准成为连接不同征信市场的桥梁和纽带，成为征信产品和服务走向境外征信市场的"通行证"。只有按照同一标准组织生产、提供信用信息服务，征信才能在更大范围内发挥作用，满足更广阔领域的市场需求。

三、征信标准的发展趋势

随着全球征信市场的快速发展，征信标准化活动取得了长足进步，征信标准的制定呈现出全新的特点。

（一）征信标准的领域不断拓展

最初的征信标准以信息共享技术为中心，随着信息技术和互联网的快速发展，一些大型征信机构建立起庞大的全球信用信息数据库，开始将工作重心向完善其全球服务网络转变。征信标准逐渐由信息共享技术向征信产品与服务、运营管理等领域拓展。以信用评级为例，次贷危机爆发后，信用评级机构作业不规范引发的信任危机引起了世界各国的广泛关注，要求加强信息披露、提高透明度、强化市场监管的呼声高涨。在此背景下，一些政府部门、行业协会纷纷出台规范评级机构业务操作的指导性文件和管理要求,进一步提高了信用评级机构产品和服务的规范化水平。

(二)征信标准的制定主体趋于多元化

征信标准的制定主体由最初的征信机构,扩大为政府部门、行业协会、区域组织和国际组织。征信标准起源于企业标准,其初衷是大型征信机构为了实现扩大信息采集和数据库的互联互通。随着全球征信业发展到一定阶段,在一些征信业起步较早的国家,征信行业协会或标准化组织为了解决本国征信业发展中的实际问题,制定发布了在本国范围内适用的征信标准,征信行业或国家标准开始出现。当前,征信业的发展已突破国界,呈现国际化的趋势。与之相适应,区域组织和国际组织也成为征信标准的重要制定主体。区域和国际组织的征信标准化活动大幅加强了全球征信体系建设与监管的协调一致性,促进了各国征信标准的交流与合作。

(三)征信标准与其他领域标准相互影响和融合

征信标准的制定和完善是一个渐进发展成熟的过程。在这个过程中,征信标准与其他领域的标准相互影响和融合。一方面,征信行业直接参考和借鉴了其他行业标准。一些通用性、基础性的信息安全、金融服务、主体标识标准在征信行业得到了广泛应用。另一方面,征信标准也对其他行业的标准产生了深远的影响。如信用评级相关规范对金融机构建立内部评级体系产生了积极的影响,邓白氏编码标准更是在全球范围内被诸多行业或领域所接受。

四、征信标准化

(一)征信标准化的定义

征信标准化是指为了在征信机构或行业内获得最佳秩序,解决信用信息服务中的实际问题而制定和实施的征信标准,并对标准实施情况进行评估的活动过程。征信标准化包括三个相互关联的环节,即制定和发布征信标准的相关活动、贯彻实施征信标准的相关活动和评估征信标准应用成效的相关活动。

(二)征信标准化的内容

征信标准化的目的是"保证征信机构或征信行业有效、规范的运作秩序,解决资源共享的实际问题"。这既是理解征信标准和征信标准化一系列问题的基本出发点,也是评估征信标准化效益的准则。在征信标准化中,制定征信标准、实施征信标准、评估征信标准三个环节缺一不可。制定征信标准是起点,标准制定是否科学合理事关标准的推广和应用价值;实施征信标准是关键,标准价值的大小需要通过实施来体现,并且在实施中总结经验发现问题,进一步优化;评估征信标准是征信标准使用价值提升的重要途径,通过评估去粗取精、去伪存真,促进标准价值的提升。征信标准化是一个循环往复不断提升的活动过程。从深度上看,标准化是征信业理论研究和实践经验不断积累与深化的过程,标准的制定是积累的开始,标准的修订是积累的深化和无止境的循环上升;从广度上看,征信标准化的范围和内涵随着征信业的发展而不断扩展和延伸,从基础标准到技术、业务、服务和管理标准,不仅针对征信业当前存在的问题,而且针对潜在的问题。

征信标准化还是一个动态的发展过程。在标准化过程中,征信标准的种类日益增多、内容日益丰富,征信标准体系日趋完善,有利于形成良好的行业秩序,促进征信业向更高级形态演进。与此同时,征信市场的发展也向征信标准体系提出了更高的要求,成为推动征信标准化活动不断优化的外生动力。

第二节　征信行业标准

征信行业标准是指由征信管理部门、征信行业协会制定并公开发布的标准,包括由征信机构制定,后来上升为行业标准或被其他征信机构采用的征信企业标准。本节主要介绍美国邓白氏编码体系、益百利信息安全管理规范、美国个人信用信息采集标准以及英国数据互惠原则四项典型的行业征信标准。

一、邓白氏企业编码体系

(一)制定背景

邓白氏公司是国际知名的企业征信机构。在170多年的发展历程中,为了获得更准确、完整、及时和连贯的企业信用信息,寻找有价值的客户和业务增长点,邓白氏公司研发了一套有效的数据处理分析流程——DUNSRight流程(见图6.1)。DUNSRight流程由五个环节组成,包括全球信息收集、企业匹配、邓白氏编码、企业家族链接、预测指数。在DUNSRight流程中,邓白氏企业编码是至关重要的一个环节。

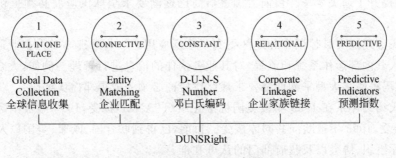

图6.1　DUNSRight流程

(二)主要内容

邓白氏编码是由邓白氏公司为其数据库中的每一家企业建立的身份标识,由9位数字构成,前8位数字用于定义一个独立的企业,第9位数字是校验码,用于保证被标识机构编码的唯一性和标识的准确性。邓白氏编码的编发是随机的。

邓白氏编码体系可以为所有类型、正在运行的组织进行编码,包括企业、非营利组织和政府部门等。邓白氏编码是固定不变的,贯穿于组织的整个生命周期。即使企业名称、地址、公司结构发生变化,甚至破产,邓白氏编码也不改变。邓白氏编码是邓白氏公司数据库信息准确、全面、及时的重要保障,贯穿于商业信息汇总、分析的全流程。通过邓白氏编码,邓白氏公司能够采集来自 200 多个国家、95 个语种或方言、181 种货币单位的企业信息,日更新频次更是高达 10 万次。邓白氏编码既是企业识别系统,也是规范企业管理的工具。一方面,邓白氏编码可以有效识别、整理、合并企业的各种信息,建立和管理现有客户、潜在客户的信用档案,帮助客户进行风险管理和营销决策,提供信用管理解决方案;另一方面,邓白氏编码可以辨识相关企业,绘制企业家族关系树,建立与供应商、客户以及贸易伙伴之间的联系,帮助企业对自己的供应链进行有效管理。

概括起来,邓白氏编码主要有以下几个特性。

(1)通用性。邓白氏编码已存在 50 多年,为全球 190 多个国家的组织配码。

(2)唯一性。分配编码时,遵循严格的分配和维护的规则。邓白氏编码尽可能从最低级别的组织开始配码,为有独立业务的组织配码。编码一经分配,就不会再分配给其他机构。

(3)稳定性。一个机构的邓白氏编码在其组织生命周期内都保持不变。

(三)应用情况

在美国境内,邓白氏公司为大多数本土企业编发了邓白氏编码,建立信用档案。一些政府部门在履职过程中也开始应用邓白氏编码,提高管理效率。例如,基于邓白氏编码在简化通关手续、降低人工成本方面的积极作用,美国海关在 2010 年 1 月 26 日起正式实施的新安全报关方案中规定,进口商在货物装船前 24 小时内必须申报 10 项信息。如果供应商已取得邓白氏编码,则可免填供应商的企业名称、地址等烦琐信息,从而大幅优化了申报流程,提升了通关效率。目前美国进口商已逐渐要求全球供应商必须提供其邓白氏编码。

邓白氏编码还在其他国家和地区得到了广泛应用。一些财富 500 强企业通过将邓白氏编码嵌入其内部运作系统和流程,对其业务伙伴的信息进行管理。例如,大众、飞利浦、三星、沃尔玛等诸多大型采购商都要求最终供应商必须先取得邓白氏编码。

邓白氏编码体系在 1989 年被美国标准化组织(ANSI)接受,1993 年被国际标准化组织(ISO)接受,1995 年被欧洲共同体接受。目前,已得到联合国、欧盟、美国以及澳大利亚等多个国际组织、协会以及政府部门的认可和推荐。

二、益百利信息安全管理规范

(一)制定背景

益百利是一家全球性的征信机构,目前在全球范围内建立了 33 个数据库,包括 19 个个人征信数据库和 14 个企业征信数据库。随着运营数据库数量的增加和规模的扩大,益百利与其他大型征信机构一样,面临着日益严重的信息安全威胁,如非法侵入、黑客攻击、病毒破坏、自然灾害等。为应对这一挑战,益百利加强了对征信数据库的安全管理工作,于 2009 年制定了《益百利全球安全条款和标准》(以下简称《条款和标准》),以建立和完善自身的信息安全管理体系,保障征信信息安全和征信业务活动的连续性。

(二)主要内容

《条款和标准》主要从系统环境、系统设置、业务操作层面分别阐述了对信息安全的要求和标准。

1. 系统环境层面

《条款和标准》提出了以下五个方面的要求。

(1)制定信息安全策略。《条款和标准》由益百利全球风险管理委员会制定,定期进行检查更新,以确保与商业需求、商业环境、外部技术环境、内部技术环境、法律法规和合同要求一致。

(2)加强组织和管理。在组织架构上,益百利全球风险管理委员会对益百利公司的风险负最终领导责任;益百利全球安全控制委员会负责制定益百利信息安全条款和标准;益百利全球首席信息安全官监督并指导益百利信息安全方案的实施和协调工作,所有的信息资产,如数据应用程序、软件和硬件都指定专人负责其安全。

(3)强化培训和安全意识。《条款和标准》要求所有工作人员都必须遵守一套全面的安全要求和程序。全球安全办公室给员工安排了特定领域信息安全的意识培训项目,所有益百利员工在录用时就必须接受强制性的信息安全和数据保护培训,随后每年至少参加一次培训。

(4)实施信息资产分类。《条款和标准》按照安全风险评估结果决定信息资产的类别。信息资产依据敏感性、价值、重要性、影响或资产固有的风险进行分类。然后按照资产的分类,在信息资产整个生命周期内控制确保信息的机密性、完整性和可用性。

(5)确保物理和环境安全。《条款和标准》要求定期对物理和环境安全性进行风险评估,风险评估中对物理和环境安全性的最低限度做出要求,所有益百利员工都有责任维持所需的物理和环境安全水平。

2. 系统设置层面

《条款和标准》提出了以下三个方面的要求和标准。

(1)完善通信与操作管理。《条款和标准》要求有详细的流程和程序确保系统的保密性、完整性和可用性,这些流程包括系统监控和日志记录、变更管理、入侵检测、预防和事故管理、病毒和恶意软件的防御、容量规划、密码控制、数据和语音网络安全等。客户或机构接入益百利网络可分为三个物理隔离层:首先是客户连接到网络的接入层,其次是虚拟应用服务安装的交换层,最后是实际应用服务和后端服务等最终服务器架构的服务层。网络的每一层设备都有"防火墙"分隔,并由入侵检测系统和入侵防御系统实时监控。

(2)明确系统访问管控责任。《条款和标准》要求对用户注册及取消注册进行规范管理,定期审查用户访问权限,识别和删除无效或休眠账户。所有益百利员工在选择和使用密码时必须遵守相关的安全性要求,还需确保无人值守的设备也得到充分保护。充分实行认证制和问责制,每个用户都分配了一个独有的用户 ID。用户状态一旦发生变化,访问权限应立即撤销或重新分配。特权和行政保留账户仅用于行系统的维护和相关的行政职务,对这些账户应更频繁地进行审查,并受到更严格的控制。益百利使用与信息资源敏感度相适应的身份验证和授权机制来保护数据,对于高度敏感的数据则需要进行多因素的验证。

(3)全过程系统开发及维护。益百利有一个项目管理框架,该框架在项目启动之初,通过项目利益相关者参加的正式研讨会来确定风险。讨论确定的风险将被导入到一个标准的风险登记模板中,从而对每个风险进行评估,确定其影响和发生的概率,再确定优先关注的顺序。然后选取适当的应对措施进行风险缓释操作。此外,还设有专门的项目经理岗位,负责定期审查项目风险和缓释措施的进度。

3. 业务操作层面

《条款和标准》提出了以下五个方面要求和标准。

(1)人员任用及管理。所有员工在聘用、晋升或转职前会被审查。聘用或晋升合同中都有安全性条款,并在合同的个人工作职责中对相关工作的责任和任务进行明示。所有员工都将签订不限于受雇期间的保密标准协议。

(2)业务连续性管理。业务连续性管理的目的是为了维护益百利内外部股东的利益,以确保企业遵守法律、合同和其他正式及非正式承诺,并保护企业的声誉、品牌和价值创造活动。益百利建立了业务连续性管理框架,所有业务都包含在业务连续性管理程序中并分析了各业务的需求,明确界定了这些业务的恢复时间,以确保其危险性被认知。

(3)第三方管理。《条款和标准》确定了许多措施来管理可能影响客户数据安全的外包服务或活动。当第三方要求接入益百利信息系统时,应在风险评估的基础上进行信息资产分类和信息敏感度评估之后再对接入申请进行处理,以确保所有风险都可识别且可控。同时,第三方必须证明自己的信息安全管理和程序与益百利的信息安全政策和规定一致。系统的访问必须经过主办经理审批,并在合同中进行书面约定。

(4)事件管理。《条款和标准》要求建立管理和应对信息安全违规、不寻常或可疑事件的程序,目的是尽量避免这些事件对信息资产造成更大的损害,找到问题产生的根源并进行纠正。要定期审核和测试安全事件的趋势和模式。所有第三方和合作伙伴的员工必须每年强制性进行信息安全培训,培训内容包括识别和报告安全事故。

(5)数据传输标准。《条款和标准》明确界定了自身、客户以及其他第三方之间的信息传输所需的控制手段和标准。信息安全管理原则对有效的信息保护提出了不可抵赖性、机密性和可审核性的要求。包括互联网在内的所有的网络通信类型都应在数据传输方面提供适合的加密解决方案。任何被传输或者交换的数据都将根据它的价值和重要性进行分类并分别对其制定特定的管理和控制办法。

(三)应用情况

通过《条款和标准》,益百利构建了全球信息安全框架。目前,益百利分布在全世界40个国家的分支机构都参照该标准的要求和规范来开展日常经营活动以保证信息安全。截至2013年底,益百利已收录8亿消费者和990万个企业的信用信息,为来自金融服务、通信、零售、传媒、教育等领域的客户提供服务。2010年欧洲消费者信用信息提供商协会调查报告显示,有 10 多个国家的征信机构公开表示将《条款和标准》作为内控管理的参考准则。

三、美国个人信用信息采集标准(Metro2 标准)

(一)制定背景

在美国征信市场发展过程中,不同征信机构在术语使用、信息采集范围、内容、格式、相关代码等方面都不统一,造成了个人征信机构间缺乏信息互惠共享的技术基础,无法建立起信息有效流动的共享网络。同时,由于信息采集涉及数目众多的信息提供者,所属行业和地区不同,数据结构和内容存在差异,降低了信息采集和处理的效率。为了解决这一问题,美国消费者数据业务协会(CDIA)组织艾可飞、益百利、环联和伊诺威士等征信机构的代表成立特别工作组,制定专门适用于个人征信的统一的信用信息采集格式,即 Metro 标准。1997 年消费者数据业务协会在 Metro 标准的基础上开发了 Metro2 标准。目前美国个人征信机构普遍采用 Metro2 标准来报送、更新消费者信息,实现了个人信用信息采集的标准化。

(二)主要内容

Metro2 标准对编程标准、记录格式、相关代码表、术语表、儿童抚养报告、第三方代收机构/债务购买机构/债务处理机构报告、学生贷款报告、公用事业公司报告、数据更正过程和消费者争议处理都做出了明确规定。

(1)明确编程标准、记录格式、字段定义。规定了消费者数据记录由基段和追加的附加段组成,明确了基段和附加段的记录格式及规则要求。

(2)定义代码列表。对行业账户类型码、账户类型编码、账户状态码、特殊评注码、消费者信息标志、国家代码、道路类型码、道路方向码、州名称代码做出了统一规定。

(3)统一相关术语。制作术语表,对标准中涉及的相关术语如账号加密、联合信用局、授权用户等术语做出解释说明。

(4)对特殊报告形式做出了规定。对儿童抚养报告第三方代收机构/债务购买机构/债务处理机构报告、学生贷款报告、公用事业公司报告等特殊报告形式做出了规定。

(5)在消费者争议处理过程中,规定了消费者争议的自动确认(ACDV)工作流程。每一个征信机构和信息提供者都有一个电子邮箱。消费者和征信机构就争议接触时,征信机构要把争论信息传送到信息提供者的邮箱中。信息提供者上网将争议数据取回,对争议账户进行调查核实,并把调查结果传送到征信机构的电子邮箱。如果证实争论信息在报告时是正确的,调查结果只传送给提交争议的征信机构。如果信息已经改变或更新,ACDV 过程会自动把更改的副本传送给其他征信机构。完成调查、报告调查结果的截止期限为消费者接触征信机构的 30 天之内。

Metro2 标准还规定,所有消费者账户必须按月报送;当账户结清或销户时,必须报告最后的账户状态码;对于循环报告数据的数据提供商,必须在循环结束时报告所有账户;逾期账户的报告必须遵照"逾期账户报告标准"。

（三）应用情况

Metro2 标准提供了一个能正确、完整、及时地报告个人信用信息的标准计算机格式，在美国个人征信行业产生了广泛而深远的影响。美国三大个人征信机构及其他中小型征信机构均采用了 Metro2 格式标准，从而使准确、全面和及时的信用信息采集、储存、加工成为可能，提高了个人征信系统正确匹配、更新消费者信用信息的能力。Metro2 标准还为征信机构、信息提供者、信息使用者之间的信息共享和传播创造了条件，信用信息能够更准确、及时地加载到消费者信用档案中，为信息使用者提供决策参考，推动了美国个人征信市场的发展和繁荣。此外，Metro2 标准满足《公平信用报告法》《平等信用机会法》《公平信用票据法》和所有各州相关法律的要求，征信机构在采用 Metro2 格式标准后，能够确保其信息采集、保存、处理、加工等活动符合各项法律明确的规则要求。

四、英国数据互惠原则

（一）制定背景

数据互惠原则（principles of reciprocity）由互惠指导委员会（steering committee on reciprocity，SCOR）在 20 世纪 90 年代制定，以应对英国征信市场发展中出现的信息共享机制不健全、信息使用不规范、信息主体权益保护不力等问题，规范个人和企业信用信息的共享与使用，保证信息共享符合各项法律法规要求。数据互惠原则适用于征信机构，以及通过征信机构查询和使用个人与企业信息的相关机构。

（二）主要内容

数据互惠原则是关于征信机构及其用户间共享个人与企业信息的一系列指引原则。通过设立数据互惠原则，使所有利用和订阅共享数据的机构都能遵守原则规定，并且征信机构只能将数据提供给那些严格遵守原则的公司，超出原则规定使用共享数据的新情况，应当经过互惠指导委员会的审查和批准。数据互惠原则的主要内容包括以下两个方面。

（1）确立了最高原则、一般原则、附属原则三项数据互惠原则。

① 最高原则：数据共享只用于防止过度负债坏账的产生、诈骗和洗钱，帮助回收债务和跟踪债务人，其目的是为了促进负责任的借贷行为。

② 一般原则：提供的共享数据在投入使用之前，必须确保其建立在合法、合规和自愿的基础之上；数据共享应遵循以下原则：互惠协议签订者获得和贡献的信用信息数据应对等，且签订者应提供所有可得的数据；数据只能在遵循互惠原则的基础上，才能被征信机构使用；信息互惠签订者绝不能使用共享数据用于其他签订者的目标客户；共享数据不能用于识别和选择新的潜在客户。

③ 附属原则：互惠协议签订者有责任定期监测和保证其行为遵守互惠原则，并且确保提供的数据完整准确。

（2）细分使用者类型，明确不同的数据共享情形。数据互惠原则鼓励数据在不同信息使用者之间传播，以便于提供最广泛的数据。数据互惠原则将数据的使用分为完全使用者、仅提供违约数据的使用者、作为借款人的使用者、新的使用者及与其他征信机构的共享等情形。

（三）应用情况

数据互惠原则建立了英国的信用信息共享机制。在英国开展业务的征信机构，如益百利、Insight、AWARE 等，以及通过征信机构查询、使用个人和企业信用信息的所有用户都被要求遵守数据互惠原则的规定。征信机构的相关内设部门，如信用部门、市场营销部门、债务催收部门、法律部门等也被要求深入了解数据互惠原则。

数据互惠原则解决了在个人和企业信息共享与传播中面临的问题。征信机构的信息来源渠道更为广泛，能够获得更完整全面的个人和企业信息，为征信产品创新和征信市场发展创造了条件。商业银行、信用卡公司、融资租赁公司、邮购公司等也受益于数据互惠原则，在授信审批、融资租赁、市场营销等活动中，能够更加全面地了解交易对手的信用状况，有效控制信用风险。

第三节　征信国际标准

征信国际标准是指由国际性或区域性标准化组织、经济金融组织或行业协会制定颁布的征信标准。征信国际标准是全球征信业发展到一定阶段的产物。随着信息跨境流动、跨境征信合作日益频繁，各国征信市场面临技术和业务语言不统一、征信产品和服务差异显著等问题。为解决这一问题，一些国际性、区域性组织开始研究制定在全球或部分国家适用的征信标准，以指导和规范成员国的征信体系建设，推动全球征信市场发展。

当前，征信国际标准的制定主体较为多元化，既包括国际标准化组织（ISO）、国际电工委员会（IEC）、世界银行、金融稳定理事会等国际性组织，也包括在区域经济一体化进程中扮演积极角色的区域性组织、地区性行业协会。本节主要介绍世界银行制定的《征信通用原则》、国际标准化组织制定的信息安全国际系列标准、亚太—中东商业信息协会制定的《企业信用报告标准》以及亚洲开发银行制定的《信用评级国际规范手册》四项征信国际标准。

一、《征信通用原则》

（一）制定背景

近年来，征信体系作为重要的金融基础设施，在全球范围内得到了快速发展，但一直没有统一的原则来系统地指导参与各方如何去应对征信系统发展中的挑战，以及如何建设和完善各国的征信体系。为了弥补这一缺陷，世界银行于 2009 年 6 月成立了征信标准国际工作组，成员来自世界银行、国际清算银行、国际货币基金组织、国际开发银行等国际组织，部分国家中央银行以及美国、欧洲、亚太地区的征信协会。2011 年 9 月，工作组发布了《征信通用原则》（General Principles for Credit Reporting），提供了一套征信体系政策和监管的国际标准，旨在为各国征信体系提供关于其核心特性的建议，使其可以实现共同的政策目标，即有效支持稳健、公平地开展信贷交易，促进竞争性的信贷市场健康发展。

（二）主要内容

《征信通用原则》由一般原则、相关各方作用和有效监管建议三部分组成。一般原则针对征信体系建设中最为关注的信息、信息处理、机构治理和风险管理、法律和监管环境、信息跨境流动等问题制定。相关各方作用针对与征信业务密切相关的信息提供者、信息使用者、征信机构、信息主体和政府部门等相关方制定，明确了各方的责任和义务。有效监管建议对征信监管提出了五条建议。《征信通用原则》指出，征信体系包括促进信用信息流动的组织、个人、规则、程序、标准和技术。征信体系的核心是有关借款人的信息数据库，以及让数据库得以有效运转的技术、制度和法律框架。征信体系的公共政策目标是有效支持信贷交易稳健、公平地开展，促进竞争性的信贷市场健康发展。《征信通用原则》从信息采集、信息处理的安全性与高效性、机构治理与风险管理、法律和监管环境、信息跨境转移提出了五个方面的通用原则。

1. 关于信息采集的原则

征信体系应当拥有准确、及时和充分的信息（包括正面信息），这些信息应当从所有相关并可得的信息来源制度化、系统化地采集，并保存足够的时间。具体包括以下五条原则。

（1）信息准确性。为确保信息质量，必须在信息采集和处理的每一个环节建立信息质量控制机制，信息要准确无误地与其所属主体关联；为确保信息的持续准确性，征信系统要对同一类信息提供者实行适当的信息报送标准和程序。

（2）信息实时性。征信机构和信息提供者要制定详细、明确的信息更新规则，以确保信息按事先约定的周期或触发事件更新。最低限度的要求是错误信息必须得到及时纠正，最好是当信息主体出现信贷敞口改变、逾期、欺诈不良和破产等事件时，也能及时更新信息。

（3）信息充分性。征信机构应当从所有相关的数据源采集履行其职责所需的信息，包括负面信息、正面信息，以及征信体系认为必要的其他几条原则强调的信息。征信机构应当制定明确的规则规定哪些数据项是强制报送项，哪些是可选项，信息项至少要包括身份信息和信贷信息，信贷信息应包括初始贷款金额、初始放贷日期、到期日、贷款余额、贷款类型、违约信息、逾期信息以及贷款转让信息，理想情况下还应包括保证、担保品等信用风险缓释工具及其估值信息。

（4）信息采集必须是制度化和系统化的。在法律法规的限制范围内，征信机构应尽可能地从所有相关数据源采集信息；政府部门应当依法公开信息，以合理的成本向征信机构系统化地提供信息。

（5）信息保存期限。征信系统所采集的信息，应根据其使用目的，保留适当的期限；删去某项信息的具体时间或事件必须明确。

2. 关于信息处理的安全性与高效性的原则

征信系统应当拥有严格的安全性和可靠性标准，这些标准应当是高效的。具体包括以下三条原则。

（1）安全性。征信系统的参与机构必须采取有效措施，防止信息丢失、破坏、损毁、滥用或被非法获得。

（2）可靠性。征信机构应采取有效措施，避免事故导致服务中断较长时间，确保持续服务。

（3）效率。征信机构无论从运营还是成本核算的角度都必须是高效的，应持续满足用户需求，提供高标准服务。

3. 关于机构治理与风险管理的原则

征信机构和信息提供者的机构治理安排应当确保其管理业务风险的可靠性、透明度和高效性，并向使用者公平地发布信息。具体包括以下四条原则。

（1）机构治理的可靠性。征信机构和信息提供者应有一套机制来确保其管理的可靠性。该机制应包括独立的审计或检查。

（2）机构治理的透明度。征信机构的内部治理应确保与自身及其活动的相关信息得到及时和准确的披露。

（3）管理经营风险的机构治理的有效性。征信机构和信息提供者应识别机构面临的所有相关风险，风险分析的结果需定期向其最高治理机构报告；为了更好地应对和缓释风险，征信机构和信息提供者应当建立完善的内控制度和风险管理机制。

（4）确保用户公平获取信息的机构治理的有效性。征信机构的治理安排应当促进所有的信息使用者以平等的条件获得信息，这一目标不能因征信机构所有权结构的不同而受到影响。

4. 关于法律和监管环境的原则

征信的法律和监管框架应当清晰、可预测、非歧视性、恰当支持信息主体的权利，法律和监管框架应当包括有效的法庭和庭外争议处理机制。具体包括以下四条原则。

（1）明确性和可预测性。法律和监管框架应当足够清晰和明确，使信息提供者、征信机构、信息使用者和信息主体能对其行为可能导致的后果有充分的预见性；在一个国家内部，法律和监管框架中所使用的术语应当是一致的；公众对征信相关法律和规则的认知，可以促进法律和规制框架的明确性和可预测性。

（2）非歧视性。无论参与者的性质如何，都应以公平的方式提供和使用信息；有关信息质量、安全措施和消费者个人权利保护的义务应适用于所有信息提供者、征信机构和信息使用者。

（3）适当性。法律和监管框架的相关规定不应过度严格和累赘；法律和监管必须符合实际且有效，以确保便于遵循。

（4）消费者权益和信息保护。关于信息主体/消费者保护的条款必须清晰界定，最低限度应包括以下内容。

① 消费者有权拒绝为某些目的采集、使用其信息。

② 有权被告知关于其自身信息采集、处理和使用的条件。

③ 免费或低成本定期获得征信系统采集的关于本人的信息。

④ 有权对关于本人信息的准确性提出质疑。

⑤ 异议处理。在规范征信活动的相关法律或规定中，要规定异议处理的流程；针对信息主体与信息提供者之间发生的信息异议问题，信息提供者和征信机构必须就此对相应信息进行标注；信息提供者和征信机构必须通力合作，快速解决异议；法律框架应规定恰当的执行机制，包括对信息主体的损害赔偿机制。

5. 关于信息跨境转移的原则

具备适当条件时,应当推动信用信息的跨境流动。具体包括以下两条原则。

(1)信用信息跨境流动的前提条件。一是必须根据市场条件、经济金融一体化的程度、法律和监管障碍、参与者的需求等因素分析信息跨境转移的可行性和必要性;二是应强化相关国家和地区信用信息采集格式和程序的标准化来支持信息跨境转移。

(2)信息跨境转移的要求。一旦决定信息跨境转移,应识别和管理跨境产生的潜在风险,并且相关国家和地区征信监管部门之间应有合作和协调机制。

(三)《征信通用原则》的评估

为了促进《征信通用原则》在各国的实施,征信标准国际工作组还制定了《〈征信通用原则〉评估办法》(*Assessment Methodology for the General Principles for Credit Reporting*),从征信体系层面对成员国执行《征信通用原则》及原则中对有效监管建议的达标情况进行评估和总结。按照该办法,评估分为以下五步进行。

(1)界定评估范围。评估办法考虑的是成员国征信体系的发展情况,即使某些原则要求检查的是单个征信系统或机构,最终的结论也要从征信体系的层面来论述。有时还需要对成员国征信系统的某些特定方面进行评估。

(2)收集评估所需事实资料。评估人员应当对评估对象的法律框架、信息共享环境、基础业务流程以及个人征信系统运营等有大致认识,并重点关注以下内容:一是国家法律、技术基础设施、传统文化和竞争环境对通用原则应用的影响;二是征信机构、信息提供者、信息使用者以及整个行业贯彻落实《征信通用原则》的具体措施;三是相关主体在贯彻落实《征信通用原则》的决策中所运用的分析方法流程和原理;四是征信机构、信息提供者、信息使用者如何监测《征信通用原则》贯彻落实以及行业协会在其中扮演的角色;五是其他与评估相关的事实依据。

(3)得出评估结论。针对每一条指引和考虑因素评估人员应当及时总结目前的做法和取得的成绩。对于每一条缺陷,评估人员应当详细阐述,并指出由此给征信业乃至整个金融行业的安全性、可靠性及高效性带来的影响。所有建议都应当针对现有的不足,并且提供一个或多个解决方案。

(4)评级。根据评估结论给定评级结果(见表6.1),使相关主体对成员国征信体系建设的达标程度有直观的判断,及时发现征信体系建设中存在的问题。

表 6.1　通用原则评估结果等级划分

评　　级	备　　注
符合要求	完全符合要求,没有发现任何缺陷
基本符合要求	发现一些小问题,但是并没有严重到影响整个系统的效率和安全
较不符合要求	存在一个或多个需要及时解决的问题。相关责任人需要引起高度重视并作为首要任务来解决
不符合要求	不符合通则的要求,有一个或多个严重的、需要解决的问题或方面
不适用	通则不适用。考虑到一国的法律、体制和征信市场及系统的特点,某条原则不适用

(5) 对需要解决的问题制定时间表。建议评估人员根据发现的问题对整个系统的安全性、效率性及可靠性的影响程度来提出建议和制定解决的时间表(见表 6.2)。

表 6.2　需要解决的时限

等　级	建议时间表
符合要求	正常
基本符合要求	制定一个时限来解决
较不符合要求	需要及时解决
不符合要求	需要立即解决

(四) 应用情况

《征信通用原则》的适用范围十分广泛,包括政策制定者、征信管理部门、金融管理部门、信息提供者、征信机构、信息使用者以及信息主体。许多政府部门在监管征信领域时,征信机构和征信系统运营者在设计或改进其产品时,金融机构在选择参与特定征信系统时,以及最终用户在同意是否使用特定征信系统的服务时,都可以参照该标准。

自《征信通用原则》发布以来,世界银行在亚洲、非洲、拉美等地的发展中国家和地区进行推广,取得了良好成效,有力地推动了发展中国家和地区的征信体系建设。多家国际性组织和机构都将《征信通用原则》作为制定政策的参考,例如,国际货币基金组织和世界银行直接将《征信通用原则》的内容引入到其共同开展的金融部门评估计划(FSAP)中,金融稳定理事会在其发布的《重点涉及信贷的消费者金融保护》报告中也参考了《征信通用原则》的部分内容。

二、信息安全国际系列标准(ISO/TEC)

(一) 制定背景

在信息技术快速发展和互联网全面普及的发展趋势下,如何保障网络信息安全引发了全社会的关注。为应对这一挑战,国家标准化组织(ISO)和国际电工委员会(IEC)决定研究制定信息安全系列标准,帮助成员建立自身的信息安全管理体系,指导成员国开展信息安全防护工作。

2006 年,在西班牙召开的 ISO/IEC JTC/SC27 工作组会议上,明确两个工作组从事信息安全系列标准的制定工作:一个工作组专门开发信息安全管理体系标准与指南,另一个工作组则从事控制措施的实现及应用服务的安全管理标准和指南的开发。随后发布的一系列信息安全标准共同构成了信息安全国际系列标准。

(二) 主要内容

信息安全国际系列标准主要包括 8 项子标准,为各类机构建立和完善信息安全管理体系提供了指引。其中,《信息安全管理体系·基础和术语》是基础,《信息安全管理体系·要求》是主标准,从整体业务风险的角度明确了建立、实施、运行、监视、评审、保持和改进的信息安全管理体系的各个环节的具体要求。《信息安全管理实践规范》《信息安全管理体系实施指南》《信息安全管理测量》《信息安全风险管理》为主标准提供直接支持和详细指南,规范和指导信息安全管理体系的实施、管理和评估等活动。《信息安全管理体系审核和认证机构的要求》《信息安全管理体系审核指南》为信息安全管理体系认证机构的认可,以及信息安全管理体系审核的实施提供了指南。

1.《信息安全管理体系·基础和术语》(ISO/IEC 27000)

《信息安全管理体系·基础和术语》提供了信息安全管理体系标准族中所涉及的通用术语及基本原则,是信息安全管理体系中最基础的标准之一。ISO/EC 27000 系列标准中都有"术语和定义"部分,但不同标准的术语间往往缺乏协调性,《信息安全管理体系·基础和术语》主要用于实现这种协调。该标准包括三个章节:第一章是标准的范围说明,第二章对各项子标准进行了简要介绍,说明了各项标准之间的关系,第三章界定了 63 个与信息安全相关的术语和定义。

2.《信息安全管理体系·要求》(ISO/EC 27001)

《信息安全管理体系·要求》最初源于英国标准 BS7790 的第二部分,即《信息安全管理体系规范》(BS7799-2)。经过十年的不断改版,终于在 2005 年被国际标准化组织(ISO)转化为正式的国际标准。作为信息安全国际系列标准的主标准,《信息安全管理体系·要求》适用于组织信息安全管理体系的建立和完善。标准明确了建立、实施、运行、监视、评审、保持和改进信息安全管理体系等不同环节的安全要求,以保障组织的信息安全。一个组织的信息安全管理体系的设计和实施受其需要和目标、安全要求、所采用的过程以及组织的规模和结构的影响,上述因素及其支持系统会不断发生变化。组织应当采用"规划(plan)—实施(do)—检查(check)—处置(act)"(PDCA)过程方法,基于风险评估的风险管理理念,全面系统地持续改进组织的安全管理。

《信息安全管理体系·要求》还以附录方式明确了 11 项控制目标和控制措施,包括安全策略、信息安全的组织、资产管理、人力资源安全、物理和环境安全、通信和操作管理、访问控制、系统开发和维护、信息安全事故管理、业务连续性管理、符合性要求内容。

3.《信息安全管理实践规范》(ISO/EC 27002)

《信息安全管理实践规范》依据《信息安全管理体系·要求》定义了 11 项主要安全目标,规定了 39 个控制目标和 133 个安全控制措施,是实施主标准的支撑标准,给出了组织建立信息安全管理体系时应选择实施的控制目标和控制措施集,是一个信息安全最佳实践的汇总集。

该标准具有专用和通用的二重性。

(1) 它是配合《信息安全管理体系·要求》标准来应用的,具有专用性。

(2) 它提出的信息安全控制目标和控制措施又是从信息安全工作实践中总结出来的,不管组织是否建立和实施信息安全管理体系,均可从中选择适合自己的思路、方法和手段来实现目标,又具有通用性。

4.《信息安全管理体系实施指南》(ISO/IEC 27003)

《信息安全管理体系实施指南》提供了《信息安全管理体系要求》的具体实施指南,它给出了信息安全管理体系实施的关键成功因素,按照 PDCA 的模型,明确了计划、实施、检查、纠正每个阶段的活动内容和详细指南。各类组织可以依据本标准,建立符合主标准要求的信息安全管理体系。

5.《信息安全管理测量》(ISO/IEC 27004)

《信息安全管理测量》阐述信息安全管理的测量和指标,用于测量信息安全管理的实施效果,为组织测量信息安全控制措施和信息安全管理体系过程的有效性提供指南。它分为信息安全测量概述、管理责任、测量和测量改进、测量操作、数据分析和测量结果报告、信息安全管理项目的评估和改进共六个关键部分,该标准还详细描述了测量过程机制,分析了如何收集基准测量单位,以及如何利用分析技术和决策准则来生成信息安全的临界指标等。

6.《信息安全风险管理》(ISO/IEC 27005)

《信息安全风险管理》描述了信息安全风险管理的要求,可以用于风险评估,识别安全需求,支撑信息安全管理体系的建立和维持。作为信息安全风险管理的指南,该标准主要介绍了一般性的风险管理过程,包括确定范畴(条款 7)、风险评估(条款 8)、风险处置(条款 9)、风险接受(条款 10)、风险沟通(条款 11)以及风险监视和评审(条款 12)等内容。在附录中它给出了资产、影响、脆弱性以及风险评估的方法,即列出了常见的威胁和脆弱性,最后给出了根据不同通信系统、不同安全威胁选择控制措施的方法。

7.《信息安全管理体系审核和认证机构的要求》(ISO/IEC 27006)

《信息安全管理体系审核和认证机构的要求》主要是对从事信息安全管理体系认证的第三方机构提出了要求和规范,即一个机构具备了怎样的条件才能从事信息安全管理体系认证业务。具体来说,包括六个方面的要求。

(1)通用要求,如法律与合同、公正性的管理、责任和财力等。

(2)结构要求,包括组织结构和最高管理层的设置、维护公正的委员会等。

(3)资源要求,如管理层和人员的能力、参与认证活动的人员、外部审核员和外部技术专家的使用等。

(4)信息要求,包括可公开获取的信息、认证文件、保密性、认证机构与其客户组织间的信息交换等。

(5)过程要求,涵盖初次审核与认证、再认证、特殊审核、监督活动、申诉、投诉等环节。

(6)认证机构的管理体系要求。

8.《信息安全管理体系审核指南》(ISO/IEC 27007)

《信息安全管理体系审核指南》为审核方案的管理、内部和外部信息安全管理体系审核的实施以及审核员的能力评价提供了指南。标准适用范围广泛,包括审核员、实施信息安全管理体系的组织、审核员注册或培训、管理体系认证注册、认可或标准化有关组织等。标准主要包括以下四方面的内容。

(1)明确了审核的原则。这些原则帮助使用者认识审核的基本性质。

(2)提供了管理审核方案的指南,覆盖了诸如为审核方案的管理分配职责、建立审核方案目的、协调审核活动和提供充分审核组所需资源等内容。

（3）提供了涵盖信息安全管理体系审核的指南，包括审核组的选择。

（4）提供了审核员所需能力的指南。

（三）应用情况

信息安全国际系列标准强调信息系统的稳定运行和对信息保密性、完整性、可用性的保护，有效降低由信息安全事故而造成的信息泄露损失及生产服务中断的风险。目前，这一系列标准已成为全球范围内应用最为广泛的"信息安全管理标准"，成为"信息安全管理"的国际通用语言，被全球 5 000 多个政府部门和知名企业所采用。征信机构在信息安全管理实践中也参考和借鉴了信息安全国际系列标准，目前已有十多家征信机构参照信息安全国际系列标准建立了信息安全管理体系。

三、《企业信用报告标准》

（一）制定背景

亚太—中东商业信息行业协会（BIIA）是亚洲征信机构的行业组织。作为亚洲地区一个重要的征信业协会，BIIA 致力于为其成员提供一个行业交流平台，制定统一的行业标准和规则，共同应对区域内商业信息服务发展面临的问题。其中，《企业信用报告标准》是其制定的一项重要的标准，使亚洲不同国家和地区征信机构提供的企业信用报告的横向比较成为可能，促进了亚洲企业征信市场和区域内经贸往来的发展。

（二）主要内容

《企业信用报告标准》规定企业信用报告应包含以下 13 个信息项。

（1）摘要信息，主要是对被报告企业的简要说明，包括公司名称、首席执行官、母公司、员工数、净值等。

（2）交易记录，主要来自最近为被报告企业提供过信贷支持的第三方，包括详细的交易记录或者概况、赊账次数、交易对手名称。

（3）公共记录档案，包括法院诉讼、破产信息等。

（4）财务信息，包括资产负债表和损益表、本公司与合并财务报表等。

（5）信用评分指数，包括拖欠可能性指数和违约可能性指数。

（6）当前相关调查信息，包括媒体调查、公司首席财务官的评论、财务报表的关系的评论等。

（7）银行信贷类信息，包括银行名称和地址、银行类型、透支的细节。

（8）历史数据项，包括企业结构、外国公司的分公司、最终母公司、注册登记的详细信息等。

（9）法律架构，包括企业结构的全部细节信息。

（10）行政人员信息，包括行政总裁、有关董事的不良信息等。

（11）营运信息，包括核心业务的细节、地理分布等。

（12）企业家族树信息，包括最终母公司、母公司附属公司/联营公司、邓白氏编码等。

（13）年度报告信息，包括资产负债表及损益报表、持股信息等。

（三）应用情况

《企业信用报告标准》规范了会员单位企业信用报告的内容，促进了企业信用报告的合理和规范使用。

（1）在该标准的指引下，成员单位在提供企业信息时，按照中立的立场，采取合适的措施，确保企业信息的准确、及时。

（2）《企业信用报告标准》促进了成员单位持续改善信息质量开发更好的信息产品。

（3）按照《企业信用报告标准》的要求，会员单位在处理企业信息的过程中应当重视保护信息主体的合法权益，遵守该行业的透明化原则，更正或删除错误或不相关的信息须在完成所有必要的双核实、确保信息准确的情况下进行。

四、《信用评级国际规范手册》

（一）制定背景

亚洲开发银行（Asian Development Bank）是亚洲和太平洋地区的区域性金融机构。亚洲开发银行致力于维护亚洲金融市场的稳定，认为债券市场的发展将为亚洲金融市场的稳定起到非常重要的作用。为了推动区域债券市场的发展，亚洲开发银行与东南亚联盟国家和中日韩三国（东盟 10＋3），基于《亚洲债券市场动议》，编制了《信用评级国际规范手册》（以下简称《手册》），为亚洲评级机构的能力建设提供帮助，以增强其竞争力。

（二）主要内容

《手册》阐明了国际评级的规范，遵循这些规范将增强本土评级机构的可比性，帮助国际投资者像了解穆迪、标准普尔、惠誉一样了解本土评级机构。《手册》建议的国际规范分为两类：第一类规范称为基本规范；第二类规范称为理想规范。

1. 基本规范

基本规范是国际投资者可以接受的最低标准，包括以下五个方面的要求。

（1）评级前本土评级机构和被评级主体之间应签订书面合同，确认本土评级机构提供评级服务，评级机构不得以任何方式（暗示或明示）向被评级对象承诺、肯定、保证级别，本土评级机构的组织结构和评级流程必须确保所收取的评级费用不会影响评级结果。

（2）在评级的定义和违约识别方面，债券不能在到期日或预定的宽限期内偿还均构成违约，提交破产申请时存在未清偿债务，或对投资者利益有损害的非自愿债务重组也都应被视为违约。

（3）在评级的流程和政策方面，每个本土评级机构都应该拥有一套清晰且不断更新的评级标准，对外公开并始终贯彻，正式成立的评级委员会唯一有权决定评级结果，所有的评级行为都应当及时公布，并应在公司网站上免费公布所有未清偿债券的评级结果，持续跟踪评级直到偿债结束（级别撤销）。

（4）在保密方面，评级对象和发债人提供的与评级有关的所有信息都应当永远保密。

（5）在独立性与利益冲突规避方面，本土评级机构的评级行为不应当受到其他本土评级机构、发行人、投资者，或者市场中其他潜在因素影响的制约。规范中还包含了避免利益冲突、保持分析师公允性、防止雇员滥用保密信息获利等。

2. 理想规范

理想规范旨在进一步增强在金融市场扮演重要角色的本土评级机构的可信度，包括以下四个方面的建议。

（1）评级机构至少按年度公开有关违约率和矩阵转移的研究以及计算违约率的方法。

（2）本土评级机构应设立专职高级职能小组，应包括行业研究小组（负责跟踪经济体内各行业业绩情况）、质量保证小组（确保内部流程和谐完成以及始终提供高质量的产品或服务）、资料数据管理小组（负责为业务小组以及行业分析小组提供所有财务和非财务的背景资料）。专职高级职能小组确保在行业状况、质量控制和数据整理方面向评级分析师提供足够的支持。

（3）评级机构对评级对象的动向应进行预估，提供 1～2 年的中期范围内基于现有信用状况级别变化可能方向的指标。

（4）本土评级机构应公布所有主要评级标准以提高评级过程的透明度。如果本土评级机构打算修改评级标准或主要评级政策时，应首先获得市场参与者（发行商、投资人、监管人员以及学术机构）的反馈。这种反馈应在最大可行性的情况下纳入预期的政策改变中。

（三）应用情况

《手册》发布后，亚洲开发银行对区域内的评级机构开展了相关培训，积极推动标准的贯彻落实，在提高亚洲信用评级机构的服务质量、推动地区评级市场发展方面发挥了积极的作用。

（1）标准吸收了美国、欧洲地区信用评级机构的先进技术和经验，有利于缩小本土信用评级机构与欧美发达国家之间的差距，提高这些机构评级结果的可信度，并鼓励全球投资人更多地使用其评级结果，从而更多地参与亚洲评级市场。

（2）亚洲各国的信用评级市场发展也不均衡，不同国家评级机构的风险评估框架、主要评级政策和评级流程差别很大。

《手册》的出台，为亚洲评级市场提供了统一的评估标准，有利于缩小区域内部差异，推动评级机构整体水平的提高。

第四节　中国的征信标准

一、中国征信标准化历程

中国征信行业的标准化进程尚处于起步阶段。国家对征信标准化工作十分重视，明确要求抓紧制定征信业法规制度和行业标准。早在2002年,国务院指示中国人民银行牵头,22个部门和单位组成建立了企业和个人征信体系专题工作小组,重要任务之一就是制定征信行业标准。自2003年中央办公厅在"三定方案"中明确中国人民银行"管理征信业,推动社会信用体系建设"的职责以来,征信标准化的步伐不断加快,在加快征信法制建设的同时,陆续制定和发布了一些征信行业标准。2006年11月,中国人民银行发布了《征信数据元 数据元设计与管理》等五项标准,这是中国发布的第一批征信行业标准。

中国征信标准的制定、组织、管理活动在全国金融标准化技术委员会(以下简称金标委)的统一指导下开展。金标委是经国家标准化管理委员会授权,在金融领域内从事全国性标准化工作的标准化组织,负责金融业标准化技术归口管理工作和国际标准化组织(ISO)中银行与相关金融业务标准化技术委员会(ISO /TC68、TC222)归口管理工作。国家标准化管理委员会委托中国人民银行对金标委进行领导和管理。

中国征信标准的制定和发布遵循一定的程序。按照《金融国家标准管理办法》及《金融行业标准管理办法》的相关规定,中国征信标准的制定流程如图6.2所示。

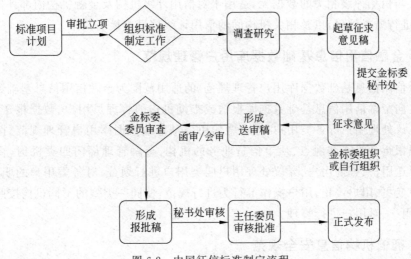

图6.2 中国征信标准制定流程

二、中国主要的征信标准

迄今为止,中国人民银行共制定和发布了十项征信行业标准。其中,《征信数据元 数据元设计与管理》《征信数据元 个人征信数据元》《信贷市场和银行间债券市场信用评级规范 信用评级主体规范》《信贷市场和银行间债券市场信用评级规范 信用评级业务规范》和《信贷市场和银行间债券市场 信用评级规范信用评级业务管理规范》五项标准于2006年11月发布。《征信数据元 信用评级数据元》和《征信数据交换格式 信用评级违约率数据采集格式》于2009年1月发布。《金融信用信息基础数据库用户管理规范》和《征信机构信息安全规范》于2014年底发布。

（一）征信数据元标准

征信数据元是征信领域内反映信息主体的特性及信用状况的数据单元,通过定义、标识、表示以及允许值等一系列属性描述的不可再分的最小数据单元,如借款人名称、登记注册类型、登记注册号、学历、还款日期、还款方式,搭建信用信息共享的基础。

目前中国已发布的征信数据元标准有三项,分别是《征信数据元　数据元设计与管理》《征信数据元　个人征信数据元》《征信数据元　信用评级数据元》。其中,《征信数据元　数据元设计与管理》是指导性标准,结合征信业务特点,对征信数据元的基本概念和结构、征信数据元的表示规范以及特定属性的设计规则和方法进行规定,明确了征信数据元的动态维护管理机制,为指导征信机构或其他相关信用信息报送或使用机构编制征信数据元目录提供了统一的方法和指南。《征信数据元　个人征信数据元》按照《征信数据元　数据元设计与管理》的基本原则和方法,对个人征信市场所涉及的基础性、通用性数据元的定义、计量单位、表示等 18 个属性进行了统一规定。《征信数据元　信用评级数据元》规定了与信用评级相关的数据元,适用于对信用评级机构及金融机构内部评估系统的评级结果进行质量评价,以及相关机构间的信用评级信息交换与共享。

（二）金融信用信息基础数据库用户管理规范

《金融信用信息基础数据库用户管理规范》的适用范围为金融信用信息基础数据库的运行机构、向金融信用信息基础数据库报送或查询机构的管理员用户、数据报送用户、查询用户、异议处理用户等各类用户。《金融信用信息基础数据库用户管理规范》按照征信中心、人民银行各级查询网点、从事信贷业务的机构、金融管理部门四类机构,管理员用户、数据报送用户、查询用户、异议处理用户四类用户进行划分,对各类用户的职责、用户创建、用户变更、用户停止、用户操作等行为进行规范,使同一类型的不同机构按照统一的标准创建用户、对用户进行管理。

（三）征信机构信息安全规范

《征信机构信息安全规范》从安全管理规范、技术规范和业务操作规范三个维度对征信机构信息安全进行规范,为征信机构信息系统建设、运行和维护以及开展安全检查和内部审计提供了指南。标准的主要内容包括以下三个方面。

（1）安全管理规范,包括安全管理制度、安全管理机构、人员安全管理、系统建设管理和系统运维管理五个方面内容。

（2）安全技术规范,明确了客户端、通信网络和服务器端的不同技术要求。

（3）业务操作规范,从系统接入和注销、用户管理、信息采集和处理、信息加工、信息保存、信息查询、异议处理、信息跨境流动、研究分析、安全检查和评估等环节,有针对性地提出征信机构业务操作的管理要求。

（四）信用评级标准

中国人民银行先后发布了四项信用评级标准,分别为《信贷市场和银行间债券市场信

用评级规范 信用评级主体规范》《信贷市场和银行间债券市场信用评级规范 信用评级业务规范》《信贷市场和银行间债券市场信用评级规范 信用评级业务管理规范》和《征信数据交换格式 信用评级违约率数据采集格式》。《信贷市场和银行间债券市场信用评级规范 信用评级主体规范》明确了在信贷市场和银行间债券市场从事信用评级的机构进入和退出该市场的程序、从事信用评级业务的基本原则及要求;《信贷市场和银行间债券市场信用评级规范 信用评级业务规范》规定了信用评级业务中信用评级程序、信用等级符号及含义、信用评级报告内容等;《信贷市场和银行间债券市场信用评级规范 信用评级业务管理规范》规定了开展信用评级业务准则、信用评级的跟踪与检验、信用评级业务的质量检查和信用评级业务数据的管理与统计等内容;《征信数据交换格式 信用评级违约率数据采集格式》规定了信用评级违约率数据采集业务中对数据的要求、数据采集对象和来源、数据采集指标体系、数据采集报文的结构以及数据采集流程和方式。

三、中国征信标准化的路径

（一）总体思路

中国征信标准化工作应以"全面深化征信标准化战略实施"为目标,围绕"系统设计、重点突破、整体提升"的要求,坚持改革创新、夯实基础、重点跨越、整体发展的基本方略,推动征信机构标准化发展,积极参与制定征信国际标准,完善征信业标准体系,促进征信业持续健康发展。

（二）中国征信标准体系的主要内容

根据征信业务的运作模式,结合征信机构对标准的需求,中国征信标准体系可以分为总体和基础类标准、产品与服务类标准、运营管理类标准、信息技术类标准。每一类标准又包括内容不同、互为补充的若干子标准,共同构成了系统和完整的征信标准体系。

1. 总体和基础类标准

总体和基础类标准是其他类别标准编制和引用的依据,具有普遍指导意义。总体和基础类标准可以进一步细分为总体标准、基础标准和相关标准等小类。其中,总体标准主要包括征信标准化工作标准、标准认证与注册维护、方法标准等;基础标准主要包括征信术语、数据元、信息分类编码、通用报文等基础性标准。

2. 产品与服务类标准

产品与服务类标准主要是指征信机构对外提供服务、改善客户服务品质、提高客户满意度而制定的标准,标准内容主要包括专用术语、产品分类、管控流程、服务规范等,可分为征信服务合同格式规范、征信机构服务规范、征信产品标准、征信产品使用规范等几个小类。

3. 运营管理类标准

运营管理类标准是征信机构对本机构内设部门进行的管理活动所需要的行业标准,内容涉及组织机构管理、人力资源管理、内控合规、财务会计管理、风险管理等,主要为保证机构组织运营、提高决策效率、降低运营成本而提供基础性管理支持。

4. 信息技术类标准

信息技术类标准是指征信业为实现产品服务、运营管理、行业管理等功能而进行的应用系统开发、测试、运行、维护、信息交换等过程中应该遵循的标准。

（三）推动征信标准化发展的措施

1. 建立符合中国国情的征信标准宣传和实施机制

征信标准的宣传与实施是标准化工作的重要内容，是征信标准能否实现预期效果的关键，主要从以下三个方面来实现。

（1）宣传征信标准。通过在新闻媒体、网络等发布征信标准化动态信息，编写征信标准化专业书籍，举办征信标准化培训和专题研讨会议等方式，宣传征信标准的作用和意义、征信标准的主要内容、征信标准实施中应注意的问题等，以增进政府部门、企事业单位、社会和个人等相关主体对征信标准的认识。

（2）实施征信标准。根据征信标准的内容和特点引导征信机构积极参加征信标准的制定和实施，逐步实现标准化活动以征信机构为主体，构建征信机构自身的标准体系。

（3）评估征信标准。对征信标准在征信机构等标准应用主体中的应用情况、产生的社会经济效益等做出综合评估，提高征信标准的实用性和可操作性。

2. 建立征信标准管理和维护的长效机制

征信标准的管理和维护是指根据征信市场、征信技术不断变化、发展的特点，不定期地对征信标准化体系进行维护和更新，主要从以下三个方面来实现。

（1）定期对征信标准复审。征信标准化管理部门要按照"市场驱动、不定期评审、常年维护、定期发布"的原则，对征信标准体系进行维护、更新和发布，把征信标准的管理和维护工作常态化、制度化。

（2）加强国内外征信业交流与合作。加强与国际标准化组织、征信发达国家标准化组织及国际性征信机构的交流与合作，跟踪和了解国际征信标准化工作的最新动态和相关成果，保持与国际和国外标准的一致性和衔接性。同时，加强国内征信行业协会、征信机构、金融机构之间的交流与合作，促进征信标准化成果在更大范围内的推广和应用。

（3）积极推动征信机构参与征信标准化工作。鼓励征信机构等标准应用主体不断制定标准、应用标准，提高其应用标准的积极性。同时，推动国内征信机构积极参与国际征信标准化活动，提高中国征信机构的竞争力。

拓展阅读

国际知名征信机构的技术标准

从历史上来看，征信标准起源于企业征信标准。自20世纪80年代以来，随着经济全球化程度的提高和通信技术的发展，一些大型的征信公司开始出现。为了完善其全球服务网络，大型征信公司建立了庞大的全球信息数据库。这些信息数据库之间为了实现互联互通、便于信用信息的共享，对所采集信息格式制定了公司内部的统一规范，这便是企业征信标准的雏形。

1. 美国征信局协会

美国征信局协会（Consumer Data Industry Association，CDIA）的前身是美国信用局协会（Associated Credit of Bureaus，ACB），它是一个国际贸易协会，总部设在华盛顿区，它代表消费者信用、抵押报告、雇用和租赁情况及追收欠款服务业。ACB 提供立法帮助以及对成员的疏通和消费者报告代理一起建立了消费者报告业的标准。

为了减少美国信用行业竞争上和组织上的障碍，ACB 组织 Equifax、Experian、Inovis 和 Trans Union 等大型征信公司的代表组成特别工作组，制定出了 Metro2 格式标准。Metro 的格式起源于 20 世纪 70 年代，一直是美国信用报告行业的格式标准。1997 年，ACB 根据新的需要，开始制定取代 Metro 格式标准的新标准。新标准在 2000 年正式实施，这个标准主要是规范信用报告者（一般是银行信用授信机关）向信用局报告消费者信用数据的格式。该标准对 Metro2 格式、Metro2 执行检查列表、自动化通用数据程序和自动化消费者争议确认进行了规范性描述，是一个通用性很强的征信标准，对我国征信行业的发展也具有比较大的参考价值。

Metro2 格式是 ACB 为本行业制定的一个行业标准，具有以下几个特点。

（1）标准满足《公平信用票据法》（FCBA）、《公平信用报告法》（FCRA）、《平等信用机会法》（ECO）的需求和所有适用的州法律。

（2）被所有的消费者报告代理机构接受，Metro2 格式使正确、全面和及时的信用信息报告成为可能。

（3）对儿童抚养报告、第三方代收机构、学生贷款报告、公共事业公司报告等特殊报告形式做出了规定。

（4）规定了消费者争议的自动确认工作流程。

（5）规定了所有消费者账户必须按月报送。

（6）对于循环报告数据的数据提供商，必须在循环结束时报告所有账户。

Metro2 标准在美国个人征信行业产生了广泛而深远的影响。美国三大个人征信机构及其他中小型征信机构均采用了 Metro2 格式，从而使准确、全面、及时、合法的信用信息采集、储存、加工成为可能，提高了个人征信系统正确匹配、更新消费者信用信息的能力。

2. 邓白氏集团公司（Dun & Bradstreet）

邓白氏公司是美国历史最悠久的企业信用评估公司之一，成立于 1841 年，总部设在新泽西州的小城 Muray Hill。在其约 180 年的发展历程中，邓白氏公司通过技术创新，不断开拓信用评估市场。1841 年，邓白氏公司创始人刘易斯·塔潘（Lewis Tappan）在纽约成立了第一家征信事务所；1849 年邓白氏公司出版了全球第一本商业资信评级参考书；1900 年出版了全球第一本证券手册；1963 年发明了邓白氏编码；1975 年建立了美国商业信息中心；1990 年起提供完整的商业信息服务；2000 年起致力于电子商务的发展。为了在市场竞争中占有优势地位，邓白氏公司网罗了一大批一流的管理和专业人才。

经过 170 多年的发展，邓白氏公司成为一家全球性的征信公司，同时也是在纽约证券交易所上市的公司。20 世纪 90 年代，邓白氏集团拥有 15 个子公司，其中包括全球权威的资信评级公司穆迪公司、美国著名的黄页广告公司丹尼雷公司和市场调查公司尼尔森公司,在全球拥有 375 个分公司或办事处,员工有 80 000 多人,年产值达 50 多亿美元。

1994 年,邓白氏公司进入中国,在上海设立邓白氏国际信息(上海)公司,1996 年在北京设立分公司。多年来,邓白氏中国公司按照与国际商业标准和惯例接轨的要求,重点在市场开拓、信用管理、应收账款管理和商务培训等方面为中国企业提供信用咨询服务,采集了 50 多万家中国企业的数百万条信息,并通过引入邓白氏中国信用风险指数和邓白氏中国风险指数行业标准等,为国内上千家外商投资企业、上市公司、出口公司和私营企业提供商业资信调查报告,公司在华业务发展稳定。

邓白氏公司在其长期经营实践中,经过不断探索,大胆创新,长期改进,逐渐建立起一套与众不同的、独特的信用评估保障体系和技术手段,其中也包括一些著名的企业标准。

邓白氏公司的全球数据库是全世界信息量较大的企业信用数据库,邓白氏公司的信用产品和服务就来源于这个数据库。邓白氏公司数据基地位于美国东部,在全球 37 个分支机构建有数据库分基地,有 3 000 多人从事数据的收集和加工工作。该数据库由 5 个子系统组成:邓白氏全球数据库联机服务系统、全球企业家谱和联系系统、全球数据库支持系统、全球市场分析系统和全球市场方案系统。

为了满足客户的需求,邓自氏数据库采取多渠道、多形式收集信息,目前收集信息的主要渠道有:当地的商事登记部门,当地的信息提供机构,当地的黄页、报纸和出版物,官方的公报,商业互联网站,银行和法庭;有时候还采取拜访和访谈的形式收集有关消息。邓白氏全球数据库拥有全球企业信息 7 000 多万条,覆盖 214 个国家和地区,使用 95 种语言、181 种货币。在全球拥有客户 15 万家,其中包括《财富》杂志 500 强中 80% 和《商业周刊》全球 1 000 强中 90% 的企业。数据库不仅积累了多年收集的信息,而且每天以 100 万次的频率更新。

邓白氏全球数据库采用高科技手段实行联机服务,客户可以通过计算机系统定时检索世界各国企业的商业和资信信息。此外,客户还可以通过邓白氏公司全球数据库的联机服务,在网上订购邓白氏公司的各种征信产品。

由于全球数据库中的企业记录数目急剧膨胀,邓白氏公司在 1997 年开始设计并实施经过升位的新 DUNS 编码体系——MOD-10,DUNS 编码升位至 10 位数。

3. 益佰利公司(Experian)

第二次世界大战结束后,北美形成了世界上最大的消费市场,依靠大型计算机数据库和先进通信手段的现代信用局服务在美国蓬勃发展,除欧洲的 EUROGAT E 系统以外,其他巨型信用局的基地都在美国。在消费者个人资信调查业的发展历史上,美国的 TRW 公司和 Chilton 公司都做出了不可磨灭的贡献。曾经长时间位居世界消费者信用调查行业第一大规模的 TRW 公司,对行业发展更是做出了巨大贡献。在其消费者信用服务部分被兼并以前,TRW 公司设在南加利福尼亚的数据中心支持着这个庞大的消费者个人信用信息服务中心。该公司的信用记录数据库保存有近 2 亿份个人信用记录,可以按照行业规定的版式向其用户提供包括公民姓名、地址、年龄、婚姻、职业、公共记录、信用史等信息,并根据《公平信用报告》的规定,向合格的订购者提供消费者个人信用调查报告。当时,TRW 公司的用户被称为特约公司。为了不违反有关法律,在 TRW 公司的记录中,消费者的信用不良记录信息要被保存 6 年零 6 个月,而企业破产信息会被保留 9 年零 9 个月;消费者的良好信用记录将被永远保留。除标准的消费者个人信用调查报告以外,TRW 公司还提供贷款评级(Loan Rating)和银行储蓄户评级(Deposit Rating)等服务。1989 年,TRW 公司兼并了总部设在得克萨斯州的 Chilton 公司,使其数据库的规模和客户数达到历史最大规模。1996 年 11 月,TRW 公司四项业务之一的消费者个人信用服务部门被英国的 The Great Universal Stores PCL 兼并,不久其又与总部设在英国诺丁汉的信用管理公司——CCN 合并,组成了现在的益佰利公司。直到今天益佰利公司在美国和英国都是最大的信用局,而且还极力向欧洲大陆扩张,包括承揽东欧地区的信用局工程和收购法国的消费者信用数据库。

4. 环联公司(Trans Union)

总部设在芝加哥的环联公司也是美国的三大信用局之一。环联公司 1988 年才开始提供美国全国性消费者信用调查报告,可以说它发展迅猛。环联公司数据库中拥有 2.2 亿个消费者的姓名和档案资料,覆盖了北美的美国、加拿大、维尔京群岛和波多黎各。环联公司充分运用现代企业经营理念,兼并了一些地区性信用局,并迅速在各个重要城市开设信用局服务处。仅用两年时间,至 1990 年,环联公司已经直接拥有 45 家地区性信用局和 220 家代办处。另外,环联公司还发展了一些海外分支机构,在 23 个国家拥有分公司,其中包括中国的香港地区。亚太区总部还准备在上海建立代表处,在中国开展个人信用服务,并完善其全球网络。

环联公司向全世界 50 多个国家提供 550 种产品和服务,员工人数超过 4 万,总营业额超过 68 亿美元。信用报告的网上销售每年已达 4 亿次,其他传统方式查询更达 150 亿次之多。在数据的采集方面,环联公司拥有 7 000 个数据供应机构,它们不间断地向其提供数据,从而使环联公司有能力、有资源每个月对所有客户的资料进行 12 次数据更新。每次更新涉及 20 亿的数据档案记录。这一庞大的数据加工系统,不仅是对计算机硬件和软件的考验,也是对个人信用管理公司进行客户资料保密手段的考验。

思考与练习

1. 如何理解征信标准及征信标准化的概念。
2. 征信标准的主要作用有哪些?
3. 简述征信标准的发展趋势。
4. 简述世界银行《征信通用原则》的主要内容。
5. 中国发布了哪些征信标准?
6. 试述如何有效推进中国的征信标准化?

第七章 征信管理

【学习目标】

- 掌握征信管理的概念与主要内容。
- 了解国外征信监管的主要方式。
- 理解行业自律组织的构成和实施。
- 掌握中国征信管理的模式。

第一节 征信管理概述

征信管理随着征信市场的发展而出现,在规范征信机构行为、保护信息主体权益、推动征信市场健康发展等方面发挥着重要的作用。从国际经验和市场发展实践来看,对征信进行管理已成为世界各国的共识,但不同国家和地区的征信管理模式和侧重点各有不同。

一、征信管理的定义

一般而言,征信管理的含义分为广义的和狭义的。

广义的征信管理是指包括公共监督管理、行业自律、社会监督和司法裁判等一系列法规和行为活动的总和。

狭义的征信管理则是指一国政府职能部门依据法律、法规对征信市场行为、征信机构及其业务进行监督管理的制度安排及相关活动。其中,行业自律组织根据行业公约的要求行使自律职能,一般也被划入狭义的征信管理范畴。本章探讨的是狭义的征信管理。

二、征信管理的主体和客体

从世界范围来看,不同的国家承担征信管理职责的部门也不相同。一般来说,负责监管征信业务的公共机构包括中央银行、银行监管机构、财政部、数据保护署、消费者保护部门、竞争和反托拉斯部门等。一些国家如英国,实行多部门监管体制,设有公平交易署、数据保护局等多个部门,根据各自职责对本国征信业实施监管;一些国家实行单一主体监管体制,如印度中央银行负责监管征信业;此外,还有一种以司法部门为监管主体的监管体制,对征信业不设立专门的政府管理部门,如智利、哥伦比亚等,因征信业务发生的纠纷,直接由司法部门裁决。

征信管理的客体,包括征信机构、信息提供者、信息使用者三类。信息提供者是指向征信机构提供信用信息的个人、法人或其他组织,通常包括政府部门、金融机构以及其他掌握信息主体信用信息的机构或个人。信息使用者是指按照法律规定或合同约定,通过征信机构获取信用信息,并用于特定目的的个人、法人或其他组织。

三、征信管理的主要目标

从征信管理的国际实践来看,不同国家和地区征信管理的目标各有侧重。最基本的管理目标包括保障征信市场规范运行、促进信用交易公平合理、保护信息主体合法权益等。具体来说,保障征信市场规范运作的目标包括对征信机构的市场准入实行管理,调节征信机构的数量和种类,确保征信市场的规模和结构适度、合理。也包括对征信业务活动实行管理,监督征信市场参与各方是否依法履行权利与义务,减少征信市场参与者的利益冲突,促进征信市场的规范持续经营,培养征信体系的社会公信力。

促进信用交易平台合理的目标包括对征信信息、产品和服务的使用实行管理,保障信息主体在经济生活中公平交易的权利,也包括对征信机构的市场竞争行为实行管理,为市场参与主体营造平等环境,提高征信产品和服务水平,扩大征信服务和产品在经济社会发展中的影响范围,促进信用交易的公平有序。

充分保护信息主体合法权益的目标包括监督征信机构、信息提供者、信息使用者履行法律规定的信息主体权益保护义务,保障信息主体合法权益;也包括受理信息主体提出的投诉,对侵犯信息主体合法权益的行为给予处罚。

四、征信管理的方式

一般来看,征信管理主要通过公共监督管理和行业自律管理两种方式实现。

公共监督管理主要依靠政府职能部门,即监管当局被赋予适当的权力对征信业进行监督管理。公共监督管理主要通过以下途径来实现。

(1)通过健全法律法规和政策体系为征信市场运转提供制度保障。通过提请立法部门制定法律法规,依照法律在职责范围内发布命令、办法等,为征信市场运行建立相应的制度框架。

(2)通过具体的监督管理措施推动征信市场规范运作。该措施主要指公共管理部门通过相应的现场与非现场监管措施发挥作用。

在市场经济快速发展的背景下,行业自律管理在征信管理中发挥的作用日益扩大。行业自律管理主要通过以下途径实现。

(1)维护公平竞争和市场秩序。从行业整体利益出发,约束会员单位行为,自发实现征信市场的有序发展。

(2)推动行业标准化。行业协会协调各征信机构共同制定征信行业技术、业务和管理标准。

（3）培育征信人才。征信从业人员培训主要依靠行业协会来实现，行业协会的从业资格认定工作也在提高从业人员素质、加强从业人员管理方面发挥了积极的作用。

五、征信管理的发展历程

征信业从最初的无规可依、自我发展到管理制度相对成熟经历了长期的演变。根据征信管理发展不同时期的特点，主要划分为以下几个阶段。

（一）1929 年世界经济危机前后：征信管理的起步时期

从征信业产生初期一直到 20 世纪 30 年代，征信业务主要依靠市场进行自我约束，征信法律法规、行业监管基本处于空白。1929 年，世界经济危机爆发，出现了银行破产倒闭风潮，信贷市场风险骤增，世界各国普遍提高了对征信业的重视程度。德国率先建成了世界上首个公共征信系统并由中央银行负责管理，该系统为德国平稳度过危机做出了重要贡献。这种运营与管理合一的模式，成为各国征信管理的起源。

（二）第二次世界大战后至 20 世纪 90 年代：发达国家征信管理体系逐步健全

第二次世界大战后，随着世界经济的恢复和发展，信用交易量增长，征信业得到快速发展。在美国，随着消费信用的显著发展，征信市场在短时间内涌现了数量众多的征信机构，同时这些机构进行的信息采集活动使个人隐私安全受到威胁。在此背景下，美国于 1970 年通过了《公平信用报告法》，明确了征信机构、信息主体、信息使用者等各方的权利义务，并赋予联邦贸易委员会部分行业管理职能。对于评级机构管理，美国证券交易委员会于 1975 年设立"全国认可的统计评级机构"（NRSRO）制度，通过发送无异议函的形式授予穆迪、标准普尔、惠誉三家机构资质。

在同一时期，欧洲国家的征信管理也取得了积极进展。欧洲国家十分重视对信息主体的权益保护，强调个人有权知道被收集了什么信息及谁使用了这些信息，充分维护消费者的知情权，使消费者与信贷提供者之间信息不对称的情况得到缓解，较好地实现了保护消费者隐私和规范征信业发展的目的。

作为亚洲范围内征信领域起步较早的国家，日本以个人信息的正当处理为核心，对国家以及地方公共团体的职责等予以明确，对个人信息处理从业者应遵守的义务做出详细规定，从而达到在充分考虑个人信息价值的同时对个人权益加以保护的目的。1987 年日本开始实行指定评级机构制度，由日本财务省对国内评级机构进行筛选、审批和公布。获得指定资格的评级机构的评级结果被强制应用于银行、保险、证券等金融机构的资本适合率监管和设定投资限定标准，以及债券发行人信息披露等方面。

（三）20 世纪 90 年代末至今：世界范围内征信管理不断加强

20 世纪 90 年代末的金融危机，引起了许多发展中国家及经济转轨国家和地区，即所谓的新兴市场国家对征信业管理的重视。墨西哥于 1994 年爆发了金融危机，墨西哥政府认为缺少借款人全面、可靠的信息，造成银行信贷风险过高是导致金融危机爆发的根本原因之一。随后,墨西哥政府颁布了一系列法律法规,通过加强对征信机构业务的规范,提高征信机构的准确性及可信度等措施,推动了征信市场的快速发展。亚洲金融危机后,部分亚洲国家开始大力发展征信业。以泰国为例,泰国的征信机构是在泰国中央银行及金融监管部门的推动下建立的。泰国对征信机构实行特许经营,须经财政部特许,方可从事征信业务,保障了征信市场的适度规模和结构。

在欧洲,随着信息跨境流动的加速,欧洲理事会颁布了一系列国际公约,主要关注个人隐私保护和信息自由传播问题,要求欧盟成员国应确保个人数据跨界流动以及保护隐私和个人自由的程序简单可行;控制和保护欧盟数据在区域外进行交换;防止出现非法存储个人数据、个人数据存储不准确以及滥用或私自泄露数据侵犯基本人权的现象等。为与欧盟监管政策协调,美国与欧盟就隐私保护问题形成"安全港"框架,欧美两个截然不同的隐私法体制建立起一个共同的数据跨境流动规则。

与此同时,世界各国对信用评级的管理也在不断深化。2001年,安然公司破产,特别是2008年次贷危机的爆发暴露出对信用评级市场监管的缺失,也使信用评级机构对于金融市场的影响与作用受到前所未有的关注。欧盟自2009年以来,对信用评级机构监管做出三次重大调整,并于2013年5月通过新的《信用评级机构监管条例》,加强对信用评级机构的监管。2010年,美国出台了《多德—弗兰克华尔街改革与消费者保护法案》,对金融管理体系进行了大幅调整和加强,专设消费者金融保护局(consumer financial protection bu-reau,CFPB),加强对评级机构的管理,纠正了以往法律和条例对使用NRSRO评级规定而导致的对评级过度依赖和过度信任。2014年,美国证券交易委员会发布了《信用评级机构监管条例修正案》,对信用评级机构内部控制、防范利益冲突、提高信用评级透明度、内部控制有效性的年度认证做出要求,以提高评级质量和强化信用评级机构的责任。

第二节　公共监督管理

本节从征信管理和信用评级管理两个角度进行介绍。

一、征信管理

根据管理对象的不同,征信管理通常分为征信机构管理、信息提供者管理和信息使用者管理三方面。

(一)征信机构管理

征信机构管理包括市场准入、退出管理和业务合规性管理三个方面。

通过对征信机构的市场准入、退出管理,调节机构的数量和种类,保持适度的市场规模和结构,是大多数国家监管部门的一项重要职责。

从准入对象看,征信市场准入可以分为业务准入、机构准入和从业人员准入。业务准入是指对某种类别的征信业务,征信机构进入征信市场从事该项业务需要得到监管当局的批准;机构准入是指从业机构进入市场前需经过监管当局审批后方能从事相关业务活动;从业人员准入是指征信从业人员执业需获得监管部门认可。从准入方式看,市场准入通常有发放许可和备案登记两种方式。发放许可通常规定了征信机构的最低准入标准,对经营者的业务状况、财务状况和技术能力进行评估,以确定其是否能够提供安全和高效的征信服务,以及经营者是否具备履行隐私权和消费者权益保护职责的能力。除了发放许可之外,有些国家要求征信机构在监管部门进行备案登记,备案需要提供征信机构的业务状况、财务状况和技术能力等相关信息,以便监管当局掌握情况。

市场退出可分为主动退出和强制退出。征信机构可能因经营破产或经营期满主动退出征信市场。此外,当征信机构严重违反法律法规时,管理部门可吊销其征信业务经营许可,或强制解散征信机构。无论是哪一种情况,征信机构都必须妥善处理其征信信息,防止信息泄露或遗失。

对征信机构业务合规性进行管理是征信市场管理的重点和核心。具体来说就是,征信管理部门依据法律法规建立相应规则,规定征信机构信息采集的原则或标准、明确信息采集的范围和方式、建立信息的保存和更新机制、确立信息保存和展示期限,规定征信机构加工整理后的信用信息对外披露的原则、方式和范围等。征信管理部门可以通过现场和非现场监管,确保征信业务规则得以全面实施。同时,可以采取一些包括惩罚性措施在内的手段(如罚款等),要求征信机构必须遵守相关规定。

(二)信息提供者管理

在多数情况下,征信管理部门依据法律法规,要求信息提供者向征信机构提供个人不良信息时,必须告知信息主体,以尽可能地避免由于提供不良信息造成对信息主体权益的侵害。而对于企业信息,一般不做严格限制。

如果信息提供者采用格式合同,征信管理部门会要求信息提供者在合同中做出足以引起信息主体注意的提示,明确权利义务关系。如果信息提供者没有按照规定履行提示义务,格式合同条款可能会被认定无效。

(三)信息使用者管理

为防止信息滥用或不正当使用而影响信用交易的公平竞争,征信管理部门通常会依据法律法规设定使用目的的范围,征信信息不得用作与信息主体约定之外的其他目的,不得任意向第三方提供信息。

征信管理部门一般会根据本国市场状况,规范征信信息的使用范围。一般包括以下几个方面。

(1)限于金融交易活动中的交易对手,既可以是信贷机构又可以是其他金融交易对手,目前世界各国普遍采用此种方式。

(2)限于会员内部,尤其在会员制征信国家。

(3)限于公共征信机构与私人征信机构间的信息共享,韩国等个别国家通过立法保障实施。

(4)限于参与信息共享的特定机构。

（5）限于特定利益相关方，如欧盟规定基于委托方付费的信用评级报告只能在限定的范围内使用，不得任意扩大。

（6）限于经信息主体同意后的其他机构。

二、信用评级管理

美国次贷危机爆发后，国际信用评级体系暴露出许多问题。因此，全球在反思危机根源、探讨经济金融改革方向的同时，对信用评级业的反思和监管改革也成为重要内容之一。

（一）信用评级机构管理

从世界范围看，大多数国家对信用评级机构的市场准入采用注册管理方式。注册管理是一种对信用评级机构评级结果的认可，而并非是对进入评级市场设立门槛。获得注册资质的信用评级机构，其评级结果可以广泛应用于各类市场及政府监管的需要；其他机构未经注册也可以从事评级业务，只是其评级结果不得被用于监管目的。管理部门会在媒体上披露已经通过注册的评级机构名单，并及时予以更新。当评级机构违反了相关规定时，管理部门可以撤销其注册资质，并在媒体上予以披露。

（二）信用评级业务管理

信用评级业务管理可从信息披露管理、防止利益冲突、减少外部评级依赖、规范主权评级和反不正当竞争五个角度进行。

1. 信息披露管理

提高评级的公正性、确保评级质量是危机后的监管改革共识之一。为了保证评级的独立性，管理部门对评级的方法内容一般不做实质性干涉，仅做合规性审查。在这一前提下，强化评级机构的信息披露成为管理部门对评级质量监督管理的主要措施，以便公众掌握充足的信息来判断评级机构的评级质量，强化对评级机构声誉的约束。从披露内容来看，一是评级流程和评级方法等，以便外界能够知悉信用评级机构所确定的级别产生的过程及合理性；二是评级结果、评级表现等，方便投资者对不同评级机构的评级质量进行比较。

2. 防止利益冲突

为巩固评级机构的独立性，确保评级内容公正客观，世界各国普遍从业务和人员两个方面对信用评级机构建立利益冲突防范机制提出要求。在业务方面，有涉及评级业务的隔离与附属业务的禁止、收入信息的公开、非公开信息的规范使用以及反不正当竞争行为方面的规定；在人员方面，有回避制度、离职人员回顾审查、分析师与评级机构轮换制以及合规专员与独立董事制等机制。

当利益冲突不可避免时，信用评级机构应当及时披露利益冲突，并记录所有影响信用评级机构、工作人员独立性的不利因素，以及为减轻这些影响所采取的保障措施，尽可能使任何可能存在的利益冲突所带来的影响最小化。

3. 减少外部评级依赖

减少对外部信用评级的过分依赖，是"20国集团"2008年华盛顿峰会达成的重要共识。一方面,管理部门要审查监管规则,减少对外部信用评级结果的使用,修改机械性依赖信用评级结果的规则;另一方面,要求金融机构加强自身信用风险评估能力建设,强化内部尽职调查义务,把外部评级和内部评级结合起来,发挥外部评级的参考作用。

4. 规范主权评级

为稳定金融市场,欧盟对主权债务评级做出重要改革,将主动评级的频率限制在每年最多三次,同时要求评级机构事先制定评级日程表。对主权评级的要求具体涉及评级结果的发布时间窗口、评级人员的充足性、跟踪评级等方面:在评级结果发布的时间窗口方面,评级机构须提前一个工作日告知受评国家该次信用评级所依据的事实和假设,评级结果公布时间限于欧盟证券交易所闭市后、开市一小时前;在评级人员充足性方面,要求评级机构公布其各业务线的人员分配情况以及各业务产生的收入和费用,以便公众了解评级机构在主权评级这一业务上投入的资源比例;在跟踪评级方面,要求评级机构将主权债务跟踪评级的周期从目前的 12 个月缩短为 6 个月。这些措施能够尽量为市场预留反应时间,缓冲主权评级对市场的冲击,有助于主权债务市场的稳定。

5. 反不正当竞争

评级行业的自身特点使得其容易在市场中形成自然垄断,为防止评级机构滥用市场垄断地位、损害市场公平交易秩序,管理部门通常严格禁止有损市场公平秩序的业务行为,如以强制搭售其他产品或服务为条件,提供评级服务等。

第三节　行业自律管理

近年来,我国征信行业有了快速发展,为更好地满足社会对信息服务产品多样化、多层次需求,促进征信行业运行效率提高、成本降低,作为优化市场监管的有效渠道,客观上需建立行业自律组织。

一、行业自律组织的含义

行业自律组织是由某一行业的交易主体组成,不以营利为目的,服务于会员的群众团体组织。行业协会是实现行业自律管理的重要载体,可以成为治理市场的其他手段。政府、市场、自律组织的关系如图 7.1 所示。

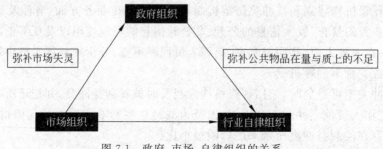

图 7.1　政府、市场、自律组织的关系

二、行业自律管理的必要性

征信行业自律管理是依托行业自律组织,通常是行业协会,依据成员的共同意愿,实现自我管理、自我约束、自我规范和自我促进的自律性管理活动。自律管理是征信管理体系的有机组成部分,在规范行业行为、协调同业利益、维护公平竞争和合法利益方面发挥了重要作用。

行业自律管理是征信市场发展到一定程度后在西方国家中首先产生的。随着世界其他国家征信业的发展,行业自律管理已作为一种有效的管理制度被广泛采纳。自律管理对于征信行业的稳定发展必不可少,一是可以弥补公共监督管理的不足,二是实现征信业自我约束,三是促进征信业规范健康发展。

三、实现行业自律的途径及方式

实现行业自律的途径及方式有以下几种。

(1) 制定行业规范。行业自律组织通过制定行业内协会章程和自律公约,采取多种手段加以落实,建立业内"法律"秩序。所有会员需遵守行业规则,这种规则是保证行业自律发挥作用的核心要素。

(2) 制定行业标准和技术标准。行业标准是对会员生产或服务行为的一种变相规范,通过标准管理行业更具专业性、科学性,并为消费者客观评判产品和服务建立了客观依据。

(3) 行业准入。市场准入是对市场主体进入市场的明确约束,从维护行业整体利益出发,以行业标准和技术标准为主要依据,设置本行业市场准入门槛,规定入行标准,进而达到控制市场结构和市场份额,进行行业管理的目的。

(4) 协调与解决争议。协调与解决争议是行业协会对有关协会内部事务或行业事务进行仲裁或调解的一种方式,有利于保护纠纷当事人的商业秘密和市场荣誉。

四、行业自律管理的主要手段

征信行业自律管理主要依托于各项公约、标准,强调自我管理、共同遵守,主要包括以下三个方面。

(1) 制定自律公约,并且通过执行行业标准、行业指导性条款和从业守则来约束不正当竞争行为。

(2) 开展行业自律性监督活动,对征信机构实施行规、行约等情况进行评估,建立自律公约执行情况披露制度。对违反规行行约的会员,予以相应惩罚。

(3) 开展征信从业人员资格认定、行业宣传和对外交流活动。

五、国外主要征信行业自律组织

由于经济、政治和文化等体制和传统存在差异,各国征信业自律组织所表现出来的功能、组织结构等也各有特色。国际经验表明,征信行业自律组织有利于促进征信行业健康快速发展。

（一）协会制模式

大多数征信行业自律组织都是传统意义上的协会制，其成员一般是各类征信机构，通过协会这一平台，对内为从业者提供交流的场所和机会，对外则为本行业争取利益。该类型的行业协会一般仅要求成员单位遵守共同的协会公约即可，对成员的日常经营活动约束较少。美国为这种模式的代表性国家。

美国无专门的征信市场监管机构，美联储、联邦贸易委员会、金融消费者权益保护局等在各自部门行使管理职能。上百年的征信业发展历程使其在数据收集、信用报告制作和信息使用等方面都建立了相应的自律组织，并构建了成熟的行业标准和行业准则，形成了"以完善的法律法规为基础、自我管理为主、行政监管为辅"的监管模式。自律组织积极发挥协调作用，有效地促进了征信行业健康快速发展。

美国主要自律组织包括消费者数据行业协会、全国信用管理协会、全国信用报告协会、国际授信和收账者协会。其中，消费者数据行业协会是世界上第一家征信行业自律组织。该机构在成立之初便致力于协会成员之间的信息共享、代表协会成员与美国联邦政府和国会沟通协商，有效地维护了征信机构的利益。这些协会的主要作用是加强行业内部交流、争取行业权益、协助立法和促进建立国家标准、提供专业教育和培训、倡导从业人员职业道德标准等。此外，四家大型个人征信机构艾可飞、益佰利、环联和伊诺威斯还联合建立"完整和准确信用报告在线处理系统"（OSCAR），为四家机构授权的信息提供者和消费者报告机构提供统一模式的自动化异议处理。这种"统一机构监管、分开市场监管"模式形成充分的监管和较完备的行业自律体制，积极发挥协调作用，有效地促进了征信行业健康快速发展。

（二）会员制模式

会员制行业自律组织以日本为典型代表，对会员的约束力最强。

日本将行业准则上升到法律层面，以行业协会为平台发挥自律管理职能。会员向协会信息中心义务提供自身掌握的信用信息，协会中心也仅限于向会员提供信用信息查询服务。政府在监管中定位为咨询，提供客观、公正、有序的市场环境，而行业协会则被定位为行业主要监督、协调者，维持征信市场正常运转。日本之所以形成会员制征信体系监管模式，主要是由于其行业协会在国民经济中具有较大影响力，自律管理程度高。

（三）混合制模式

德国征信市场属于混合型模式，即公共模式、市场模式及会员模式并存，其中会员模式在征信市场管理中发挥重要作用。一方面，利于会员之间实现信用信息共享与互换；另一方面，监督管理各成员单位在信息平台的信息提供、披露等行为。较具代表性的是通信信用保险保护协会，即德国规模较大的民营征信机构Schufa，也是一家信用评鉴及保护机构，几乎吸纳了该国所有的金融机构，其95%的数据来自各会员，5%的数据来自法院、邮局等公共机构。协会建立了面向会员的信息共享平台，同时负责监督管理各会员在信息平台的信息提供、披露等行为。作为会员,同时也是信息提供方,金融机构将消费者负面信用信息数据传送至协会信用信息数据库,该数据库为会员提供个人和企业信用信息,实现信用信息征集、使用及共享。

第四节　国外的征信管理

发达国家的征信体系建设起步较早,经过长期的发展过程,逐步形成了以法律法规为依据、以政府监管机构为主体、以征信行业自律制度为辅助的分层次的征信监管体系。法律法规、政府监管、行业自律三个层次有机配合,在征信监管体系中发挥着不同作用,保证了整个监管体系的有效运行。

由于世界各国的征信业发展历程、法律法规体系不同,形成了不同的征信管理模式。本节选择美国、欧洲、亚洲等有代表性国家的征信管理进行介绍。

一、美国的征信管理

在美国,独特的政治体制、法律传统和自由的市场理念,形成了美国独特的征信管理体制。

(一)基本模式

私营征信系统的突出特征是征信机构实行完全市场化运作,政府监管主要体现在制定与征信相关的法律规范。在这种征信系统中,市场经济的法则和运作机制起到决定性的作用,行政手段相对弱化。美国是实行私营征信系统的典型国家,此外,英国、巴西、哥伦比亚等国家也属于此种征信监管模式。在美国从事征信活动的主要有三大类机构:资本市场上的信用评估机构、商业市场上的信用评估机构和对消费者信用评估的机构。其中前两类是针对企业进行征信的,是对各类大中小企业进行信用调查评级的机构;第三类则为针对个人进行信用调查评级的机构。这些机构在从事征信业务时具有以下特征。

(1)均为独立于政府之外的私人征信机构,无政府投资和组织。

(2)均以遵循市场规律为基本原则,即遵循市场需求以盈利为目的开展自由竞争。

(3)政府不干预其依法开展的日常经营活动,也不实施经营许可制度,仅提供规范征信活动的立法支持。

(4)征信业的管理主要依靠行业自我管理,政府的作用比较有限。

为了与私营征信系统相适应,经过多年的发展,美国逐步形成了以完善的法律规范为基础,多部门共同监管的征信监管模式。其信用管理体系由国家信用管理、行业信用管理以及包括立法、惩戒机制、教育与科研在内的信用环境共同构成。美国的征信立法主要包括信用信息的共享、使用和授信信息披露三方面,将信用信息的征集、加工处理、销售使用的全过程均纳入法律规范的范畴。在信息共享方面主要包含隐私权法(the privacy act)、金融隐私权法(right to financial privacy act)、公平信用报告法(fair credit reporting act)以及政府信息公开法律规定等;在信息使用方面主要包括平等信用机会法(equal credit opportunity act)与电子资金转账法(electronic fund transfer act);在授信披露方面主要包括诚实借贷法(truth in lending act)、公平信用账单法(fair credit billing act)、信用卡发行法(credit card issuance act)等。其主要的立法内容在于保护信用消费者利益尤其是隐私权,明确政府管理部门的职能并建立失信惩戒机制,但这些内容均散见于不同的法案之中。与立法的分散相对应,美国的联邦政府并未设立一个专门机构进行信用监管,而是多部门同时监管。根据法案授权,其信用法案的执行和监管机构可以分为银行系统和非银行系统两类。银行系统的执法机构包括财政部货币办公室(office of comptroller of the currency,OCC)、联邦储备系统(federal reserve system)和联邦储蓄保险公司(federal deposit insurance corporation,FDIC),其监管的主要内容在于商业银行的信贷业务;非银行系统的执法机构包括联邦贸易委员会(federal trade commission,FTC)、国家信用联盟管理办公室(national credit union administration)和储蓄监督局(office or thrift supervising)等,其监管的主要内容在于对征信和追账行为的规制。这些政府监管部门对信用监管的方式主要在于提出法案草案、制定执行法案的具体规则、提供法案解释,并负有依法惩处违背信用规则的责任人、处罚违规信用机构、执行监督和信用法案宣传等职责。同时,在美国征信管理制度中,征信业的行业自我管理机构——征信业协会等在行业自律中发挥着颇为重要的作用,并为政府征信监管提供补充和支持。

1997年之前,联邦贸易委员会承担部分征信监管职责,主要是执行保护信息主体的法律法规,阻止可能给信息主体带来的危害行为,对于违规行为采取行政强制执行措施等。1997年之后,美国征信监管主体又增加了财政部货币监理署、联邦储备体系和联邦存款保险公司,主要负责监管相应领域的信息提供者和信息使用者。国家信用合作社管理办公室、储蓄监督局负责规范和管理其他征信有关的活动,其管辖范围包括零售企业、提供消费信贷的金融机构、不动产经纪商、汽车经销商、信用卡发行公司等。此外,州政府监管部门在征信监管中也起一定作用,州首席检察官具有州层面对征信机构的执法权。《多德—弗兰克华尔街改革与消费者保护法案》赋予消费者金融保护局对全国性消费者信用报告机构的监管权。

美国信用评级管理由证券交易委员会负责监管,主要对拟成为和已成为"全国认可的统计评级机构"(NRSRO)进行注册、档案管理、财务报告和监管。次贷危机爆发后,美国在美联储体系内又设立了消费者金融保护局,合并了多家机构在金融消费者保护方面的职责,并具有很大的独立性。

行业自律管理在美国征信业监管中作用重大,美国主要由信用报告协会、收账协会等一些行业自律机构承担,主要是开展专业教育、组织从业人员资格考试、制定技术标准、为客户提供商账追收服务、向政府提出修改法律的建议、为有关机构提供决策咨询服务等自律性管理活动。

(二)管理实践

1. 信息采集内容与方式管理

美国认为过度限制信息采集和传播活动,将会抑制经济活动。因此,大部分信息如果信息主体没有明确禁止对其信息进行采集,均视为同意采集其信息。有些信息只有在获得信息主体同意的情况下才能采集,如未经授权征信机构不得采集支票账户、储蓄账户、证券账户信息、保险单、收入、信用卡授信额度以及拖欠税款等信息。

美国采取了自愿的信息采集方式,自愿的基础是信息提供者认为提供信息符合他们的利益,而征信机构通过契约的形式进行信息采集,采集方式即属合法。

2. 信息保存和展示期限管理

美国对信息展示期限有着明确的规定,征信机构可以无限期保留信息主体的信用记录,但信用报告中所含信息的期限受到限制。

3. 产品质量管理

美国规定应合法采集信息,同类信息的采集都以统一的格式进行,采取统一的数据代码、统一的模式,这就意味着所有同类信息规格相同,可以互相对比,有统一的数据格式。美国对评级、评分等征信产品质量管理较为严格,规定评级应保持独立性和避免利益冲突,美国证券交易委员会对已获资质的评级机构进行持续的监控,每年至少对每家已获资质的评级机构检查一次并就发现的问题发布年度报告。为了开展审查,美国证券交易委员会要求评级机构记录评级行动、最终评级结果等内容。

4. 产品异议管理

在美国,信息主体有权向征信机构就信用报告中的信息提出异议并纠正,且所有有关的争议必须在30个工作日内解决。为确保异议及时发现和消除,美国规定信息主体有权每年获得一次免费的信用报告,失业的信息主体可以一年一次从区域性的征信机构获得一份免费的信用报告,以作为从每个全国性征信机构获得的信用报告的补充。

5. 信息披露管理

征信机构应信息主体要求,向其提供信息使用者的名称和地址。若信用报告中的条款发生变化或被删除,全国性征信机构必须通过联合通告系统互相告知。当发生身份盗用事件时,全国性征信机构应就此问题相互通知,指导信息主体进行投诉,并向其他全国性征信机构提出信息限用要求或预警。在美国,评级机构要披露他们的历史交易信息、评级的表现、有关评级发布后监控流程等信息。

6. 信息安全管理

征信机构必须投资适当的软件和技术系统在美国已经成为信息安全的共识。监管部门还要求加强征信机构内部人员的管理,如采取措施来限制能够使用电脑终端的人员,要保证数据的录入和使用的正确性及安全性,要求征信机构采取适当的安全性措施来保护数据安全。美国对征信机构内部管理制度的要求十分严格,如建立数据库管理制度、保密制度、纠错机制、争议处理机制等。这些内部管理的监管比较强调自律。美国还要求通过信息披露加强安全保护措施,各征信机构必须建立信用报告查询记录系统,对信用报告使用者及其使用目的进行记录。

7. 信息跨境转移管理

在美国,允许符合"适当保护条件"的机构实施跨境转移。如果实施跨境转移,必须加入安全港系统,这是一个自律机制,机构必须接受联邦贸易委员会的管辖,每年提交一次遵守安全港系统规则的证明,包括告知、选择、转移、获取、安全、数据完整性和强制七项规则,且必须愿意服从相关的争端解决和执行机制。

8. 信用评级管理

根据《信用评级机构改革法案》和《多德—弗兰克华尔街改革与消费者保护法案》的规定,美国证券交易委员会须定期就 NRSRO 制度下注册的评级机构的业务开展、行业竞争以及合规情况进行管理,形成 NRSRO 年度报告和 NRSRO 年度检查两份报告,总结NRSRO 机构的发展情况,查找监管漏洞,促进立法进程,通报评级机构整改情况等。

(三) 信息提供者管理

1. 信息提供告知管理

对于信息提供,美国采取默视同意的原则,一般不给予信息主体选择入口的权利。信息提供者向征信机构提供信息时,需要告知信息主体,如果信息主体 30 个工作日内没有表示不同意,则视为同意。

2. 信息提供内容管理

在美国,除敏感信息外的其他信息都可以提供并由征信机构采集,这些禁止采集的敏感信息,开始只包括性别和婚姻状况,后来又增加了思想、种族、肤色、政治倾向、宗教信仰、原国籍、犯罪嫌疑、刑事判决及逮捕等信息。

3. 信息提供异议管理

在美国,信息主体有权直接向信息提供者而不是征信机构提出争议,在争议信息进行重新调查后,信息主体有权获得调查结果,如果对重新调查结果不满意,信息主体可在争议信息上附上一份不超过 100 字的声明。信息提供者在 30 天内进行核查,更正、更新和重新报送数据,同时必须就已报送的更正数据通知所有的征信机构。

4. 信息提供质量管理

在美国,信息提供者必须遵循合理的规范来保证信息的准确性,但对于信息的准确性没有强制性要求。

(四) 信息使用者管理

1. 信息使用告知管理

在美国,无论是信息使用者还是征信机构基于许可目的时均没有告知义务,也不要求信息主体的明确同意。但是,基于信用报告而拒绝贷款、就业或其他服务,必须告知信息主体。

2. 信息使用目的管理

在美国,只有符合规定目的的机构和个人才能使用信用报告。如在金融机构有意向为信息主体提供征信产品或保险公司有意向为信息主体提供保险产品时,才可以使用信息;以营销为目的的其他用途不是由信息主体发起的交易,未经授权不得使用信用报告。

3. 信息使用范围管理

在美国,只有符合规定条件的机构和个人才能使用信用报告。信息使用者想要与其附属机构共享信息,则必须通知信息主体。

拓展阅读

美国征信业兼并发展的过程

美国征信业的发展趋势,从征信公司数量角度看,可以概括为"由少到多""由多到少"的过程,这实际上是一个破产、兼并与整合的过程。而从征信公司的规模角度看,则可以概括为"由小到大""由大到强"的过程,也就是在兼并浪潮中胜出的征信公司不断扩张,提升其核心竞争力的过程。这里以个人征信为例,早在1860年纽约的布鲁克林就已出现了美国第一家从事消费者征信服务的信用局,但在20世纪之前,美国地区性的信用局数量并不多规模也较小。在20世纪二三十年代,个人征信业务才有了长足的发展,特别是第二次世界大战后,个人征信业务蓬勃发展,最高峰时竟达1 000多家。征信公司如此之多,必然造成过度竞争,加上个人隐私和商业秘密未能得到有效保护,又引发了大量诉讼案件。为此,20世纪60—80年代,美国国会和政府陆续出台17部有关征信的法律(其中《信用控制法》于20世纪80年代被终止使用),规范了市场竞争,逐步形成了一套完整的信用管理立法框架体系,这样在相关法律的规范和约束下,美国征信业展开激烈竞争,实现优胜劣汰、适者生存。

从19世纪末至今,全球已掀起了5次兼并浪潮。作为竞争行业,美国的征信业自然也不例外。如Trans Union信用局曾兼并了45家地区性信用局,拥有220家代办处,其巨型数据库中拥有2.2亿消费者10年的信用资料。1996年英国的The Great Universal Stores PCL兼并了当时美国最大的消费者个人信用部Thompson-Romo-Wooldridge Inc.后,又被英国的CCN公司兼并,组成Experian信用局。目前,美国的个人征信形成Experian、Equifax、Trans Union三家信用局"三足鼎立"的局面。美国众多的地区性信用局绝大多数附属于上述三家信用局或与它们保持业务上的联系。至于企业征信领域,兼并也屡有发生,例如,Dun & Bradstreet公司通过控股方式,兼并了著名的投资者服务公司Moody,使其成为自己的子公司。如前所述,Dun & Bradstreet创立于1841年,是全球最大、历史最悠久和最有影响力的征信公司,通过兼并其他征信公司,其经营规模日益扩大,几乎遍及世界各个角落。现在,它在全球拥有380个分支机构,37个数据库,涵盖了全球5 700万家企业的信息,并与1 800多家行业数据库交换信息,成为美国乃至全球征信业的巨无霸。

二、欧洲主要国家的征信管理

作为市场经济发达国家,欧洲各国在征信领域的监管具有许多共同特征,在监管方面政府主要负责提供立法支持和监管征信体系运转。由于中央银行信贷登记系统掌握了主要的个人信贷信息,因此,在欧洲主要国家的征信监管活动中,中央银行扮演着重要角色。欧洲主要国家的信用评级管理一般遵循欧盟信用评级管理相关规定,在管理上由欧盟成立欧洲证券及市场管理局(ESMA)具体组织实施,管理涵盖欧盟信用评级机构注册和认证、主权信用评级监管、规范评级结果使用、强化评级机构法律责任、防范利益冲突、评级机构独立性、信息披露等方面的内容。

（一）德国征信管理

1. 基本监管框架

在德国,公共征信机构由德意志联邦银行即德国中央银行监管,其职责是指导公共征信机构的运行、维护,对信息提供、采集、加工、保存、使用等进行监督管理。在私营征信领域,联邦数据保护专员负责处理侵害信息主体权利的行为。各州设立地方数据保护执行机构,对掌握个人数据的征信机构进行监督和指导。信用评级管理,由银行监管部门按照《巴塞尔新资本协议》等有关要求进行监管,并遵循欧盟信用评级监管规定。在行业自律管理上,德国的私营征信机构也加入了欧洲征信协会等国际征信自律组织,接受其管理。

2. 管理实践

（1）信息采集内容管理。德国的公共征信机构采集基本信息和正面的信贷数据,包括信息主体的姓名、地址、报告机构、企业所有权、信贷交易等。私营征信机构信息采集方面,个人正面信息的采集必须获得信息主体的书面授权,而对个人负面信息采集,征信监管部门不做限制。德国对企业信息的采集没有限制性规定。信息主体有权了解征信机构收集、保存的本人信用资料。禁止在信用报告中展示个人收入、银行存款、生活方式和消费习惯等信息。

（2）产品质量管理。对于登记类征信机构,德国没有明确的质量管理要求,但要求该国公共征信机构检查企业资产负债表系统信息的真实性。

（3）信息披露管理。德国公共征信系统向信息使用者提供征信报告时,只披露借款人在某一时点的借款总额、借款类型、涉及的银行数等信息,不披露具体的授信银行。

（4）产品异议管理。德国规定信息主体有权了解征信机构采集、保存的本人信用信息。征信机构要将查询记录和查询目的告知信息主体,而信息主体有权获得信息并进行更正。只有在征得信息主体同意的情况下,信息处理者才能对不正确的信息进行修改,但信息用于科学研究、证据的除外。

（5）信息安全管理。德国规定,征信机构及其工作人员应承诺保守秘密,并且此项承诺在其工作终止后仍然有效。

（6）信息跨境转移管理。德国对数据跨境流动做了明确规定,要求只有符合以下两种情况之一的才能传递:①当德国与其他国家有协议时,依协议规定进行,如服从欧盟内部数据流转规定等;②必须在业务上必要、基于数据主体利益且不违法,数据传输单位要对信息予以审查,并对传递的合法性负责。

3. 信息提供者管理

（1）信息提供者告知管理。在德国,信贷机构等信息提供者向征信机构提供信息时应告知信息主体并征得其同意。信息提供者应告知信息主体信息被收集和存储的事实、信息控制者的名称和信息收集、处理和使用目的等。

（2）信息提供内容管理。德国规定,向公共征信机构报送的数据应包括在报告日之前的三年里负债额超过300万马克的全部借款人的信息。此外,在《欧盟数据保护指引》引入后,对特殊种类的个人数据提供有明确的限制性要求,包括种族、民族、政见、宗教信仰、党派、健康的信息。

（3）信息提供质量管理。德国仅对强制报送信息的提供人提出了质量要求，对于以契约方式提供的，基本不对其进行管理。

4. 信息使用者管理

（1）信息使用告知管理。德国制定了比《欧盟数据保护指令》中所要求的更严格的隐私权保护规则，将信息使用限定于特定目的，除特定目的外必须经过信息主体的同意或书面授权。

（2）信息使用目的管理。德国对信息使用者根据使用目的的不同做了限制，如信用卡公司、银行和租赁公司可以从征信机构获取全部正面和负面信息，贸易、邮购、电信、保险等公司只能从征信机构获取负面信息。

（3）信息使用范围管理。公共征信系统除为中央银行进行金融监管和执行货币政策服务外，仅为商业银行控制信贷风险服务。对于私营征信机构，德国没有使用范围方面的规定。

（二）法国的征信管理

公共征信系统的突出特征是征信系统由国家控制，征信机构由中央银行或银行监管机构开设、运行和管理，不存在私营征信机构，非市场化运作。在实行公共征信系统的国家，征信体系设立的主要目的在于为提供信贷和中央银行履行其监管职能所需要的信用信息，而不是为社会提供信用产品。所以，在这些国家中央银行既是征信机构也承担着主要的征信监管职能。法国是实行公共征信系统的典型国家，其中央银行——法兰西银行设立信用调查服务中心，并建立了由企业信贷登记系统（FIBEN）和个人信贷登记系统（FICP）共同组成的信贷登记系统。全国所有的金融机构必须按月向法兰西银行报告企业和个人信贷信息，法兰西银行据此建立数据库，为商业银行和金融监管部门提供有关企业、个人乃至整个金融系统的负债情况。

信用数据的使用实行提供与使用对等的原则，即使用者仅限于提供信用信息的金融机构。数据库的建立对法兰西银行执行其监管职能而言，一方面，便于监控金融机构的信贷资产质量，全面评估和控制信用风险；另一方面，便于掌握货币政策的执行情况，并为衡量货币政策的实施方式提供基础信息。对其他金融机构而言，数据库的使用则是了解借款人资信情况，从而评估信贷资金发放的安全性，控制信贷资产风险。

与美国的征信监管相比较而言，相同的是法国也非常重视征信立法工作。不同点如下。

（1）在完善法律的同时同样重视行政监管手段的运用。

（2）限于法国征信机构设立的目的，其征信的范畴较为狭窄，主要采集商业银行的信贷信息，信用信息的使用也仅限于金融机构，则其征信监管机构单一，也无须构建多部门共同监管的监管模式。

（3）与美国的征信机构独立于政府的市场化模式不同，法国中央银行在体系中扮演着重要的角色，既是征信机构的设立者也是监管者。

三、亚洲主要国家的征信管理

以日本为代表的市场经济发达国家，征信管理部门主要承担制定法律和监督征信市场运行,行业自律管理也发挥重要作用。以韩国为代表的国家则主要强调了政府在管理中的主导作用。

(一)日本的征信管理

1. 基本监管框架

日本的政府监管的力度较其他国家来说相对弱化,行业协会自律组织对会员有很强的约束力。对评级机构的管理则由日本金融服务局负责。

混合型征信系统的运作模式介于公共征信系统和私营征信系统之间,也可称为公共征信系统和私营征信系统的混合物。混合型征信系统的突出特点是混合型系统一般由政府部门或行业协会等运作、建立在会员互惠互利基础上的征信机构,或由政府作为征信数据库的所有者拥有所有权,但以民营方式进行市场化运作的模式。

日本是实行混合型征信系统的典型国家,其实行银行协会建立的会员制征信机构和商业性征信机构并行的"双轨制"征信体系。日本全国银行个人信用信息中心是日本银行协会设立的会员制征信机构,其统一了日本国内的信用信息中心,中心会员囊括银行、信用金库、农协、信用卡公司、信用保证公司等。该中心是由会员单位共同出资组建的非营利性机构,向会员提供企业和个人信用信息,会员则负有如实提供客户的信用信息的义务并实现会员之间的信息共享。为维持中心的正常运转之需,该中心在收集和提供信用信息时均需付费。

在日本,商业征信公司与会员制征信机构并存,这些商业征信公司实行市场化经营,以营利为目的,接受委托提供信用调查服务,成为日本征信系统的有益补充。其中的典型是拥有日本最大的企业信用数据库的帝国数据银行。在征信监管上,日本致力于建立完善的征信法律体系,并倾向于对个人信用信息的保护。根据日本法律规定,征信机构负有保密义务,即保护隐私权是征信机构实行征信行为的前提。日本的《贷款业规制法》及《分期付款销售法》等对征信机构的征信范畴,勘错义务,征得被征信对象许可义务以及被征信对象的查阅、要求勘错权利等做出了比较详细的规定,从而在保障被征信人权益的同时确保信用信息的准确及时。

2. 管理实践

(1)信息采集内容管理。日本征信机构可多渠道采集企业信息。采集个人信息主要包括三个方面,即客户基本情况、贷款情况及违约记录。

(2)信息保存展示期限和产品异议管理。日本的个人信用信息的登记存续期限一般只有5年(票据拒付信息只能保留6个月),不良信用记录要保留5~7年。信息主体有权向征信机构随时查询所登录的本人信用信息,如发现与事实不符,可提出异议。

3. 信息提供者管理

日本不对信息提供者进行直接管理,但从2006年开始,日本行业协会自律组织要求指定的征信机构之间交流借款余额信息。

4. 信息使用者管理

(1)信息使用目的和范围管理。在日本,用户能够从征信机构查询信息的只有会员单位、信息主体以及其他系统的征信机构。会员单位只能将获得的信用信息用于对信息主体的相关业务,不得向第三者泄露或擅自公开。

（2）信息使用共享管理。行业协会为会员提供个人和企业的信用信息互换平台,通过内部信用信息共享机制实现征集和使用信用信息的目的。一方面,协会会员向平台义务提供掌握的个人或者企业的信用信息;另一方面,平台仅限于向协会会员提供信用信息查询服务。

（二）韩国的征信管理

1. 基本监管框架

韩国的征信管理部门为金融监督委员会（FSC）,主要职责包括对有关征信管理的法律法规进行解释,负责征信机构的市场准入,检查、指导金融监督院的日常监管活动。韩国信用评级管理的职责分散在多个部门:财政经济部负责评级行业的立法;金融监督委员会负责管理评级机构的注册和执照授予;金融监督院负责监管评级机构的执业情况以及指定合格外部评级机构。

2. 管理实践

（1）机构管理。在韩国,公共征信机构根据财政部指令建立,需要向金融监督委员会提交机构章程等材料进行注册。对私营征信机构实行业务许可,金融监督委员会针对信用登记/查询及其附属业务、信用调查及其附属业务、商账催收及其附属业务、信用评级及其附属业务四种征信业务类型,从资本金、人员及设施、投资者三个方面分别设定审查标准。

金融监督委员会根据履职需要,可以定期或不定期下发监督检查指令,指派金融监督院对征信机构执行许可情况进行检查,包括所从事的征信业务是否得到金融服务委员会的许可;是否以提供虚假材料等欺骗手段获得许可;转让、接手全部或部分征信业务时,是否经金融监督委员会同意;通过收购征信机构股份成为股东,是否提前得到批准;征信机构变更规定事项时,是否履行备案手续;是否以营利为目的兼营其他业务;征信机构高管人员是否未经金融监督委员会批准从事其他营利性工作;是否雇佣法律禁止雇佣的人员等。

（2）业务管理。信息采集内容管理。在韩国,信用信息采集的范围主要包括三类:①身份识别信息;②信用交易信息,包括信用卡、担保、租赁、迟付、退票、债务等;③公共信息,包括法院判决、纳税、公共缴费等。金融监督委员会对征信机构是否采集有关国家机密、企业商业秘密、个人政治思想、宗教信仰以及不相关的私生活信息进行检查。

（3）信息保存和展示期限管理。韩国规定负面信息的保存期限为自终止违约的事件发生之日起5年。同时,如果自登记事件发生之日起已过7年,7年期满之日应视为终止违约的事件发生之日。金融监督委员会对征信机构是否按规定删除过期的不良信用信息进行检查。

（4）产品异议和质量管理。在韩国,信息主体有权查询自己的信用信息,对于错误信息可以申请异议。异议核实应在7日内告知信息主体。征信机构若有向客户提供虚假信息服务的情况,金融监督委员会将会进行调查;信用评级机构不得为其特殊关系人提供信用评估,监管部门可以根据年均违约率与市场平均违约率的不同程度,对评级公司进行处罚,主要是禁止其开展对受其评级的公司新发证券评级业务,最长期限可达6个月。

(5)信息披露和信息安全管理。在韩国,征信机构应当将其收集的信息类别、利用目的、提供对象及信用信息主体的权利等内容予以公告,并按季度向征信监管部门提交业务报告。评级机构应当向公众披露评级方法、评级过程、评级业绩报告和数据,不得泄露委托客户的商业机密;征信机构应制定技术性、物理性安全措施,防范非法入侵、信息破坏等风险。

3. 信息提供者管理

(1)信息提供告知管理。韩国规定信息提供者在提供部分敏感信息时,需要告知信息主体并获得书面授权。包括金融交易中需保密的信息;个人疾病相关信息;个人姓名住所、身份证号码、性格、国籍、职业等。

(2)信息提供内容管理。在韩国,所有的金融机构有义务在信用交易发生之日起10日内将有关信息报送韩国银行联合会,即韩国综合性的公共征信机构。私营征信机构的信息来源包括韩国银行联合会、金融机构、公共机构、会员机构、企业和个人等,采取协议或其他市场化方式依法取得。

(3)信息提供质量管理。通常由信用信息协会负责,对信息提供者信息数据质量进行调查并发布。

4. 信息使用者管理

(1)信息使用告知管理。韩国规定信用信息使用前需告知信息主体。使用者依据征信机构提供的信用信息拟对个人采取不利措施时,应事先通知个人。

(2)信息使用目的和范围管理。韩国对信用信息的使用范围和目的要求比较宽泛,概括起来主要有:判断是否建立或继续延续金融等交易关系时使用;个人查询本人信用报告及个人同意的其他使用目的;根据法院提交和判决命令向法院提供;公共征信机构和私营征信机构之间相互提交和使用;根据《税务法》规定,向税务部门提供;用于执行债权追收、雇佣、批准、许可等。

金融监督委员会根据征信机构的违法行为和情形,可以给予警告、禁止对外提供服务、停止部分或全部业务,强制其解散或取消营业许可等处罚。对高管人员给予警告,卸任停职及免职处罚;对普通职员给予停职、减薪、谴责等处罚。对于未经批准从事征信业务、未经信息主体同意对外提供个人信用信息、泄露客户商业机密等严重违法行为的,可处以5 000万韩元以下罚款或处以5年以下徒刑;对于征信机构违法采集信息,信用评级机构为其特殊关系人提供信用评估等行为,可处以1 000万韩元以下罚款或处以1年以下徒刑;对于征信机构不履行公示义务,未及时删除不良信用信息,发生变更未及时备案,违规雇佣人员等行为,可处以1 000万~3 000万韩元的罚金。

四、国外与征信相关的主要法律

(一)美国与征信相关的法律

1. 信息基本法

如美国的《信息自由法》,经过1896年修订后的《信息自由法》主要包括以下内容。

（1）信息公开的方式。包括：应在《联邦公报》上公布的信息；主动公开供公众查阅和复制的信息；依申请公开的信息。

（2）行政机关对申请的处理。包括：收费标准，处理期限，不服处理的申诉，期限的延长等。

（3）免除公开的信息。即九项免除公开条款，包括：有关国防和外交政策的文件；机关内部人员的规则和实务；其他法律特别规定保密的文件；贸易秘密和商业或金融信息；机关内部和机关之间的备忘录；人事的、医疗的和类似的档案；执法记录和信息；关于金融机构的信息；关于油井的地质和地球物理的信息。

（4）除外信息。包括：妨碍执法程序的文件；泄露刑事程序中的秘密信息来源的文件；联邦调查局关于间谍、反间谍和国际恐怖主义的文件。

（5）信息自由法诉讼。包括：法院的管辖、举证责任（被告负举证责任）、审查标准（重新审查）、审理方式（秘密审查）、救济方式（裁决给予律师费）、对违法工作人员的制裁。

（6）美国国会的监督。主要是行政机关的年度报告和美国司法部长的年度报告制度。

这些法律用来规范全社会各种信息主体采集、传播和使用信息的基本行为规范，以创造良好的信息环境。

2. 特殊法律法规

针对政府信息、商业秘密、个人隐私等特殊信用信息的法律法规，如美国政府通过制定和实施的《阳光下的联邦政府法》《美国国家安全法》《企业法》《隐私权法》《统一商业秘密法》等，要求政府机构、企业、个人和其他组织披露和公开其掌握或反映自身状况的各种信息，并对涉及国家安全、商业秘密和个人隐私的信息给予严格的保护。这种信息公开的制度为征信服务提供了良好的信息环境和丰富的信息来源，为征信服务提供了必要的信息基础。

3. 法定许可

针对信用中介服务机构收集个人信用信息数据的法定许可，如《诚实信贷法》《信用卡发行法》等，严格规定了信用信息数据有关问题的处置，保证了信用制度的公正实施。作为信用中介服务机构，在收集个人信用信息数据时，可以不经过被收集者个人的同意，即使是涉及个人隐私的信息数据，如被收集人的犯罪经历，也可无须得到被收集人的同意进行收集和提供。但有关个人种族、宗教信仰、医疗记录、背景资料、生活习惯、政治立场等信息不得录入。

4. 针对信用信息内容的法律规范

此类法律法规主要是《公平信用报告法》。此外，在《平等信用机会法》《公平债务催收法》《信用修复机构法》《格雷姆—里奇—比利雷法》等法律法规中也涉及一些信用信息的规定。美国《公平信用报告法》中非常强调信用信息的完整性，除对拖欠、欠税、破产等负面信息和涉及个人隐私等信息的使用做出明确的限制性规定外，对正面信用信息的共享和使用则没有过多限制。

5. 针对信用信息的使用和共享范围方面的规定

《公平信用报告法》对征信公司的信用报告规定了明确的使用目的，即只能用于消费者获得信用、贷款、就业、保险等法律允许的用途。而在信用信息的共享范围,特别是消费者信用信息的共享方面,美国相关法律法规严格界定消费者的个人隐私及其相关的保护措施,对于非隐私的个人信息允许银行、工商企业与第三方之间进行共享,但必须告知消费者拟共享的信息内容和对象。

6. 防止信用信息滥用的相关措施

在美国,相关的法律规范中对滥用信用信息的行为有比较严格的监管和惩处措施。如《公平信用报告法》对违反信用信息使用目的的行为及其所造成的损害规定了非常严格的惩罚措施,包括违法者必须承担的赔偿责任和民事法律责任。同时,还要求征信公司必须建立信用报告查询记录系统,对所有购买和查询信用报告的企业及其使用目的进行记录,对滥用信用信息的行为规定了严格的惩罚措施,滥用信用信息的企业和个人将承担相应的民事责任和惩罚。

7. 关于信用评级等产品使用的相关措施

美国政府利用多种手段引导更多的交易者参加信用评级或利用评级结果。通过法律明文规定、监管机构与信用等级有关的管理制度、储蓄协会管理规定等,激发市场对信用产品的需求愈加旺盛。

(二)英国与征信相关的法律

1.《消费信用法》

《消费信用法》在继承了"冷却期"制度(给予债务人解除合同的权利)理念的基础上,对其加以改进弥补了不足之处。体现了保护消费者的立法原则,充分维护消费者的知情权,使消费者与信贷提供者之间信息不平衡的情况得到减轻。该法还对消费者与信贷提供者之间涉及第三方征信活动时做出了明确规定。

2.《数据保护法》

《数据保护法》着重强调个人的权利,规定了消费者有权知道征信机构收集了什么信息及谁使用了这些信息。征信公司和保留个人信息的部门实行数据使用的报备制度。消费者有权查询信息数据,有权纠正信息数据,有权知道信用分数在何时用于信用决策。还有,征信公司可以拒绝政府部门超出法律规定的查询行为,并且政府部门在被拒绝以后仍然需要查询的话,必须要获得法院可以查询的判决(在此情况下,征信机构需要按最高标准向政府部门收费)。

3.《信息自由法案》

《信息自由法案》对政府部门和公共部门的信息公开做出了规定。任何人都有权得到政府信息,列举了豁免公开的内容,规定了绝对公开和可以裁量的内容。《信息自由法案》不仅解决了政府信息"保密与公开"的问题,而且对不同政府信息"是否收费以及如何收费"做了原则规定。这些法律的落实,促使沉积在政府部门的信息大量流入社会,有力地促进了知识经济的发展。

4.《消费者信用监管规定》(2010)

《消费者信用监管规定》(2010)规定贷款机构只能出于信贷目的进行查询,不允许信贷机构用于信贷发放以外的目的。

5. 国际性公约

英国征信市场还适用欧盟数据保护指令和《欧盟消费者信用法令》《个人数据的隐私保护和跨国界流动的指导原则》等国际性公约。这些法令关注个人隐私保护和信息自由传播问题,要求欧盟成员国应确保个人数据跨界流动以及保护隐私和个人自由的程序简单可行,防止出现非法储存个人数据、个人数据存储不准确以及滥用或私自泄露此种数据等侵犯基本人权的现象。

第五节 中国的征信管理

我国征信业的发展自 1932 年第一家征信机构——"中华征信所",但其真正得到发展,还是要从改革开放开始。改革开放以来,随着国内信用交易的发展和扩大,金融体制改革的深化、对外经济交往的增加、社会信用体系建设的深入推进,使我国征信业得到了迅速发展。

一、征信监管机构

征信监管机构的主要职责是对征信机构及其业务的日常经营活动进行监督管理,发挥规范征信业务,保护信用交易双方权益,维护征信市场秩序,促进征信业健康有序发展的作用。通过制定一系列关于征信机构资质、业务流程、服务等管理活动中涉及的标准,可为科学监管征信业提供技术依据,引导征信机构规范运作。

2003 年,国务院赋予中国人民银行"管理信贷征信业,推动建立社会信用体系"职责。2003 年 10 月,中国人民银行设立征信管理局,履行国务院赋予的职责。2004 年,中国人民银行建成全国集中统一的个人信用信息基础数据库,2005 年,银行信贷登记咨询系统升级为全国集中统一的企业信用信息基础数据库。2008 年,国务院将中国人民银行征信管理职责调整为"管理征信业"并牵头社会信用体系建设部际联席会议,2011 年,牵头单位中增加了国家发展改革委员会。2013 年 3 月 15 日,《征信业管理条例》正式实施,以法律形式明确了中国人民银行及其派出机构依法对征信业进行监督管理,为中国人民银行依法履职提供了完善的法制基础。

《征信业管理条例》明确中国人民银行及其派出机构是征信业监督管理部门,依法履行对征信业和金融信用信息基础数据库运行机构的监督管理职责。

(1)制定征信业管理的规章制度。

(2)管理征信机构的市场准入与退出,审批从事个人征信业务的机构,接受从事企业征信业务的征信机构的备案,定期向社会公告征信机构名单。

(3)对征信业务活动进行常规管理。

(4)对征信机构、金融信用信息基础数据库运行机构以及向金融信用信息基础数据库报送或者查询信息的机构遵守《征信业管理条例》及有关规章制度的情况进行检查,对违法行为进行处罚。

(5)处理信息主体提出的投诉。

二、征信监管内容与监管工具

我国征信业监管主要包括征信机构管理、从业人员管理与征信业务管理。

(一)征信机构管理

根据《征信业管理条例》的精神,我国对从事个人征信业务的机构和从事企业征信业务的机构实行分类监管:对经营个人征信业务的征信机构,实行严格的机构准入管理,即通过对征信机构的许可制管理和严格的日常监管,保护个人信息主体的合法权益;对经营企业征信业务的征信机构,实行较为宽松的监管,即采取备案制管理,通过相对低的行业准入门槛,吸引更多的投资和人员从事征信行业,并通过征信机构之间的竞争,提高服务质量和水平,实现企业征信业务的快速、健康发展。

1. 从事个人征信业务的机构准入管理

由于个人征信机构从事的主要业务涉及个人信用信息的采集、加工、整理和分析,为保障个人信息安全,相较于企业征信机构,对个人征信机构的要求宜高起点、严要求,对个人征信机构的资本金、设施和高管人员的要求都必不可少。

《征信业管理条例》与《征信机构管理办法》规定,设立从事个人征信业务的征信机构不仅应当符合《中华人民共和国公司法》规定的公司设立条件,还应具备以下条件。

(1)主要股东信誉良好,最近 3 年无重大违法违规记录。

(2)注册资本不少于人民币 5 000 万元。

(3)有符合国务院征信业监督管理部门规定的保障信息安全的设施设备和制度、措施。

(4)拟任董事、监事和高级管理人员具备任职条件。

(5)国务院征信业监督管理部门规定的其他审慎性条件。

设立从事个人征信业务的征信机构应遵循以下程序。

(1)申请设立从事个人征信业务的征信机构,应当向国务院征信业监督管理部门提交申请书和证明其符合设立条件的材料。

(2)国务院征信业监督管理部门应当依法进行审查,自受理申请之日起 60 日内做出批准或者不予批准的决定。决定批准的,颁发个人征信业务经营许可证;不予批准的,应当书面说明理由。

(3)经批准设立的经营个人征信业务的征信机构,凭个人征信业务经营许可证向公司登记机关办理登记。未经国务院征信业监督管理部门批准,任何单位和个人不得从事个人征信业务。

经营个人征信业务的征信机构设立分支机构、合并或者分立、变更注册资本、变更出资额占公司资本总额 5% 以上或者持股占公司股份 5% 以上的股东的,应当经国务院征信业监督管理部门批准。经营个人征信业务的征信机构变更名称的,应当向国务院征信业监督管理部门办理备案。

2. 从事企业征信业务的机构备案管理

对于企业征信业务,普遍认为,应重在促进企业信用信息的开放透明,而不应做过多限制性规定,主要市场经济国家对企业征信机构也基本不做专门的规定。为此,我国对从事企业征信业务的征信机构的设立适用一般企业设立的规定,不另行设置前置审批。

《征信业管理条例》与《征信机构管理办法》规定,设立企业征信机构,应当符合《中华人民共和国公司法》规定的公司设立条件,自公司登记机关准予登记之日起30日内向所在地的中国人民银行省会城市中心支行以上分支机构办理备案。从事企业征信业务时征信机构办理备案,应当提供的材料包括:企业征信机构备案表;营业执照复印件;股权结构说明,包括资本、股东名单及其出资额或者所持股份;组织机构设置以及人员基本构成说明;业务范围和业务规则基本情况报告;业务系统的基本情况,包括企业信用信息系统建设情况报告和具有国家信息安全等级保护测评资质的机构出具的企业信用信息系统安全测评报告;信息安全和风险防范措施,包括已经建立的内控制度和安全管理制度。

从事企业征信业务的征信机构上述备案事项发生变更的,应当自公司登记机构准予变更之日起30日内向原备案部门办理变更备案。

需要强调的是,无论是从事个人征信业务的征信机构,还是从事企业征信业务的征信机构,在发生解散或者被依法宣告破产等情形,需要退出征信市场的,均应向监管部门报告,并妥善处理信息数据库,保证信用信息安全。信息数据库的处理方式包括:与其他征信机构约定并经监管部门同意,转让给其他征信机构;不能按前项规定转让的,移交给监管部门指定的征信机构;不能按前两项规定转让、移交的,在监管部门的监督下销毁。经营个人征信业务的征信机构解散或者被依法宣告破产的,还应当在国务院征信业监督管理部门指定的媒体上公告,并将个人征信业务经营许可证交给国务院征信业监督管理部门注销。

拓展阅读

企业征信机构注销政策依据

2020年8月7日,中国人民银行公布全国企业征信机构备案数量,截至2020年7月末,全国共有22个省(市)的133家企业征信机构在人民银行分支行完成备案。同时,人民银行对企业征信机构实施动态管理,一方面对符合条件的机构实施备案,而另一方面对备案后六个月未实质开展业务的机构或违规开展业务的机构实施注销管理。那么,什么情况下已经备案的企业征信机构会被注销备案呢?

《企业征信机构备案管理办法》关于企业征信机构注销明确要求人民银行及省级分支行对企业征信机构备案实行动态管理。人民银行省级分支行在日常监管或开展现场检查中发现备案企业征信机构存在下列情形之一的,可以注销其备案。

(1)企业征信机构备案后连续六个月未实质开展相关业务。

(2)被工商管理部门注销或者吊销营业执照。

同时,企业征信机构存在提供虚假备案材料、严重违法违规等其他情形的,人民银行也将依据有关规定实施注销管理。人民银行省级分支行应每两年对企业征信机构的备案情况审核一次,审核中发现企业征信机构存在上述情形之一的,可以注销其备案。同时,要求人民银行省级分支行注销企业征信机构备案的,应当在注销之日起 5 个工作日内将注销情况报人民银行总行,并将被注销的企业征信机构同步清退出备案名单。

(二)从业人员管理

1. 董事、监事和高级管理人员任职资格管理

征信机构的从业人员需要充分具备开展征信业所需的专业技能,尤其是高管人员一般应从法律法规、管理能力和消极条件等方面进行规定。

1)法律法规

经营个人征信业务的征信机构的董事、监事和高级管理人员,应熟悉与征信业务相关的法律法规。董事、监事和高级管理人员是征信机构的决策者和主要运营者,熟悉与征信机构相关的法律制度,是保障征信机构规范运营、健康发展的基本前提。

(1)与征信相关的法律法规中,国务院征信业监督管理部门所制定的部门规章和其他规范性文件,虽不属于法律法规,但与征信紧密相连,是经营个人征信业务的征信机构的董事、监事和高级管理人员也应熟悉的重要制度。

(2)征信机构运营中涉及《中华人民共和国民法通则》《中华人民共和国合同法》《中华人民共和国公司法》《中华人民共和国侵权责任法》《中华人民共和国刑法》《中华人民共和国政府信息公开条例》等法律法规的相关内容,经营个人征信业务的征信机构的董事、监事和高级管理人员应对此有明晰的了解。

2)管理能力

经营个人征信业务的征信机构的董事、监事和高级管理人员,应具有履行职责所需的管理能力。

(1)公司的运营本身就需要董事、监事和高级管理人员具有符合其各自职位的管理能力,如决策能力、组织能力、内外协调能力等。

(2)征信业务具有较强的专业性,经营个人征信业务的征信机构的董事、监事和高级管理人员应当具备处理征信业务技术问题的能力,包括:掌握必要的专业知识;能够从事专业问题的分析研究;能够熟练运用专业工具和方法等。

3)消极条件

经营个人征信业务的征信机构的董事、监事和高级管理人员任职资格的消极条件。《征信机构管理办法》规定有下列情形之一的,不得担任个人征信机构董事、监事和高级管理人员:因贪污、贿赂、侵占财产、挪用财产或者破坏社会主义市场经济秩序,被判处刑罚,或者因犯罪被剥夺政治权利,执行期满未逾 5 年的;最近 3 年有重大违法违规记录的。"最近 3 年无重大违法违规记录"应是 3 年内没有因违法违规行为受到刑事处罚或重大行政处罚的记录。由于征信机构经营与信用相关的业务,应对其董事、监事和高级管理人员在信用方面有更高的要求。

2. 从业人员执业资格管理

监管部门统一制定征信机构专职业务人员执业资格考试办法,由征信业协会组织实施。征信业协会负责征信从业人员执业资格的确认、检查、变更和注销等事宜,并建立征信从业人员资格管理信息系统,进行执业资格公示和注册登记管理。通过征信从业人员资格考试、在征信机构从事征信业务的,应由本人通过所在征信机构向征信业协会提出执业资格证书申请。征信机构不得任用未取得执业资格证书的人员从事征信业务,个人和征信机构不得在办理执业资格证书申请过程中弄虚作假。

(三)征信业务管理

1. 征信业务一般监管

信息收集和使用是征信活动的主要内容,因此,对于征信业务一般规则的设置主要侧重于信用信息的合规采集和使用。

1)信用信息征集业务规则

国外征信业发展实践表明,规范的个人信用信息征集行为,是保护消费者利益和规范征信机构运营的基础。我国《征信业管理条例》也主要是对收集个人信用信息进行规定,对收集企业信用信息未设置过多要求。

(1)在信用信息征集的范围和内容方面,监管部门主要是对信息征集的范围和内容进行规定和限制,重点是明确征集信息的法律禁止事项,包括禁止征集和限制征集的内容。我国《征信业管理条例》规定:禁止征信机构采集个人的宗教信仰、基因、指纹、血型、疾病和病史信息以及法律、行政法规规定禁止采集的其他个人信息。征信机构不得采集个人的收入、存款、有价证券、商业保险、不动产的信息和纳税数额信息。但是,征信机构明确告知信息主体提供该信息可能产生的不利后果,并取得其书面同意的除外。同时,征信机构不得采集法律、行政法规禁止采集的企业信息。

(2)在信用信息征集程序方面,监管部门会考虑信用信息的征集是否需要经过信息主体同意。我国《征信业管理条例》规定:对于征信机构,除法律、行政法规公开的信息外,采集个人信息应当经信息主体本人同意,未经本人同意不得采集。征信机构可以通过信息主体、企业交易对方、行业协会提供信息,政府有关部门依法已公开的信息,人民法院依法公布的判决、裁定等渠道采集企业信息,征信机构不得采集法律、行政法规禁止采集的企业信息。

(3)在征信机构负面信息的保留期限方面,监管部门往往会做出相应规定和要求。目前,《征信业管理条例》中规定:征信机构对个人不良信息的保存期限,自不良行为或者事件终止之日起为5年;超过5年的,应当予以删除。在不良信息保存期限内,信息主体可以对不良信息做出说明,征信机构应当予以记载。不良信息是指对信息主体信用状况构成负面影响的下列信息:信息主体在借贷、赊购、担保、租赁、保险、使用信用卡等活动中未按照合同履行义务的信息,对信息主体的行政处罚信息,人民法院判决或者裁定信息主体履行义务以及强制执行的信息,以及国务院征信业监督管理部门规定的其他不良信息。

2)信用信息使用业务规则

在信息使用环节,监管部门对征信业务的管理主要集中在征信机构信息使用的目的和范围,以及信息使用的安全性方面。

(1)对信用信息的使用目的和范围的管理。国外在信用信息使用方面基本都要求使用信用信息必须用于指定的明确目的,应与其征集和处理的目的相关且不得超出该范围。

对于我国征信机构而言,个人信用信息的使用也主要集中在授权管理方面,同时辅之以约定用途管理。我国《征信业管理条例》规定:信息主体可以向征信机构查询自身信息。个人信息主体有权每年两次免费获取本人的信用报告。向征信机构查询个人信息的,应当取得信息主体本人的书面同意并约定用途。但是,法律规定可以不经同意查询的除外。征信机构不得违反前款规定提供个人信息。信息使用者应当按照与个人信息主体约定的用途使用个人信息,不得用作约定以外的用途,不得未经个人信息主体同意向第三方提供。

(2) 对信用信息使用安全性的管理。信息使用的安全性主要是指征信机构开展征信业务时,应符合国家信息安全和保密要求。具体而言:①征信机构应当按照国务院征信业监督管理部门的规定,建立健全和严格执行保障信息安全的规章制度,并采取有效技术措施保障信息安全。②征信机构在中国境内采集的信息的整理、保存和加工,应当在中国境内进行。征信机构向境外组织或者个人提供信息,应当遵守法律、行政法规和国务院征信业监督管理部门的有关规定。③征信机构应当对其工作人员查询个人信息的权限和程序做出明确规定,对工作人员查询个人信息的情况进行登记,如实记载查询工作人员的姓名、查询的时间、内容及用途。工作人员不得违反规定的权限和程序查询信息,不得泄露工作中获取的信息。

2. 征信业务其他监管

1) 对信息报送机构业务的管理

目前,从我国实际情况看,从事信息报送业务的机构主要是金融机构。对于信息报送业务管理的主要要求如下。

(1) 从事信贷业务的机构向金融信用信息基础数据库或者其他主体提供信贷信息,应当事先取得信息主体的书面同意。

(2) 征信机构应当按照国家信息安全保护等级测评标准,对信用信息系统的安全情况进行测评。

(3) 在发生异议信息时,及时进行异议处理,保证数据质量。

(4) 金融机构要对业务操作系统中数据的查询、上报征信机构数据文件等敏感操作建立登记制度,同时明确信息报送人员的职责及操作规程,保证信用信息的安全。

(5) 制定有关信用信息报送、查询、使用、异议处理、安全管理等方面的内部管理制度和操作规程,并报送监管部门备案。其他信息提供者在信息报送业务中,也要遵循信息征集范围、征集程序、安全管理、信息准确等监管要求。

2) 对信贷登记机构业务的管理

目前我国从事信贷登记业务的机构主要是征信中心,主要工作是接收金融机构按规定报送的信贷信息,并负责金融信用信息基础数据库的建设、运行和维护。信贷登记机构除应遵循一般征信业务规则外,还应该注重信用信息的安全和保密。具体业务要求如下。

(1) 信贷登记机构应建立信用信息保密管理制度,主要包括对信用信息的使用、信息的保密、信息载体的保管、工作人员使用信用信息的要求以及对泄露信用信息行为的处罚措施等。

(2) 应建立"防火墙"制度,避免业务部门的人员、业务、档案等与其他部门的交叉。

（3）建立数据库安全和管理制度，明确不同类别数据的保存期限和保存方式、保管（数据维护）人的责任等内容，确保数据库安全运行。

（4）建立信息档案管理制度；建立金融信用信息基础数据库内部运行和外部访问的监控制度，监督金融信用信息基础数据库用户操作，防范对金融信用信息基础数据库的非法入侵。

（5）建立灾难备份系统，采取必要的安全保障措施，防止系统数据丢失。

3）对信息查询机构业务的管理

目前，我国从事信息查询业务的机构主要是金融机构，对于信息查询业务的管理，重点是金融机构合规查询和使用个人信用信息。

（1）金融机构查询和使用个人信用信息的用途管理。根据《个人信用信息基础数据库管理暂行办法》第12条规定，商业银行办理下列业务，可以向个人信用数据库查询个人信用报告：审核个人贷款申请的；审核个人贷记卡、准贷记卡申请的；审核个人作为担保人的；对已发放的个人信贷进行贷后风险管理的；受理法人或其他组织的贷款申请或其作为担保人，需要查询其法定代表人及出资人信用状况的。

（2）金融机构查询和使用个人信用信息的授权管理。《个人信用信息基础数据库管理暂行办法》除对已发放的个人信贷进行贷后风险管理的，商业银行查询个人信用报告时应当取得被查询人的书面授权。书面授权可以通过在贷款，贷记卡、准贷记卡以及担保申请书中增加相应条款取得。商业银行应当制定贷后风险管理查询个人信用报告的内部授权制度和查询管理程序。

（3）金融机构查询用户的管理。商业银行应当建立用户管理制度，明确管理员用户、数据上报用户和信息查询用户的职责及操作规程。商业银行管理员用户、数据上报用户和查询用户不得互相兼职。商业银行管理员用户、数据上报用户和查询用户须报中国人民银行征信管理部门和征信中心备案。当用户工作人员发生变动，商业银行应当在2个工作日内向中国人民银行征信管理部门和征信中心变更备案。

拓展阅读

征信监督管理的国际比较

从世界经验来看，一国的征信监管与该国的征信市场建设模式直接相关。美国的征信体系以市场为主导，监管环境较为宽松。欧盟国家既有以中央银行主导建立的公共征信机构，也有市场化运营的私营征信机构，采用较为严格的监管模式。亚洲国家的征信体系建设起步较晚，大多由中央银行推动征信业的发展，在监管的同时注重培育征信市场。

一、美国以法律体系为主导的多元化监管模式

美国实施的是政府部门"多头监管"，没有专门负责征信业监管的行政部门，由相关法律对应的主管部门在其相应的职权范围内发挥对行业的监管和执法功能。其征信监管部门分为以下两类：

（1）金融相关的政府部门，主要包括财政部货币监理局、联邦储备系统和联邦储备保险公司，主要负责监管金融机构的授信业务。法律一般指定联邦储备委员会和财政部的货币监理局作为执法机关。

（2）非金融相关的政府部门，主要包括司法部、联邦贸易委员会和国家信用联盟总局等，主要规范征信业和商账追收业。

联邦贸易委员会是美国监督管理的主要部门，主要负责征信法律的执行和权威解释，推动相关的立法等。此外，美国《多德—弗兰克法案》加强了证券交易委员会对信用评级机构的监管，准许证券交易委员会在内部成立信用评级办公室，对全国认定的评级组织进行监管，同时赋予证券交易委员会规则制定权。同时，在联邦储备委员会内设立一个全新的、独立的联邦监管机构——消费者金融保护局，管理并执行新的针对消费者金融监管的联邦监管制度。美国比较注重市场的自由发展，因此为征信业提供了较为宽松的发展环境。如要求政府、企业、个人和其他组织披露和公开其掌握或反映自身状况的各种信息；政府信息以公开为原则，以不公开为例外；信用中介服务机构在采集和提供个人信用信息时无须经信息主体人的同意。同时美国在必要的方面加强监管，对涉及国家安全、商业秘密和个人隐私的信息给予严格保护；禁止采集种族、信仰、医疗记录等隐私；对征信机构的信用报告规定了明确的使用目的和范围，对滥用信用信息的行为进行严格的监管和惩处。

二、欧盟以专业监管机构为主导的一元化监管模式

欧盟国家普遍成立了专业监管机构，负责数据保护和征信机构的监管工作。如德国、法国、意大利由中央银行主导管理征信业。英国则由独立的公共行政部门——信息专员署负责征信业管理。在德国，政府作为主要出资方，建立全国数据库，形成了中央信贷登记系统为主体的社会信用管理模式。联邦政府及各州政府均设立了个人数据保护监管局，对掌握个人数据的政府机构和信用服务机构进行监督和指导。这些专门的监管机构可制定法规，享有行政执法检查权，负责确保各项数据保护法律法规的严格贯彻执行，维护信息主体各项权益。欧盟国家特别注重对个人隐私的保护，因此对征信业的监管更为严格。如德国规定，只有在法律允许或经用户同意的情况下，征信机构才能提供用户的信用数据；信息主体有权了解征信机构收集、保存的本人信用档案；禁止在消费者信用报告中公开消费者收入、银行存款、消费习惯等有关信息。德国还要求从事个人征信业务的机构委托一名数据保护官，具备专业知识和可信度，致力于德国数据保护法的执行。

三、印度以中央银行为主导的培育和监管并重的模式

亚洲多数国家采取政府主导模式建立征信体系并实施监管。印度财政部和印度储备银行发起成立了印度第一家银行信贷信息共享机构——信用信息局有限公司，负责采集和发布商业信贷和消费者信贷数据。印度储备银行出台了《信用信息公司管理条例》，向信贷提供者颁布了多项规范性文件，强调印度储备银行对信用信息公司的设立、运行、退出的审批监管，并对信用信息的披露使用做出限制和规定。印度尚未制定明确的隐私保护法或信用信息保护条例，但在有关法规中对保护个人隐私问题提出了原则要求。印度储备银行积极推动信用评级的发展，出于对本国评级机构成长期保护，外国评级机构只能以与本地机构合资或合作方式进入。印度储备银行与印度证监会要求特定的公开证券发行人进行信用评级，印度证监会制定了《信用评级机构管理条例》，对信用评级机构开立、运行、监督、处罚等做出具体规定。

三、中国征信业法律法规

（一）中国的征信立法概况

征信法律制度是调整关于征信机构对信息的收集、加工整理、提供维护和管理活动所产生的社会关系的法律规范的总称。近年来，我国征信法律法规制度建设不断完善，《征信业管理条例》（国务院令第 631 号）（以下简称《条例》）的出台，为中国征信业快速、持续、健康的发展提供了法律基础。《征信机构管理办法》的实施，为征信机构管理提供了翔实的依据，对《征信业管理条例》涉及的征信机构管理条款进行了细化与补充。

除此之外，法律中直接涉及征信业务的条款不多，现行的法律规范主要是对信息主体权益保护和信息公开做出了有关规定，如《中华人民共和国宪法》规定公民的人格尊严不受侵犯，公民有住宅权、通信自由和秘密权，可以说是个人信息权利的直接宪法依据；《中华人民共和国民法通则》把个人隐私权归属于名誉权中加以保护；《中华人民共和国侵权责任法》首次明确规定民事权益包含隐私权，侵害他人人身权益，可以请求精神损害赔偿；《中华人民共和国公司法》《中华人民共和国合同法》《中华人民共和国保守国家秘密法》《中华人民共和国国家安全法》《中华人民共和国电信法》等法律中也有部分条文涉及相关信息的披露、保密和安全的规定；2008 年实施的《政府信息公开条例》则对政府信息公开和披露进行了规范。

在涉及征信业务的法律中，有两部法律直接关系到征信业务的开展。

（1）《中华人民共和国刑法修正案（七）》做出了关于个人信息保护的重要规定："国家机关或者金融、电信、交通、教育、医疗等单位的工作人员，违反规定将本单位在履行职责或者提供服务过程中获得的公民个人信息，出售或者非法提供给他人，情节严重的处以三年以下有期徒刑或者拘役，并处或者单处罚金。窃取或者以其他方法非法获取上述信息，情节严重的，依照前款的规定处罚"。该条规定为征信业务活动确立了刑事法律边界。

（2）2012 年年底全国人民代表大会常务委员会通过并公布实施了《关于加强网络信息保护的决定》，该决定明确了企业收集信息须经被收集人同意，并对相关部门的信息安全和保密责任提出要求，赋予了个人要求停止侵害、举报、控告和诉讼权；赋予政府主管部门必要的监管手段，并要求网站应予以配合。

（二）《征信业管理条例》

2012 年 12 月 26 日，国务院第 228 次常务会议审议通过《征信业管理条例》（以下简称《条例》），自 2013 年 3 月 15 日起正式实施。《条例》对征信机构的设立条件和程序，征信业务的基本规则、征信信息主体的权益、金融信用信息基础数据库的法律地位及运营规则、征信业的监管体制和法律责任等内容进行了规定，解决了征信业发展中缺乏上位法保障、征信业务活动规则不统一、市场主体信息获取难、侵犯信息主体权益现象缺乏法律约束等问题。同时，该条例的出台，有利于加强对征信市场的管理，规范征信机构、信息提供者和信息使用者的行为，保护信息主体权益，也有利于发挥市场机制的作用，推进社会信用体系建设。

1. 立法目的

征信业是市场经济条件下专业化的信用信息服务行业。征信机构按照一定的规则，为个人或企业建立信用档案，依法采集、客观记录其信用信息，并依法对外提供信用信息服务，满足市场信用交易等方面的需要。征信立法既可为降低信用风险和保障交易安全创造条件，又可使具有良好信用记录的企业和个人以较低的交易成本获得较多的交易机会，缺乏良好信用记录的企业与个人则相反，从而促进"诚信受益，失信惩戒"社会环境的形成。

2. 适用范围

《条例》适用于在我国境内从事个人或企业信用信息的采集、整理、保存、加工，并向信息使用者提供的征信业务及相关活动。规范的对象主要是征信机构的业务活动及对征信机构的监督管理。

国家机关以及法律法规授权的具有管理公共事务职能的组织依照法律、行政法规和国务院的规定为履行职责而进行的企业和个人信息的采集、整理、保存、加工和公布，如税务机关依照《中华人民共和国税收征收管理法》公布纳税人的欠税信息，有关政府部门依法公布对违法行为人给予行政处罚的信息，人民法院依照《中华人民共和国民事诉讼法》公布被执行人不执行生效法律文书的信息等，不适用《条例》。

（三）《征信机构管理办法》

《征信机构管理办法》（以下简称《办法》）是《征信业管理条例》的配套制度，由中国人民银行发布，自2013年12月20日起施行。《办法》主要是解决《条例》出台后，征信机构审批和备案以及征信机构管理的操作性问题。本着细化和补充《条例》规定、便于操作执行的原则，中国人民银行以规范征信机构设立、变更和终止为主线，以征信机构公司治理、风险防控和信息安全为管理重点，对征信机构管理进行了具体的制度设计。《办法》既遵循了"个人征信机构从严、企业征信机构从宽"的管理原则，又按照征信机构市场化运作与监督管理并重，征信机构的行政监督和社会监督兼顾的管理思路，为征信机构管理提供了详尽的依据。

1. 立法目的

为贯彻落实党的十八届三中全会关于"建立健全社会征信体系"的要求，配合《条例》实施，中国人民银行颁布实施了《办法》。

（1）规范征信机构设立和退出的需要。《条例》对征信机构的设立条件、征信机构退出征信市场进行了规范。《条例》实施后，需要根据条例的规定，制定具体的、便于操作执行的要求，明确设立征信机构所具备的条件以及所需提交的材料，细化中国人民银行的管理要求，便于经营个人征信业务的征信机构设立审批、经营企业征信业务的征信机构备案。

（2）加强对征信机构日常管理的需要。《条例》规定中国人民银行及其派出机构依法对征信业进行监督管理。征信机构设立后，中国人民银行应当对征信机构遵守《条例》规定的情况进行监督，建立征信机构向管理部门定期报告的制度，对征信机构进行检查，及时发现、解决征信机构运行过程中的问题，保障征信市场的健康发展。

2. 立法原则

（1）根据《条例》授权对相关事项做出细化，便于操作执行。从《办法》与《条例》的关系来看，《办法》是《条例》的细化和补充。一方面，《条例》对征信机构设立、退出和日常管理进行了相对原则的规定，《办法》按照《条例》授权，做出了更具体的规定，加强了可操作性。另一方面，《办法》与《条例》及有关法律保持一致，共同构成征信机构管理的制度框架。

（2）征信机构市场化运作与监督管理并重。《办法》根据《条例》对征信机构的设立、变更、终止及高管人员资格进行规范，其各项要求是处于保护信息安全和维护信息主体权益的基本考虑。对征信机构的市场运作方面，《办法》并没有做出任何限制，对征信机构的投资主体业务经营范围、提供服务方式、提供服务对象等均不再另设门槛，给予征信机构充分的自主经营空间。

（3）兼顾征信机构的行政监督和社会监督。《办法》在中国人民银行对征信机构的设立、变更、退出以及高管人员任免、业务开展等各个环节的审批和备案管理中，充分发挥社会监督的作用。例如，在受理个人征信机构设立申请时予以公示、引入专业评测机构对信用信息系统安全情况进行测评、对个人征信机构终止时在指定的媒体上公告等，鼓励社会公众参与对征信机构的监管。

思考与练习

1. 简述我国征信监管机构的职责。
2. 简述我国征信业监管的内容。
3. 如何完善我国征信监管机制？
4. 简述我国主要的征信业法律法规都有哪些。

第八章　征信文化与教育

【学习目标】

- 掌握征信文化的概念与功能。
- 了解国外代表性国家的征信文化及特点。
- 理解中国征信文化的核心价值观。
- 掌握征信教育的含义与原则。

第一节　征信文化概述

文化是一种无形的非物质的精神力量,是人们在改造世界的长期生产实践活动中逐渐积累而形成的。广义的文化概念涵盖社会生活的方方面面,是一个非常广泛的概念,它可以是一种行为规范,也可以是一种价值观念,它是由众多不同类别和内容的细分文化所组成的。文化是通过纵向传承和横向传递来影响人际间的交流和互动,其似乎游离于物质之外却又对物质的演变有着潜移默化的影响,而在"文化"一词之前冠以"征信"二字,足以看出人们对于征信行业发展趋势的诉求。

一、征信文化的内涵

征信业在我国发展的时间较为短暂,自诞生至今虽然只有短短二十多年的历史,但征信这一概念在我国的传承却源远流长。追溯历史,征信一词最早出现在《左传·昭公八年》中:"君子之言,信而有征,故怨远于其身。"同时期的儒家也竭力推崇"以德治国""为政以德"这一人本理念。老子曰:"信者吾信之,不信者吾亦信之,德信。"在我们看来,这可以作为征信为之奋斗的目标。把"德信"概念引入征信文化建设中,其含义并不是指单纯的宽恕和信任,而是一种建成良好社会风气和价值认同的美好愿景。它是人与人之间和谐共存的必要条件,是贴合社会主义核心价值观关于征信文化建设的精炼概括。

(一)文化

提到征信文化,就要从文化开始解读。中国"文化"这个名词最早出现在《易经》中。书中是这样提到:"观乎天文,以察时变;观乎人文,以化成天下。"

它主要是强调文化的文治、教化之意。而在西方,"文化"一词来源于拉丁文中的 cultura,这个词最初是居住、耕作、培养的意思,后来随历史的发展逐步融入了教育、尊重等含义。联合国教科文组织成员国在 1982 年于墨西哥举行的第二届世界文化政策大会上将"文化"定义为"文化应被视为一个社会和社会集团的精神和物质、知识和情感的所有与众不同显著特色的集合总体,除了艺术和文学,它还包括生活方式、人权观念、价值体系、传统和信仰"。

文化以纵向传承和横向传递的方式,为群体生活提供规范、方式与环境,在社会进步的过程中发挥基础作用。不同行业、不同区域、不同民族都有可能形成各具特色的文化。作为一种精神力量,文化能够在人们认识世界、改造世界的过程中转化为物质力量,对社会发展产生了深刻影响。

(二)信用文化

在征信文化中,除了文化,还体现了信用文化。信用文化的内涵可以上溯至先秦时期。春秋以前,"诚""信"多用于对鬼神的虔信。《尚书·太甲下》云:"神无常享,享于克诚。"《周书》曰:"允哉允哉,以言非信则百事不满也。"后经儒家提倡,"诚"与"信"逐步摆脱宗教色彩,成为经世致用的道德规范。近现代时期,随着商品经济的发展,熟人社会开始发生改变,大量人口涌向城镇,人们开始与不熟悉的人交往,在城镇逐步形成以契约为纽带的陌生人社会。各种契约、合同、章程、担保、定金等信用手段和形式,在社交活动中被普遍运用,信用文化逐渐超越了纯粹的道德范畴,更被赋予了契约、法治的内涵,诚信的观念也从个体的无意识或潜意识逐渐上升为集体的有意识。信用文化为经济增长和社会发展提供了精神动力、价值导向和道德规范。

(三)征信文化

1. 征信文化的概念

征信文化是指市场经济条件下以价值观念为核心的,用于支配和调节征信活动或行为的思想道德、制度规范、惯例习俗及行为表现等构成的总和。作为征信业的行业文化,征信文化的主体是"征信人",即征信管理人员和征信从业人员,征信文化的客体则是征信活动中的文化现象及规律。没有征信实践,产生不了征信文化;没有征信文化的指导,征信实践和征信事业则难以健康持续发展。

2. 征信文化的主要特点

(1)求实性。征信的一个重要特点是尊重事实,让事实说话,体现为征信业务的规范性和征信信息的准确性,即纳入征信系统的信息都应当是有记录的、可以验证的,可以通过真实的征信记录反映市场或经济金融的变化过程。

(2)传承性。传承性是文化发展特性之一,它以语言、文字、实物等为载体,代代相传,相沿成习。征信文化的传承性是指征信文化中有价值的思想元素被一代代地继承下去,并在不同地域、国家之间传播。征信文化的传承性有赖于文化展示。征信文化创造水平的高低,展示方式、方法、手段的优劣,会对征信文化的传承性带来直接的影响。

(3)创新性。征信文化随着时代精神的变化和征信业发展的需要而不断变革、丰富和发展。征信本身就是商品经济不断发展创新的结果,随着科学技术的发展和征信体系的日益完善,征信活动的方式、内容、技术手段以及人们的信用观念都将在前人的基础上与时俱进、不断创新,体现明显的时代特征。

二、征信文化的主要内容

征信文化是征信人在征信活动中创造的物质财富和精神财富的总和,体现了征信人倡导的思想观念、价值体系、行为规范和生活态度。征信文化的内容随着征信活动的发展而逐步形成、完善,具有鲜明的行业特色,主要包括以下四个方面。

(一)核心价值观

征信文化的核心价值观是在长期征信实践活动中逐渐形成的普遍思想信念和价值观念,它是征信人形成共同目标感、使命感和荣誉感的思想基础,是征信实践最为凝练的精神成果。核心价值观内化于心,外化于行,能够有效凝聚征信人的聪明智慧,增强团体的向心力和凝聚力,将征信人的行为追求与征信事业愿景有机统一起来,成为激发征信人投身征信事业的强大精神力量。

(二)管理制度与工作规范

管理制度与工作规范是与征信业务活动密切相关的一系列法律、法规、规章和规定、办法等组成的体系,是征信管理部门实施监管的重要依据,是市场主体征信业务活动核心价值观和管理理念在制度层面的集中体现,是征信管理的基本准则。管理制度与工作规范控制征信人和征信组织的行为,保证组织的有效运行,提升征信队伍的职业规范。建立制度规范需要符合征信业务实际,强调各项制度的有机衔接,形成系统网络,避免单个规定、办法等制度元素的简单堆砌。

(三)工作作风与行为表现

工作作风与行为表现是征信人的精神风貌在工作和生活中的具体体现,是工作理念、工作制度长期作用的结果,是征信文化最具动态、最富活力的组成部分。工作作风是行为表现的内涵,行为表现是工作作风的外在展示。良好的工作作风可以引导和约束员工的言行举止,养成诚信明礼、勤勉尽责的行为习惯,对于凝聚征信人的"精、气、神",打造一支务实、精干的征信队伍具有十分重要的意义。征信文化倡导的工作作风与行为表现应体现以人为本的精神,充分调动员工的积极性,发挥征信人的个体才能。

(四)文化创造与文化展示

征信文化创造的核心内容是"创造力",即最大限度地发挥征信人的创造性。征信文化展示则伴随征信文化创造的全过程,以不同形式将征信文化创造的成果和历程展现在社会公众面前。通过征信书籍、歌曲、徽章、旗帜等富有鲜明行业特色和时代特征的多种表现形式,可以传颂征信实践中凝练的征信文化,展现征信人的精神风貌和社会形象。

三、征信文化的功能

（一）凝聚功能

征信文化的凝聚功能是指征信文化被征信人及社会所共同认同后形成的强大聚集效应，能够有效提升征信业整体竞争力。征信文化直接影响征信管理制度的建立、征信实践活动的探索、价值理念的确立乃至征信业发展的方向。征信人作为征信文化的主体，受征信文化熏陶，以一定的方式相互影响，相互认同，形成一个有机的社会群体。征信文化的这种凝聚力是征信人社会性和集体性的体现，能够促进征信队伍之间相互沟通与交流合作。征信文化的凝聚力越强，征信队伍素质也就越高，征信业整体竞争力也就越强。

（二）导向功能

征信文化的导向功能是指由征信实践总结提炼升华而成、行业从业人员一致认同和遵循的基本信念和行为准则，是征信业日常经营管理行为的内在依据。征信文化通过对征信人的行为、态度、个性以及价值观念的作用，逐渐成为行业从业人员潜意识中的理念，并在日常行为中转化为活动准则，影响从业人员对客观事物的总体评价和看法，促使征信从业人员及社会经济主体对自身信用行为进行正向调整，进而把诚实守信由外在要求内化为自觉的行为选择。尽管这种影响是缓慢的、长期的，但一旦内化为征信从业人员的信念和态度，就会指导日常工作中的行为选择，并逐渐形成具有正向价值的行为定式。

（三）约束功能

征信文化的约束功能是指征信文化作为一种特殊的意识形态，通过核心价值观、管理制度与工作规范来约束征信人的征信活动，促使征信队伍形成优良的工作作风。从价值理念来看，通过不断建立健全文化熏陶机制、道德践行机制和价值评价机制，可以使征信业发展过程中形成的价值观和判断标准入脑入心，激发行业从业人形成唯信做人、唯实做事的内在动机；从实践层面来看，通过使征信法规制度和行为规范完整、真实地表达征信文化的价值取向，可以促进建立健全法律法规执行保障机制和形成褒扬守信、惩戒失信的激励约束机制。

（四）教育功能

征信文化的教育功能是指通过对征信人持续不断的文化熏陶和感染，使征信人从内心深处产生强烈的使命感、责任感和自豪感，并固化为外在的职业表现，这是形成征信核心价值体系的重要基础和建设征信人精神家园的有效路径。征信文化旗帜鲜明地提出在征信活动中应当坚持和提倡什么、反对和抵制什么，为全体征信人判断行为得失、做出道德选择提供价值标准，培养和强化征信人崇高的职业意识和准确的角色定位，丰富征信行业的文化内涵，使征信事业不断焕发出旺盛的创造力，不断拓展、传承和弘扬改革创新的时代精神。

四、研究征信文化的意义

（一）契合时代

征信制度和体系无疑是征信文化建设的载体,一切文化的形成当然要有完善的制度体系作为保障。完善征信制度和体系应从征信主体、信息数据采集、征信系统维护、信息保护等方面着手,使得无论是执法主体还是被执法的对象都有法可依,有律可循。就目前的发展程度而言,我国的征信制度体系尚属初级阶段,其中不免存在诸如法律级别和效力偏低,相关行政法规、部门规章与基本法律内容冲突相悖等情况,征信文化与征信制度体系唇齿相依,两者同步发展才是解决窘境的关键。因此,一部全面的、合理的规范全社会信用体系的专门法律呼之欲出。另外,市场经济和科学技术的高速发展需要整个征信行业拓宽眼界、提高格局,对新生的客观变化保持敏锐的嗅觉和灵敏度。以互联网金融业为例,随着整体行业爆发式增长,全行业对于大数据征信的需求日益强烈,那么对于征信法规如何能够与大数据征信领域合理有效地接轨,并依靠大数据征信控制市场风险,以建设完备的市场信用体系也将是未来征信文化建设的重点和难点。应对变化,应制定出台更多更完善、更具操作性的规章制度,保证整个征信制度和体系的发展能够与时代并肩,同步前进。

（二）由内及外

执行人的行业素养决定执行力度,执行力度决定执行水平,高质量的执行水平必然助力征信文化的发展。首先,正确理解征信文化的核心价值观,形成征信人共同的目标使命感和荣誉感是解决问题的先决条件。其次,严格遵循管理制度、恪守工作规范是征信人和征信机构改良工作理念,改进工作作风和提高工作绩效的关键所在,通过长期稳定地保持较高水准的工作状态,强化自身的约束力、耐受力与执行力,最终提高素养,完成升级。最后,坚持以人为本、保持个人创造力是征信文化发展革新的有力保障,遵循制度不等于墨守成规,新时代的征信文化需要因势制宜、推陈出新。

（三）承上启下

征信文化的宣传不仅旨在规范征信文化的主体行为和客体表现,更旨在使整个社会从被动接受过渡到全社会的普遍认同,形成文化共识,使这一理念融入每个人的基本价值观,成为个体的隐性财产。很多人把征信文化建设单纯地等同于诚信文化宣传,忽视了管理制度、工作规范,以及征信人倡导的工作作风与行为方式。所以基层征信人员认为征信文化很"虚",不接地气,很重要的原因是大家对征信文化的理解过于狭隘,不能理解文化建设也具有约束和教育的功能。行业内部的征信文化不仅具有凝聚和导向的功能,更具有对征信人的约束和教育的功能。这里可以把凝聚和导向比作"形",把约束和教育比作"神",不同于前者的外在构建,后者更倾向于针对征信人的心理建设,只有神形兼备,征信文化才能够更好地促进征信队伍之间的相互沟通与合作交流。同时随着时代精神和时代特征的转变,征信文化更要在前人劳动成果的基础上与时俱进,推陈出新。关于征信文化普及,其关键不在上行下效,而在于规则的制定者应把征信文化建设的含义和意义以合理的方式,准确地向征信人传递,使其深刻理解征信行为背后的深意。在此基础上,征信人才能以正确的心态和方式向整个社会传递征信文化,达成文化共识,让一种行业文化演变成一种广泛的社会文化。

现代征信业虽然是一个较年轻的行业,然而经济和社会的发展程度早已对征信文化的建设怀有强烈的诉求。为此,征信人唯有义无反顾,中流击水,以完成时代赋予这个特殊行业的使命,客观上怀着尊重规律的科学态度,主观上抱着人定胜天的必胜决心。

第二节　国外的征信文化

征信文化是伴随着征信业的出现而逐步发展起来的。世界征信业起源于英国,逐步在西方主要国家发展、完善,进而衍生出繁荣的征信文化。以美国为代表的自由、平等的征信文化,以德国为代表的严谨、保守的征信文化等,究其根本,一个重要原因在于其各自独特的传统文化背景。美国、欧洲、日本等国家和地区征信业比较发达,同时由于这些国家民族文化中具有注重法律、崇尚个体自由等共同点,其征信文化也呈现出一些共性的特点。

一、以个人主义为核心的美国征信文化

个人主义是美国征信文化的核心。美国人崇尚自我奋斗,维护个人尊严,追求自我实现,强调个人成就和个性至上,倡导人权、民主、自由、平等、博爱。深受这种文化影响,美国征信文化也体现着浓厚的个人主义色彩。

(一) 尊重隐私

在美国,个人的隐私权是受到尊重和保护的。信奉个人主义的美国人把自己的年龄、婚姻状况、体重、收入、宗教信仰以及个人生活都看作是个人隐私。美国《公平信用报告法》规定,"应该确保消费者报告机构公平、中立地履行其职责,并尊重消费者的隐私权。"该法律明确了消费者信用信息的使用目的,并规定除当事人有权取得自己的信用报告以外,其他机构或个人必须符合相关条件才能合法使用消费者信用报告。

此外,信息提供者、征信机构和信息使用者及其因工作关系知悉信息主体个人信息的工作人员,也具有采取适当措施保障个人信息安全的保密义务。民主自由思想的提倡,使得美国非常注重维护公正有效的征信系统。一方面,对个人隐私给予充分的尊重,禁止采集种族、肤色、政治倾向、宗教信仰等敏感信息;另一方面,又不过分拘泥于严格的隐私保护,致力于营造公平有效的交易环境,比如,对于信息提供,美国采取默视同意的原则,一般不给予信息主体选择入口的权利。信息提供者向征信机构提供信息时,需要告知信息主体,如果信息主体30个工作日内没有表示不同意,则可视为同意。概括地说,就是力求在隐私保护和信息公开之间寻求平衡,这种做法带有鲜明的美国文化色彩。

（二）重视法制

个人主义、机会均等、民主自由等思想，直接影响了美国征信文化发展的走向。例如，个人主义、机会均等思想的盛行，使得美国人具有强烈的独立意识，喜欢保持中立和公正。这一特点在征信行业发展中非常明显，表现为美国的征信业始终走市场化道路，弱化监管，倡导自由发展。

美国征信机构按照企业运作要求，实行商业化管理，按照市场化规则开展信息采集、整理、保存、加工以及对外提供信用产品等活动，并不借用政府部门的行政力量，而是通过法律法规对征信业进行规范，使得美国成为世界上征信法规较为健全的国家。

美国征信发展的历程表明，法律制度对规范征信业发展、推动信用交易增长发挥了重要作用。作为世界上对征信业务立法较多的国家，美国的征信法规充分体现了其浓厚的法治意识。例如，在信息基本法方面，美国通过《信息自由法》规范各种社会主体采集、传播和使用信息的基本行为；在政府信息、商业秘密、个人隐私等特殊信息方面，制定了《阳光下的联邦政府法》《隐私权法》《统一商业秘密法》等法律法规；在信用中介服务机构收集个人信用信息方面，制定了《诚实信贷法》《信用卡发行法》等；在信用信息内容方面，在《公平信用报告法》《平等信用机会法》《公平债务催收准则》《信用修复机构法》等法律法规中也都有涉及。

（三）注重独立

美国人有强烈的独立意识，不喜欢过分依赖他人。受此影响，为保持必要的中立性和公正性，美国征信机构也表现出较强的独立性。

（1）独立于信息主体。在部分信息采集上，美国征信机构在法律的框架内以自己的方式完成信用调查和信用报告，不需要事先取得信息主体的同意；对于需要信息主体同意方可采集的信息，按法律要求须事先通知信息主体，但不需付费。

（2）独立于行政部门。美国征信机构按照企业运作要求实行商业化管理，按照市场化规则开展信息采集、整理、保存、加工及对外提供信用产品与服务，并不借用政府部门的行政力量。

二、保守理性背景下的德国征信文化

德国所处的地理环境，一直都是军事上激烈争夺的地区，造成了德国人强烈的危机意识和忧患意识，逐渐积淀成德意志民族精神。可以说，德意志民族精神集中体现了积极进取、遵循条理、忠诚服从和勇于创新。正是在这种文化理念的背景下，使得公共征信系统成为德国征信文化的显著特点之一，所有信贷机构及其在国外的分公司和子公司、保险公司、风险资本投资公司、自有账户证券商和代理融通企业等，都必须向德国公共征信机构提供信息，每季度报告一次。此外，服从强制加入、完善的法规建设、注重征信教育等征信文化无不体现着德意志民族精神的精髓。德国人崇尚思辨理性，对于哲学的思考和探索不遗余力。这种思辨的哲学也体现在德国征信文化和征信活动中。严格的个人数据保护立法、审慎的公共征信行为、严密的信息采集流程等，无不体现出德国人谨慎、周密甚至保守的风格。

（一）崇尚思辨理性

德国征信强调依法办事，注重法制管理，崇尚思辨理性哲学。一方面，德国征信重视法典编纂，以法典为依据做出辩证理性的价值判断。1934 年，建立了中央信贷登记系统，出台操作规则；1970 年，黑森州通过的《黑森法》，成为世界上第一部个人数据保护法；1976 年和 1977 年分别制定了《一般交易约定法》和《联邦数据保护法》。另一方面，德国人凭借深刻的思辨精神和逻辑思辨能力在《商法》《银行法》《民法》《联邦数据保护法》中，通过抽象而专业的法律术语，对采集征信数据、规范信用信息公开、保护个人数据、监督管理征信业等做出明确的成文规定，崇尚思辨的精神在征信法制中体现得淋漓尽致，弥补了无专门征信管理法的缺憾。

（二）严格数据保护

由于德国历史上曾发生过独裁统治和惨重战祸，第二次世界大战结束以后，德国将隐私定义为一项基本的人权，并签署了 1948 年的《世界人权宣言》。该宣言第 12 条指出："没有人将受制于对其隐私、家庭、住所或通信的武断干预，也不可损害其荣誉和声誉。每个人都有权就遭受的这种干预或损害寻求法律的保护"。基于接受历史教训并希望不再重蹈覆辙的背景，德国征信强调人格尊严，认为只有在充分保护个人隐私的基础上才能发展征信，因而在立法上偏向于约束征信活动行为，保证个人信息控制权。作为世界上最早出台数据保护法律的国家，德国建立了世界上最为严厉的数据保护体制。

（三）贯穿保守理念

德国人行为的一个鲜明特色是合乎规矩、遵循条理、严谨保守。在公共征信方面，德国建立了中央信贷登记系统，要求金融机构按季度上报数据，主要为中央银行制定货币政策、维护金融稳定等职责提供信息支持。在私营征信方面，德国对外资征信机构和信用评级机构进入德国市场采取严格限制，国内市场上主要有舒发、海尔梅斯（Hermes）等少数几家本土征信机构。此外，德国还通过《个人数据保护法》对数据跨境流动规定了较为严格的许可、禁止与责任条款。

三、崇尚集体精神的日本征信文化

日本是典型的集体主义文化倡导者。重视群体、崇尚内部和谐等价值观和社会规范扎根于日本社会，这种集体主义倾向对日本征信业发展产生了重要影响。

（一）地缘意识强烈

日本国土面积狭窄，生存空间十分宝贵，这种独特的地理环境增强了日本地缘共同体的凝聚力。加之深受中华文化影响，"家"的意识成为日本文化的基质之一，强化了人们互助互利、共同生产的生活行为。虽然地缘共同体不是以血缘关系为纽带建立的，但日本人却试图把它看成自己的"家"，且"家"的意识更重于血缘意识。基于此，日本征信机构理所当然地选择了会员制的发展模式。各行业协会的信用信息中心根据本行业自身发展特点及授信的需要,确定信息采集和加工的范围,为协会会员提供信息服务。

（二）有限管理理念

日本征信体系的发展表明,日本政府在行业发展初期给予了一定的扶持,特别是在资金和协助银行进行资信调查方面。目前,日本征信业已经步入正轨,政府参与的痕迹几乎难以寻到。政府对外免费公开信息,同时有偿使用征信服务,如破产分析、行业预测等。政府不干预征信业经营,同时在立法方面也没有特别针对性的法律、法规。日本认为,自由经营有利于保持信用调查的公平、独立,保证调查结果的客观、公正,有利于促进行业的长久健康发展。

（三）强调共识文化

集体主义文化强调社会共识的重要性和社会内部的一致性。日本企业、个人对于早期的信用调查普遍持警惕、排斥拒绝态度,甚至不乏将调查员拒之门外、侮辱谩骂等行为。随着征信产品在经济生活中润滑与黏合作用的发挥,征信机构逐渐得到社会认同和接纳,逐步形成了银行体系、消费信贷体系和销售信用体系三类典型征信机构。这三大体系的征信服务基本能够满足会员对信用信息的需求。特别是在 2001 年《政府信息公开法》实施后,大量信息免费向社会公开,会员间信息交流和共享的共识进一步提高,三类征信机构信息采集数量进一步扩大。

四、国外征信文化的特点

美国、欧洲、日本等发达国家和地区虽然在征信发展过程中形成了各具特色的征信文化,但在隐私保护、宗教文化影响、契约精神、市场意识等方面也表现出共同的特点。

（一）注重隐私保护

征信机构的信息采集活动和信息主体的个人隐私都属于法律保护的范围,但两者之间又存在明显的权利冲突。征信机构希望以最小的成本获得尽可能多的信息;信息主体出于自身安全和利益考虑,并不希望自己过多的信息尤其是负面信息被征信机构掌握。征信业发达的国家和地区在保证征信机构顺利进行信息采集活动的同时,通过法律对信息主体隐私进行保护,较好地实现了两者的平衡,促进了征信业的发展。例如,美国将保护隐私权规定为征信立法的原则,禁止征信机构采集和使用绝对隐私信息;征信机构及其工作人员对工作中接触到的隐私信息也负有保密义务,还负有更正错误信息和将信息采集目的、使用方式等事项告知信息主体的义务。德国将信用权作为一种独立的权利加以保护,确立了信用权在民法上的独立地位,提高了个人信息保护的法律高度。《德国民法典》第 824 条明确规定:"违背真相主张或传播适于妨碍他人的信用或对他人的生计或前途造成其他不利的事实的人,即使其虽不明知、但应知不真实,仍应向他人赔偿由此而发生的损害"。

（二）融入宗教色彩

长期的宗教教化，对于多数具有宗教信仰的西方人而言，形成了潜移默化的信用观念。在征信文化演化进程中，宗教作用主要体现在以下四个方面。

（1）借助神的力量积聚财物，进而构成宗教机构出借财物的必要条件，使个人与组织之间的信用交易成为可能，从而产生了最早的信用活动。

（2）对神灵的崇拜和敬畏保证了宗教机构和神职人员出借物品的及时归还。考虑到早期宗教的权威，可以认为外在制度依托宗教的力量进入信用体系。《汉谟拉比法典》对借贷做了法律上的规范，该法典前言和后记部分均在宣扬神创造法律，这也显示了宗教在构建信用制度时所发挥的作用。

（3）为了实现公共管理职能，民族宗教和国家宗教借助神灵的力量强化诚信等道德规范，普世宗教进一步弘扬了人类共同的美德。信用在许多宗教教义中反复出现就是例证，人们共同遵守良好的道德规范有利于减少信息不对称，降低交易成本。

（4）基于政教合一或宗教与世俗政权并立的格局，宗教观念对征信文化的影响，某种程度上甚至已经扩展到法律法规制度中。

（三）固守契约精神

发达国家征信业发展中形成的契约精神是一种自由、平等、守信的理念，主要有契约自由、契约平等、契约信守、契约救济四个方面内容。在契约未上升为契约精神之前，人们订立契约源自彼此的不信任，契约的订立采取的是强制主义。当契约上升为契约精神以后，人们订立契约则源于彼此的信任。契约信守是契约精神的核心理念，也是契约从习惯上升为精神的伦理基础。当契约信守在社会中成为一种约定俗成的主流价值观时，契约的价值才真正得到实现。在契约精神的形成过程中，征信系统发挥了重要作用。通过征信系统奖惩机制，在缔约者内心之中形成契约精神，缔约双方基于守信，在订约时不欺诈、不隐瞒真实情况，不恶意缔约并完全履约。

（四）倡导信用意识

发达国家市场经济制度建立较早，随着市场经济的发展，市场逐渐成为社会资源配置的主要手段。市场对交易主体的信用意识要求较高，信用交易十分普遍，信用成为社会经济生活中必不可少的要素。使商品交换能够顺利进行的无论是企业还是普通的消费者，均有很强的信用意识。在市场经济环境下，赊销、预付等结算方式日趋普遍，商品日益丰富，交易双方十分注重对方的信用状况。为了有效防范风险，企业中普遍设有专门的信用管理部门，建立比较完善的信用管理制度，信用记录良好的企业一般不会与缺乏信用记录或信用历史记录差的企业发生交易。同时，信用交易与个人的日常生活密切相关，不良信用记录会使个人在消费、求职等诸多方面受到很大的制约，因此消费者也十分注重自身的信用状况。市场主体自身的信用意识较强，整个社会的诚信水平相对较高，为西方社会信用制度的建立和发展提供了良好的社会基础。

第三节　中国的征信文化

征信文化作为一种新兴文化,与儒家文化、企业文化、机关文化、校园文化等各种不同类别的文化一样,都是社会主义大文化的组成部分。每一类文化的出现都有其长期发展的过程,征信文化也经过历史上长期的孕育、铺垫与成长,其发展过程在较长的历史时期是潜移默化的,随着市场经济的发展和社会信用体系建设的提速变得更加成熟与明晰。经过改革开放后40余年的发展,中国征信机构数量逐渐增加,征信业务范围不断扩展,征信文化随着征信业的发展逐渐产生、发展和丰富。当代征信人秉承中国传统文化的精髓,逐渐形成了"唯信、唯实、团结、创新"的核心价值观。

一、中国征信文化的萌芽与发展

征信文化作为一种意识形态,是与征信实践的发展水平相适应的。20世纪初,中国近代第一家专业征信机构设立,现代意义上的征信活动在中国正式产生,征信文化开始萌芽并逐步发展。

（一）中国征信文化的萌芽

《诗经·郑风》中有语:"无信人之言,人实不信。"意思是如果一个人做事不讲信用,他说的话别人也不会相信。而"尾生抱柱""季札赠剑""一诺千金"则都是讲诚守信的典范故事,被广泛传播并流传后世。《孔子家语》中记载一个故事,子贡告诉孔子看到颜回偷吃,孔子说"吾信回之为仁久矣……其或者必有故乎",认为颜回这样做一定有原因,不是表面看到的这么简单,事后证明孔子是正确的。故事也说明一个人如果在以往一贯品德良好,他将来的行为一般也能够预见,不会和过去发生大的偏差。这符合"以过去行为预测将来"的现代征信思想,是征信文化理念的早期萌芽。

（二）自发的征信——政府信用传播机制

在传统社会中,国家信用的实现主要依靠声誉传播,是一种脱离有形记载的社会自发的信用记录形成机制。《尚书》中有"信用昭明于天下";《韩非子》中有"小信成则大信立,故明主积于信"。春秋时期强盛的国家特别重礼、信、义,国家拥有公信力,才能对人才形成吸引力。统治者的诚信行为通过语言交互的形式向外传播,促进政府公信力的建立,这是形成一种自然自发的征信机制。随着经济的发展,宋代出现了纸币,从宋朝的交子到民国时期的法币,有过好的发展期,但都没能逃脱崩溃的命运,说明国家信用也不能随意挥霍,实质是征信机制在其中自发地起作用,但总体来看,这种作用是相对滞后和缓慢的。结合征信文化建设的理念,在关注声誉传播机制的同时,更应将政府诚信建设放到信用体系建设的首要位置,避免因政府行为不受约束而导致社会整体信用建设受到影响。基于此,对政府及公务员系统征信体系的建设也应提速,当前将政府司法失信行为进行公示是一种很好的尝试。

（三）熟人社会与信用共同体

传统社会中的信用是一种基于家族或村落基础上的共同体信用,因充分嵌入传统社会结构而得以有效发挥约束作用。其运行机制主要有道德自律、连带机制、组织吸纳和激励惩罚机制。我国信用体系的基本框架确立于夏商时期,当时借贷关系和商业信用已经存在并得到一定发展。到西周和春秋战国时期,民间借贷的规模进一步扩大,内在信用制度为其提供了主要的履约保证机制。

南北朝时产生了专门从事借贷业务的机构——寺库,这是我国有记载的最早信用机构,在当时没有征信约束的背景下,借款人归还贷款主要是靠宗教教化对思想的权威规范。元朝时期建立了基层农村组织——农社,50家农户组成一个农社;政府出资进行水利基础设施建设,日后由农社负责偿还;对社员实行信用管理,如有不守秩序行为的农户,则由社长书写木牌挂于门户以示警告,改过后再行摘下。这已有了金融普惠以及失信惩戒、信用修复的雏形。

我国历史发展中的信用关系主要集中在村落、家族等小的信用共同体,在这些小社会中个人的信用状况大家互相了解,信息充分共享。随着社会发展,中心化的征信数据库建设成为现代社会解决信息不对称的主要手段,也是现代征信文化建设的主要着力点。随着科技发展,以去中心化、分布式记账为核心的区块链征信也在逐步完善,每个参与节点都能对主体的信用行为进行记录和信息共享。

上述两种征信系统建设模式都将小规模的信用共同体扩大到社会整体,但建设思路和方向有较大差异,体现了现代征信文化基础体系建设的多元化发展。

近代之前,中国社会经济形态一直是自给自足的小农经济。囿于生产生活范围,信用关系具有明显的地缘、血缘和人缘关系色彩,社会交易主要发生在"熟人"之中,信息不对称情况较少,人们遵循"诚实守信、童叟无欺"的信条,出现了"路不拾遗,夜不闭户"的淳朴民风,形成了"人而无信不知其可也"的信用意识和传统诚信文化。步入半殖民地半封建社会后,以小农业和家庭手工业为主要标志的自然经济形态开始解体,商品经济逐步发展,社会交易范围进步扩大,专业化程度不断加深,信息不对称情况逐步增多,征信活动有了现实需要,征信文化伴随着征信活动逐步萌芽。

（四）信用机构品牌建设和业务实践

随着社会的发展,信用服务机构的广泛出现为现代征信业的产生提供了基础。我国开始有银号和钱庄出现,到19世纪中期,钱庄已具备了承担信贷机构作用的能力,但规模和业务区域均较小。

清道光年间,出现了更高层次的信用机构——票号。票号起源于山西,其资本实力远大于钱庄,经营汇票、存放款等信用业务,随着业务发展其分号遍布全国,业务性质已近似于银行信用机构。山西票号将信誉和品牌建设放在首要位置,创建了很多商业品牌,如日升昌、蔚泰厚、大德通等,形成各具特色的品牌文化。

2005年,我国第一家小额贷款公司——平遥日升隆小额贷款有限公司诞生,公司以山西票号风格命名,既是对百年前品牌价值的延续,又赋予其新的内涵。票号的业务为纯信用放款,维系业务的支撑是人的身份以及在道义上对其信用的评估与判断。大量无抵押的信用贷款在初期对票号影响不大,但由于没有征信制度的硬约束,后期坏账的大量出现超出了票号的自身承受能力而逐渐难以为继。

经历了100多年的发展,票号的积极意义是对我国近代银行业的产生和征信机构的出现起到启蒙作用,其品牌文化和信誉传播机制对现代企业信用建设也有很好的指导意义。同时应认识到,现代征信体系在注重制度性建设的同时,道德层面作用的重要性同样不应被忽视,对道德层面的信仰伦理作用和征信层面的制度约束应给予同等重视。

(五)近代征信业发展所形成的文化理念

为解决对借款主体资信状况不了解的问题,20世纪20年代,上海已经开办了5家外资征信机构为外资银行开展资信调查。我国民族银行业机构对征信的重要性也早有认识,民国初年的《银行公会章程》规定银行公会应开办征信机构。

1932年6月6日,由中国兴信社社员上海商业储蓄银行、中国银行、浙江实业银行等商业银行联合发起设立的中国征信所,被誉为中国近代第一家专业征信机构。中国征信所业务发展过程中初步形成了"真""善""美",即审慎、明晰、公正的征信文化。第一任董事长章乃器将其归纳为审慎以求"真",详尽明晰以求"美",忠实公正以求"真",并用于指导征信所业务。所谓"真",即正确、真实、客观,这是征信工作最重要的条件;所谓"美",是指征信工作要资料详尽、内容明晰;所谓"善",指开展征信业务要光明磊落,对于信用调查的内容要多叙事实少下评语,保持客观中立的立场。

1944年,中国第一家官办征信机构联合征信所在重庆成立,1945年迁往上海,为抗战胜利后的国家金融事业提供了大量征信调查服务。

马长林于2002年指出,两家征信机构都曾为经济运行提供了丰富而宝贵的经验,为促进社会诚信观念的建立和推进信用管理提供了可贵的经验。两家机构一家民营、一家官办,活跃的民营金融业是民营征信机构的发展根基,官办征信机构则更多为国家金融垄断事业提供服务,在当时的战乱格局下,仍然取得了很大成绩。

当前形势下,以国有征信机构为基础,大力发展社会征信机构,培育健全完善的现代征信市场是我国征信业发展的基本路径,也是征信文化建设的重要依托。专业征信机构的出现,进一步扩大了征信实务的范围和边界,征信行业的价值观、从业理念等不断得到总结、归纳、提炼,征信文化逐步萌芽。

(六)中国征信文化的发展

20世纪90年代初,国务院下发了《关于在全国范围内开展清理"三角债"工作的通知》,是第一次以国务院文件的方式提出了社会信用问题。清理"三角债"工作的逐步深入使人们认识到,在信用严重缺失的社会背景下健全征信法制、发展征信市场的必要性。20世纪90年代中后期,一批信用评级机构和信用调查机构陆续成立,标志着改革开放后中国现代征信业正式起航,并在改善社会信用环境中开始发挥作用。这时候的征信文化主要表现为征信工作者的历史责任感和道德责任感,诚信、责任、创新、敬业成为其精神风貌,在一定程度上唤醒了社会公众和企业诚实守信的传统意识。

进入21世纪,随着国家对征信业发展的大力推动,征信文化理念也逐渐得到提炼和升华。2003年,党的十六届三中全会明确提出"建立健全社会信用体系,形成以道德为支撑、产权为基础、法律为保障的社会信用制度",明确了征信业的发展方向;同时,国务院赋予中国人民银行"管理信贷征信业,推动建立社会信用体系"的职责。中国人民银行在推动征信业发展和社会信用体系建设中,高度重视征信文化建设,在全国开展征信歌曲创作评选活动,《征信之歌》《我们是自豪的征信人》等一批反映征信人精神面貌的歌曲在征信行业及社会上广泛传唱;组织编写出版了《征信朝阳》《中国征信业发展报告》等书籍,客观反映了中国征信业发展及社会信用体系建设的成果;在社会上大力倡导"珍爱信用记录,享受幸福人生"的诚信理念,逐步营造起"守信激励、失信惩戒"的社会文化氛围。

2010年以来,随着社会主义文化建设步伐的加快,征信文化建设也深入推进。党的十七届六中全会强调践行社会主义核心价值观,将文化建设作为国家战略来整体推动;党的十八大明确提出,以"富强、民主、文明、和谐,自由、平等、公正、法治,爱国、敬业、诚信、友善"为基本内容的社会主义核心价值观,为征信文化建设提供了深厚的土壤和充足的养分。2012年,中国人民银行提出了征信文化体系建设框架,并在征信队伍中大力提倡"唯信、唯实、团结、创新"的征信文化核心价值观,激发了征信人的历史使命感与自豪感。2013年,《征信业管理条例》颁布实施,从法律层面明确了改善信用环境、保护个人信息主体权益的理念,推动经济主体从强制守信到自觉守信转变,征信文化建设得到深入开展。

二、当代中国征信文化的价值取向与核心价值观

随着中国征信业的实践发展,在吸收借鉴西方发达国家征信文化的基础上,中国当代征信人和征信活动的价值诉求也逐渐清晰,并在恪守契约承诺、追求真实客观、崇尚法治精神、注重以人为本、强调义利并重五个方面得以体现。

(一)征信文化的价值取向

1. 恪守契约承诺

随着市场经济发展,契约意识逐渐形成,参与社会经济活动的当事人或企业之间一般以契约或合同形式规定双方的权利和义务,约定契约双方在指定的时间和地点完成约定的事项。在信息共享的约束下,签订契约的双方守信意识逐步提高,即便偶尔发生未履约行为,征信系统也会有效记录,未履约的一方在其他社会经济活动当中将会受到很大程度的限制。长此以往,征信系统将逐步淘汰或"驱逐"失信者,为守信者营造有利的市场空间。

2. 追求真实客观

随着金融创新的发展、价值的跨期转移,契约达成和权利转让都需要完备的征信制度予以保障。征信需要以实事求是的态度研究解决问题,用真实准确地记录反映变化和发展的信用行为,让纳入征信系统的信息真实且可验证,支持经济金融创新和发展。

3. 崇尚法治精神

制度可以在一定程度上约束人的机会主义行为倾向。大量失信行为和失信事件的产生,主要原因在于征信法律制度不健全,社会信用激励惩戒机制不完善。随着《征信业管

理条例》等法律制度的出台,对征信行为的约束上升到法制层面,经济主体必须在法律允许的范围内从事征信活动,否则有可能违约、违章甚至违法,受到法律法规的制裁。

4. 注重以人为本

征信文化植根于征信活动,与人的信用需求及切身利益息息相关,应当在征信活动中始终强调保护个人隐私,维护信息主体的合法权益,这也是征信业发展的坚实基础。《征信业管理条例》和《征信机构管理办法》对个人征信业务实行从严管理的原则,切实保护信息主体权益,进一步体现了以人为本的征信文化理念。

5. 强调义利并重

信用是有价值的。征信业发展成熟后,信用的市场价值属性将更加突出。在社会主义市场经济环境下,宜秉承"政府引导、市场主导"的原则推动征信市场发展。同时,应强调以道德信义为基础,严守诚笃与信义,遵循合法、合规、合理获利原则,先义后利,以义制利。

(二)征信文化的核心价值观

在寻求共同价值诉求的基础上,征信队伍逐渐提炼形成了当代中国征信文化的核心价值观——唯信、唯实、团结、创新。"唯信、唯实"体现了信用品格,是征信业发展的价值生命线;"团结、创新"为征信业提供源源不断的动力和源泉,是征信业发展的内在力量。

(1)"唯信"是征信文化核心价值观的灵魂,指诚信、信用,包括四层含义:一是忠诚老实;二是讲真话、审慎做出承诺;三是兑现已经做出的诺言;四是受诺方对允诺方的真诚和守信给予积极响应。"唯信"是征信行业应当秉承的坚实理念,要在征信行业树立以信为先的道德准则;要坚守征信业务的公正性和独立性;要做到言必行、行必果,恪守行业执业守则和行为规范,有诺必成,率先垂范。

(2)"唯实"是征信文化核心价值观的基础,指实事求是、务实。"实事求是"要求从实际对象出发,探求事物的内部联系及其发展的规律性,认识事物的本质,并按照事物实际情况说话、办事,要求讲究实际,不求浮华。"唯实"是征信业信守的坚实根基,要在征信业树立实事求是、讲求实效的行为准则;要在征信业发展中寻求科学发展规律,从实践中求出真知;作风要朴实,工作要扎实。

(3)"团结"是征信文化核心价值观的保障,指相互协作、相互配合、形成合力。"团结"是推动征信业发展的组织保障,要在征信行业中树立团结协作的理念;形成相互尊重、相互信任、相互学习的氛围,树立大局意识、和谐意识,充分发挥集体智慧和力量,致力于打造上下一致、横向联动、齐心协力、共谋发展的良好局面,共同推动征信业发展。

(4)"创新"是征信文化核心价值观的源泉,指征信制度、征信管理、征信市场等方面的改进、完善和提高。"创新"是征信业发展的内在动力,瞬息万变的金融市场要求征信行业不断适应新情况,创新工作方法,解决新问题;要杜绝不思进取、安于现状的思想,在创新中破解难题,用不断创新的魄力为征信事业全面发展和不断进步提供生生不息的力量源泉。

征信文化核心价值观以诚实守信为基本道德底线,以实事求是为基本判别标准,以征信实践为牢固基础,以征信制度为有力保障,以建立"守信激励、失信惩戒",机制和促进社会和谐发展为基本建设目标。弘扬征信文化的核心价值观，不断丰富完善征信文化内涵，在征信人中倡导诚实守信、求真务实、团结协作、严谨敬业、开拓创新的良好工作作风，推动征信产品在社会各个领域的广泛运用，营造"守信光荣、失信可耻"的良好氛围，有利于提升全社会的诚信意识。

（三）征信文化与社会主义核心价值观及征信队伍建设

社会主义核心价值观对征信文化建设具有指导和统领作用，征信文化建设则是对社会主义核心价值观的生动体现。社会主义核心价值观把富强、民主、文明、和谐作为国家层面的价值目标，把自由、平等、公正、法制作为社会层面的价值取向，把爱国、敬业、诚信、友善作为个人层面的价值准则，是全社会努力的方向，也为征信文化建设指明了前进的道路。以社会主义核心价值观为指导，在征信实践中总结提炼出来的征信文化核心价值观，具体体现了社会主义核心价值观的内在要求，增强了征信人的凝聚力和向心力，体现了征信活动不同参与者的共同诉求。在核心价值观的指导下，征信业在规范发展中将充分体现公正、法制、诚信、务实、创新、进取、和谐等价值理念，推动征信文化建设取得成效。

作为征信行业贯彻落实社会主义核心价值观的具体举措，征信文化建设应贯穿于征信业发展和社会信用体系建设的全过程。应始终把诚信作为基本价值准则，从自身做起，倡导诚实守信，在征信行业树立以信为先的理念和守信践诺的作风；应把法制作为征信业务发展的重要保障，建立和完善征信行业的法规制度，为征信业可持续发展奠定制度基础；应把公正、和谐作为推动征信业发展的重要人文价值取向和征信人追求的目标，落实到征信工作的各个方面和具体环节，为征信事业发展提供不竭的动力源泉。

征信文化建设的重要目标是建立一支作风优良、本领过硬的征信队伍，征信队伍的建设则离不开征信文化的引领。征信文化是征信队伍成长的思想基础和征信事业发展的重要元素，加强征信文化建设是培养征信人才、造就优秀征信队伍的有效途径。把征信文化建设有机融入征信队伍建设当中，将核心价值观、管理制度及工作规范、工作作风及行为方式、文化创造和文化展示贯穿于队伍建设的始终，充分发挥征信文化的凝聚、导向、激励和约束作用，不断强化征信队伍的责任意识、进取意识、法制意识、专业意识、和谐意识，对于铸造一支风清气正、勇于担当、团结创新、守信务实的征信队伍，将起到根本性的作用。

三、征信文化建设的途径

文化自信，就是对自身文化的充分认同。文化自信主要强调的是活动在某种文化环境下的主体，对自身文化价值的充分肯定，对自身文化生命力的坚定信念。中国正处在社会主义市场经济发展的重要阶段和经济发展转型的关键时期，建立和完善与市场经济发展相适应的现代征信文化，是征信业健康发展的客观需求，也是市场经济发展的必然要求。

1. 坚持中华优秀传统文化，提升征信文化自信

习近平总书记在党的十九大报告中指出，要"坚定文化自信，推动社会主义文化繁荣兴盛"，这对于基层央行加强征信文化建设提出了更高的要求。文化自信是文化建设的内在动力，文化建设源于文化主体信念。中华民族经过几千年的发展，形成了以"诚实守信"为核心的信用文化，其中人格信任、道义信任以及重自律等思想在社会主义市场经济条件

下仍具有合理性和生命力。培育新时代的征信文化,要将中国传统文化重自律、重人格的精神与西方文化重他律、重契约的精神相结合,丰富征信文化的历史内涵,形成具有中国特色的征信文化。

(1) 先进征信文化建设应做到"扬弃"。"扬弃"的本质既要做到吸收,又要去除掉落后文化,在全球经济化的时代背景下,世界各国在政治、经济和文化领域的交融越来越明显,因此,应重视吸收中华优秀传统文化的精髓,真正立足于市场经济条件下征信业的实际状况,抵御不良文化入侵。在"扬弃"中华文化的过程中,既要避免全盘照抄,认为传统文化都是先进的,在征信文化建设时,未经任何改变就开始运用;又不能全盘否定,即"文化虚无主义",认为传统文化都是糟粕,都照搬国外文化。坚持辩证唯物主义观点,遵循一分为二看待问题的规律,合理吸收优秀传统文化精神,促进征信工作依法持续地运作。

(2) 文化自信应来源于五千年中华文化底蕴,通过文化的方式,提升基层央行征信工作实力。中华文化强调求同存异、海纳百川,因此在建设先进征信文化时,应重视学习中外文化,大胆创新文化内涵,促使先进传统文化与国外文化的融合,真正做到洋为中用、古为今用。在实际建设过程中,应协调好传统文化与国外文化之间的关系,促使征信文化走向世界,形成独立的文化软实力。

2. 丰富征信文化特色内涵,创新征信文化体系

由于现代科技水平的快速提升,大数据、区块链等新技术日新月异,对传统意义上的征信体系建设和文化理念形成了一定冲击。新时期征信文化的发展与创新,首先要加强对文化历史发展趋势的探究,更加深入地探索征信的本源及对经济生活的作用和影响。

习近平总书记指出:"当今世界,要说哪个政党、哪个国家、哪个民族能够自信的话,那中国共产党、中华人民共和国、中华民族是最有理由自信的。"因此,应重视挖掘革命实践中形成的具有中国标识的革命文化,将其土地革命、抗日战争和解放战争的伟大胜利,开创的平等、公平的社会局面转化为精神动力,引导社会学习革命文化的内涵,用红军长征中的坚韧不拔、艰苦奋斗精神感染人,带领人积极创建征信管理与征信服务的文化环境,营造守信光荣、失信可耻的良好社会信用氛围。基层央行应提升文化自信,积极响应党中央的号召,及时适应时代发展潮流,结合市场经济变化需求,孕育革命文化和社会主义先进文化,积淀中华民族最深层的精神追求,代表中华民族独特的精神标识。

社会主义先进文化,是以马克思列宁主义为指导,以社会主义核心价值体系为灵魂,面向现代化、面向世界、面向未来的文化,是民族的、科学的、大众的文化。

一般属性而言,文化是人的生存方式。社会主义先进文化作为一种先进的生存方式,来源于社会主义革命和建设实践,服务于社会主义革命和建设实践。同样,文化也是一种力量。习近平总书记指出:"文化的力量,或者我们称之为构成综合竞争力的文化软实力,总是'润物细无声'地融入经济力量、政治力量、社会力量之中,成为经济发展的'助推器'、政治文明的'导航灯'、社会和谐的'黏合剂'"。因此,基层央行应高举社会主义先进文化旗帜,将其转化为一种凝聚力量,使征信工作者在现实履职过程中感受征信事业发展实际,全面理解社会主义先进文化的时代内涵,并以其为引领,在推进社会信用体系建设过程把握征信市场发展方向,激发自身的履职热情,增进履职的凝聚力和感染力。

在征信文化建设的过程中,应将征信文化融入社会主义先进文化建设之中,征信文化是社会主义先进文化重要组成部分,高扬社会主义先进文化旗帜,传递特色文化正能量,用改革精神凝聚力量、用法律制度规范行为,用创新精神开拓征信市场,并以此引领征信文化不断发展,为社会主义先进文化的繁荣发展提供更为丰厚的滋养。

3. 完善征信法制建设,推动征信文化的系统性建设

征信业发达国家的经验表明,完备的征信法律保障体系是促进征信文化发展的有效手段,也是保障征信文化不断传承和发展的必要措施。中国征信业还处于起步阶段,征信法律制度体系尚不健全,还需要制定促进社会信用、保护个人信息的相关法律法规,完善《征信业管理条例》配套制度,形成符合中国国情的征信法律体系。通过完善征信法律制度体系,促进市场主体依法订立和履行契约,明确各自责任、义务和权利,规范行为方式,提升征信文化的制度内涵。征信文化作为一种社会意识,必然会受到社会存在及经济基础的决定作用与影响。因此,征信文化建设不可能一蹴而就,要在征信管理部门、金融机构以及征信机构等层面分别制定和实施征信文化建设体系,提出契合征信业发展的征信文化建设目标,将征信文化建设纳入征信事业的整体发展规划之中,逐步推进。同时,需要动员一切社会力量,调动一切积极因素,互相配合,共同参与,合力推动征信文化建设。

教育是普及征信知识、提高社会信用管理能力的重要一环。

(1)要重视学校教育。要在幼教和中小学教育阶段,有目的、有意识地开展征信知识、信用意识的教育;在大学阶段,逐步开设征信课程,增加科研工作投入,培养征信专业化的人才,发挥国民教育在征信文化传承创新中的基础性作用。

(2)要加强职业培训。征信机构和行业协会要加大培训力度,建立在职人员培训机制,不断提升员工的职业素质与道德修养。

(3)要推进社会教育。向社会公众普及征信知识,面向广大群众开展征信教育,传播征信文化,让征信文化在走向机关单位、企业车间、田间地头的过程中取得社会的广泛认知和认同。

第四节　征信教育理论

一、征信教育的内涵

征信教育是指围绕征信知识和诚信意识传播开展的一系列宣传、培训和专题讲座等活动。征信教育以金融领域为核心,涵盖经济领域的信用教育,并辐射社会领域的诚信教育。征信教育的主体是征信业监督管理部门、其他政府部门、征信行业协会、征信机构、金融机构、教育机构、社团组织等;征信教育的对象包括有关政府部门及公务员、企业、学生、社会公众等;征信教育的目的在于促进征信市场发展,提升全社会信用意识和诚信观念、推动社会信用体系建设。

二、征信教育的原则

1. 普及性

征信教育的普及性是指征信教育覆盖一切有接受教育能力的社会公众,覆盖受教育主体的任何阶段。具体来讲,包含两个方面的内容:一是征信教育面向一切有受教育能力的社会公众普遍推广,任何有受教育能力的社会成员都可以成为征信教育的受众;二是征信教育应该是伴随一生的、持续的、不间断的过程,应涵盖征信教育各个阶段。

2. 客观性

征信教育的客观性要求征信教育的内容必须真实客观;教育的方式要公平,要保证弱势群体能够获得征信教育;教育实施主体要具备权威、公信力和独立立场。

3. 有效性

征信教育的有效性是指在征信教育目标的基础上,实现教育的效率与效益。其中,效率是指通过有效的教育实施主体、选取有效的教育方式、提供有效的教育内容,保证征信教育目标的实现;效益是指通过有效率的征信教育,达到征信教育的产出效益。

三、征信教育的必要性

随着全球经济金融的发展和征信体系的建立,各国围绕信用信息开展的征信活动正日益影响着每个经济活动主体,征信教育的必要性已经日益显现。

1. 征信教育是征信行业发展的需要

征信行业的特殊属性决定了它对来源于信息主体的信用信息具有高度的依赖性,而信息主体是否了解征信、征信体系,是否对征信体系抱有信心,是否能够主动、及时、准确地提供和更新信息,在一定程度上会影响到征信机构的数据质量;同时,信息主体主动关心征信记录,维护自身的征信权益,还会对征信机构数据质量提出更高的要求,形成一种外部约束。这就使得征信行业的发展迫切需要征信教育的支持。

2. 征信教育是信息主体权益保护的需要

随着征信体系的完善和社会信用体系建设的推进,在实现信息共享与公开的同时,更加需要关注信息主体权益保护和信息安全问题。因此,除了进一步完善信息主体权益保护和信息安全法规制度外,有必要通过征信教育提升信息主体权益保护的意识和能力,更好地维护自身合法权益。

3. 征信教育是培养征信人才的需要

征信业作为智力和技术密集型的新兴行业,需要大量具有良好专业知识和较高综合素质的专门人才。征信专业人才匮乏在一定程度上抑制了征信业的快速发展。征信教育承担着为征信行业提供高素质从业人员的职责,通过学校教育、职业教育、行业培训、理论研究等方式加强征信人才的培养和教育,不仅可以充实征信专业人才队伍,为国家征信和社会信用体系建设提供专业人才储备,还可以提高征信从业人员的职业素养和工作水平,促进整个征信行业及征信市场的健康发展。

4. 征信教育是全社会树立诚信意识和传播征信文化的需要

市场经济是信用经济,它要求市场主体在诚信规范下合理配置资源,合法开展经营。而一些经济主体违背法律和道德、丧失诚信的行为,在一定程度上破坏了正常的经济秩序,同时也不同程度地削弱了人们对法律秩序和道德观念的遵从。

通过征信教育,传播征信知识,弘扬征信文化,重新树立人们对诚实守信的信心,形成遵守市场规范的自觉性,对于提升全社会诚信意识,形成崇尚诚信、践行诚信的社会风尚和社会文化具有重要作用。

四、征信教育的目标

按照征信体系及社会信用体系建设的不同阶段,可以将征信教育目标划分为初期目标、中期目标和远期目标,并通过目标的设定指导征信教育的实践。

1. 征信教育的初期目标

在征信体系建设初期,授信机构和其他信息提供者担心竞争对手窃取其优质客户而拒绝共享客户的正面信息,政府部门由于部门利益等因素不愿意公开和共享信息,借款人出于对个人隐私的担心和保护也不愿意共享个人信息,这在一定程度上阻碍了征信业务的发展。因此,征信教育的初期目标是推广征信概念,帮助征信参与各方转变认识,使其逐步建立起"能够从征信中获益"的意识。

2. 征信教育的中期目标

在征信体系建设中期,由于征信各参与方已经形成对征信系统的认同,并意识到征信体系建设的重要性,征信教育内容也从初期的转变意识、培养认知转变为高效参与。因此,征信教育的中期目标是如何最大限度地发挥征信参与方在推进征信体系建设中的作用,达到征信各方积极参与并支持征信系统建设、信息共享以及基本建立征信约束机制的目标。

3. 征信教育的远期目标

征信教育的远期目标是要实现征信教育的所有功能,充分发挥征信教育在培育诚实守信社会氛围、提升公众信用管理能力、维护公众合法权益、助推金融稳健发展等各方面的功能。

五、征信教育的功能

(一)微观层面

(1)征信教育有助于提高征信机构的运营效率,促进征信产品的推广应用,构建征信产品和服务的外部约束机制。征信教育可以帮助征信活动参与方建立起征信意识,有效减轻其对征信活动的顾虑,提高对征信业务和产品的参与和认可,进而提高征信机构运营效率。同时,借助于有效的宣传引导,还可以增强信息使用者对征信产品的信心,有助于征信产品的推广应用。此外,征信教育的普及增强了社会公众对征信业务、流程和权益的知晓、理解和应用能力,使得社会公众对征信产品要求更加严格,客观上形成了对征信产品和服务的外部约束。

(2)征信教育有助于授信机构扩大服务覆盖面,防范信贷风险,增强参与征信体系建设的意愿。授信机构是信用信息的主要提供者和使用者,征信教育有助于帮助授信机构更好地提供和使用信用信息,扩大服务覆盖面。在此过程中,征信教育的引导、失信惩戒机制的建立等使得消费者信用管理意识和能力不断增强,成为授信机构的良好客户群体,提高了授信机构防范信贷风险的水平。同时,在征信活动中,征信教育让授信机构了解到信息共享的优势,减轻了授信机构对信息共享的顾虑,增强了其参与征信体系建设的意愿。

（3）征信教育有助于提高信息主体的自我信用管理能力,增强其维护自身合法权益的意识和增强其对征信活动的信心。征信教育在开展道德层面诚信教育活动的同时,着重加强公众对征信产品和信用风险的识别教育,重视公众在信用交易中权责意识的培养,促进公众整体金融素养和信用管理能力的提升;而对于公众征信权益的普及教育,在增强公众依法维护自身权益能力的同时,也增加了公众对征信活动的信心。

（二）宏观层面

（1）征信教育有助于促进经济社会健康发展。征信体系是经济社会健康发展的重要前提之一,作为征信体系建设的重要组成部分,征信教育通过传播征信知识、弘扬征信文化、营造诚信氛围、提升信用意识、维护信用权益的独特方式,为社会健康发展提供了思想保证和精神动力,为金融安全运行和市场经济规范发展营造了舆论支持和诚信氛围,有力助推了经济社会健康发展。

（2）征信教育有助于培育诚实守信的社会氛围。征信教育的本质就在于通过舆论引导、政策咨询、培训教育等方式,使受众在认同诚实守信基本道德观念的基础上,遵循征信机制和失信惩戒机制的基本规范,增强自我约束能力,在经济交往中自觉践行承诺,取信社会。征信教育的开展和普及,强化了信用关系中的责任、激励和约束机制,有助于社会公众诚信意识的培养和道德素质的提高,有助于诚实、自律、守信、互信的社会环境的形成。

（3）征信教育有助于推动实现社会和经济的包容性增长。包容性增长的目的是要消除各阶层、各群体之间的共享障碍,让发展的成果惠及所有人,让所有的人共享成果。体现在征信教育上,是指征信教育在方式和内容上尽可能地追求最大限度的公平,在信息指导和能力培养方面重点向弱势群体倾斜,保障弱势群体得到公平教育机会和信贷机会,引导金融机构提供公平信贷服务、发展普惠金融,推动金融机构更多地惠及社会公众和经济发展薄弱环节,从而推动经济社会和谐发展。

第五节　征信教育的组织与实践

一、征信教育的主要实施主体

1. 征信业监督管理部门主导,联合其他政府部门、征信机构、金融机构

征信业监督管理部门是征信教育的主要实施者,通过向公众做出征信法律条文的权威解释、传播征信管理知识、举办征信教育大型活动等方式,帮助公众了解征信知识,提高公众信用意识,增强公众信用管理能力。其他政府部门在征信教育中具有重要的地位,其承担着社会管理和公共服务职能,在培育社会诚信理念、营造社会诚信氛围、保证信息渠道的畅通、征信教育战略的组织协调等方面发挥着重要作用。征信机构作为征信市场主体,通过征信产品的广泛使用宣扬征信理念,同时,征信机构还直接对信息主体进行征信知识的传播。金融机构在开展征信业务活动过程中,负有向金融消费者解释说明服务条

款及相关风险,向信息主体提示信用违约成本的义务。

2. 教育机构

征信教育的开展受到各个国家的高度重视,教育机构具有天然的教育优势。通过与教育机构的合作,以国民教育体系内的大学、中学、小学为载体,充分发挥学校教育的资源。结合不同阶段学生的生理和心理特征,将征信教育与社会公德教育、法制教育、心理健康教育有机融合,通过设置教育课程、组织信用教学社会实践活动等开展多种形式的征信教育。相关社会培训机构以及职业教育机构,以提高征信职业技能、开展职业资格培训为目的,通过聘请专家到企业给征信及相关人员提供短期面授培训,或者进行函授教育培训等方式,向征信相关人员提供有关征信及相关技术方面的知识。

3. 行业协会或社团组织

征信业协会、银行业协会、金融教育协会、消费者权益组织等也是征信教育的重要实施主体。这些行业协会、社团组织发挥自身组织优势和宣传优势,广泛开展各具特色的自我教育,不仅丰富了征信教育的教育形式,而且有效弥补了官方征信教育在经费、渠道、人力资源投入等方面的不足。从国际经验来看,很多国家就依托社团组织,将征信教育延伸至社区。

二、征信教育的主要对象

1. 政府部门及公务员

政务诚信、司法公信是社会信用体系建设的重要内容,对其他社会主体诚信发挥重要表率、导向作用,通过开展面向政府部门及公务员的征信知识宣传教育,引导政府部门及公务员切实加强政务诚信、司法公信建设,牢固树立诚信政府的新理念,强化诚信守法、廉洁执法的意识,进而形成对整个社会诚实守信氛围的示范效应。

2. 企业

征信活动通过收录企业信用信息,对企业信用状况进行评价,进而影响到其未来信用交易活动,因此有信用交易活动的企业是征信教育的主要对象之一。同时,按照征信教育普及性原则要求,征信教育也注重小微企业等缺乏信用记录的主体对于征信教育的个性化需求,保证小微企业也能得到征信知识的普及教育。

3. 学生

学生是未来经济金融活动的主要参与者和社会信用体系建设的新生力量,通过征信教育,为学生提供良好的学习和交流平台,使他们在日常生活中能运用所学知识,科学开展个人信用管理活动,避免产生不良信用记录。同时,通过征信教育,增强学生的信用意识,使其成为社会诚信的重要力量。

4. 社会公众

现代社会,征信产品的复杂性、信用市场的风险性要求全体社会经济主体必须具备相关征信知识,具有识别、防范和管理信用风险的能力,以适应经济发展的客观要求;同时,经济的快速发展与社会转型也要求社会公众具备信守承诺的意识,诚信参与社会经济活动和信用交易,因此征信教育的对象还覆盖其他有接受教育能力的社会公众。

三、征信教育的主要内容

（1）面向政府部门及公务员，围绕社会信用体系建设的紧迫性和必要性、社会信用体系建设规划纲要的主要内容展开，包括依法行政，推进政务公开，提高政府工作效率和服务水平，转变政府职能；完善政府决策机制和程序，提高决策透明度，发挥政府诚信建设示范作用；加快政府守信践诺机制建设，营造公平竞争、统一高效的市场环境；加强公务员诚信管理和教育，增强公务员法律和诚信意识，建立守法守信、高效廉洁的公务员队伍等。

（2）面向企业及其财务管理人员，主要包括征信业务与征信产品、企业诚信管理制度建设、利用征信为企业融资和经济交易提供便利等。通过征信教育，引导企业在生产经营财务管理和劳动用工管理等各环节中强化信用自律；建立科学的企业信用管理流程，防范信用风险，提升企业综合竞争力；强化企业在发债、借款、担保等债权债务信用交易及生产经营活动中诚信履约；鼓励企业建立内部职工诚信考核与评价制度等。

（3）面向学生，小学阶段，以诚信教育为主，少量涉及基础征信知识；中学阶段，在诚信教育基础上，逐步渗透征信知识；大学阶段，主要是通过专业课程的设置实现对大学生征信知识的普及传播，课程主要包括信用和市场风险管理、企业和个人信用管理、征信数据库应用技术、信用评级、征信管理等。而非相关专业学生，尤其是持有信用卡或接受助学贷款的学生，则可通过学校组织的征信知识讲座、金融机构宣传、监管部门联合高校开设的选修课程等途径获得征信知识。

（4）面向社会公众，主要围绕征信业务或征信活动以及征信法律制度展开。例如，什么是信用记录、什么是个人信用评分业务、信息如何报送至征信机构、征信机构如何开展个人信用评分；征信信息采集、处理与使用、信息主体权益保护、征信管理等。同时，以征信文化和诚信宣传为内容的征信教育也应作为社会公众征信教育的重要内容之一，教育内容以褒扬诚信、惩戒失信为主。

（5）面向征信从业人员，以专业教育、在职教育或行业培训等为主。由于征信活动涉及统计、数据库、信息检索、网络、计算机软件技术、财会管理、经济学、金融、法律、档案管理、信用风险管理、信用评级、信用调查等学科内容，因此，面向征信从业人员的教育内容非常广泛，其中风险管理、市场调查、信用评级等课程往往是教育的重点。

（6）面向农村社会成员，主要包括开展农村信用体系建设的重要意义、农村信用体系建设的主要内容、农村信用体系建设的服务对象；如何建立农村社会成员的信用信息档案、信用信息档案的作用；如何推进农产品生产、加工、流通企业和休闲农业等涉农企业信用建设等。通过对农村社会成员开展征信教育活动，有助于提高农村社会成员对征信产品与服务的认识，增强农村社会成员的信用意识和风险意识，改善农村地区信用环境。

四、国外征信教育的主要实践

（一）英美征信宣传教育的特点

1. 内容丰富

美国征信宣传教育涵盖理财、管理信用、向银行借款、保护个人信用评分，以及防范身份盗用和信用诈骗等方面,其内容主要围绕美国财政部和美联储确定的积累储蓄、避免高成本的债务、改善付款方式、按时支付账单、还款额超过最低还款额、衡量消费需要和只获得需要的贷款、了解信用历史等个人信用管理基础展开。此外,美国征信宣传教育还融入了国民教育体系中的中小学课程教育,大学及研究生教育中的正规信用管理课程,以及社会组织和征信机构提供的短期在职信用管理教育培训等。

英国通过"发放资料、广泛合作、提供咨询、重点教育"开展全方位普及式宣教。英国金融服务管理局作为英国征信宣教的主要负责部门,其宣教内容包括征信知识的咨询与服务,免费提供学习资料,与教育部、民间公益性组织合作开展征信知识普及推广,向社区免费提供金融咨询服务等。2006年,英国金融服务管理局启动金融知识宣传普及"七项重点工作方案",内容涵盖中小学金融知识普及、帮助年轻人树立理财观、工作场所金融知识传授、消费者金融知识普及、在线理财工具、新婚夫妇理财、金融事务咨询等。英格兰银行也对金融领域从业人员开展征信宣传教育,其博物馆向社会公众开放,宣传英格兰银行的历史、现状及相关金融知识。

2. 形式多样

美国征信宣教善于利用各种宣传手段。除发放资料、制作手册、提供课程教育、召开学术研讨会等传统方式外,美国征信管理部门、征信机构和行业协会还广泛利用互联网等新型传播渠道,建立专门网页介绍征信知识,与公众开展网上互动,提供咨询服务。目前,美国征信宣教已形成"重视青少年教育、强调终身学习"的相对完整的体系。一是从娃娃抓起,开展中小学生征信课程教育,向其灌输信用知识和诚信意识。二是重视高等教育,美国大学家长联合会提供了相关专题材料指导大学教师帮助学生应对身份冒用,部分大学还开设信用管理专业对 MBA 以上的高层次学生设置信用管理课程。三是强调终身学习,通过公开信息等方式向公众普及保护个人信用等金融素质教育。

英格兰银行通过定期发布《金融稳定报告》、高层发表专题演讲、接受媒体采访、开展网络宣传与咨询等多种途径对金融领域及密切相关部门的从业人员开展征信教育。英国金融服务管理局与国民咨询服务局合作,向社区免费提供金融咨询服务,与邮电局合作将有关金融宣传资料免费向社会发放,与教育部建立联系强化与学校的交流合作,开展征信知识普及推广工作。

3. 实效性强

美国高度重视征信宣传教育的实用性,多以通俗易懂的手册、视频等载体向公众普及征信知识。美联储金融教育网站专门向公众提供包含信用管理和保护个人信用评分等内容的小手册。波士顿联邦储备银行发布征信教育视频,解释如何防止身份盗用,以及定期检查消费者报告的重要性,帮助消费者了解信用报告。美国信贷咨询基金会(NFCC)为公众提供解决信用报告信息不准确的指南手册,帮助公众了解如何提起异议申请等,并为公众提供经过 NFCC 成员机构培训和认证的顾问服务。

英国金融监管当局非常重视征信宣传教育过程中与公众的互动交流,除了向社区免费提供包括征信知识在内的金融咨询服务、发放征信宣传资料和开展中小学征信知识教育外,还建立了多种征信知识咨询服务沟通渠道,包括开设"消费者求助"网站提供征信咨询服务,设立"消费者热线"受理征信等金融业务咨询。

（二）英美征信宣传教育的经验

1. 制定征信宣传教育规划

1985 年,美国国际信用协会下属的教育基金制定了"公元 2000 年挑战计划",计划在高中教育中普及信用和信用管理基本知识,培训中学教师并编写信用管理科普教材,向公众普及信用管理知识,举办征信相关报告会等。2007 年,美国国会批准将每年的 4 月作为全国"金融普及月",明确相关各金融机构在"金融普及月"中开展青少年金融知识普及活动的义务。美国财政部金融教育办公室(OFE)也将信用管理问题作为其关注的四个领域之一。在英国,金融服务管理局设有金融能力指导委员会,专门负责制定、实施国民金融素质培养总体规划,并协同有关单位,共同推进包括征信在内的金融知识教育工作。

2. 将征信教育纳入国民教育体系

美国主要是将征信教育纳入国民金融教育一并开展。2003 年,美国联邦政府颁布了《金融扫盲与教育促进法》,明确提出将国民金融教育正式纳入国家法案。新泽西等 6 个州通过立法,将金融教育列为从启蒙教育至大学教育的 12 年学校教育必修课程,并将修习金融课程学分情况列为学生获得贷款的必要条件。美国财政部每年组织开展金融能力挑战赛,学生利用网上资源学习金融知识,并参加在线考试,获胜学生可以获得相关证书。美联储也定期组织高中生挑战赛,鼓励高中学生学习更多金融知识。

2008 年,英国将个人理财知识纳入了《国民教育教学大纲》,要求中小学校必须对毕业生进行良好的金融知识教育;金融能力指导委员会等有关部门也免费向学校提供教材、课程设计、师资培训等帮助。

3. 广泛开展网络征信宣传教育

随着网络的广泛普及,互联网已成为征信宣传教育的重要渠道。美国众多政府部门、金融机构、非营利性社会组织、行业协会的网站上都可以查询到信用报告查询、提升信用评分、防范身份冒用、信用报告错误更正等资料。美联储在其网站上为高中及以下年级的教师提供了生动活泼的教案和电子刊物,将信用知识嵌入引人入胜的儿童故事中,传播征信知识。英国金融服务管理局也在其官网上专门提供有关征信、金融产品、信用报告等方面的资料和咨询服务。

4. 众多主体共同参与宣传教育

在美国开展征信宣传教育的机构主要包括三类。

(1) 相关政府机构,如美联储、财政部、联邦政府等,负责提供征信宣教指导,编写宣传材料和视频,组织征信宣传教育研讨。

(2) 各类非营利性社会组织,包括国家信贷咨询基金会、金融咨询和规划教育协会、美国社区金融服务协会、美国消费者协会等,负责在各自领域开展征信知识宣传教育。

(3) 相关金融行业协会,如美国银行家协会、国家信用互助协会。如美国联合信用局、房利美、房地美、万事达、维萨以及商业银行等,主要负责在推销产品的过程中,向潜在客户介绍必要的征信知识,给予消费者简单的信用提升指导。在英国,金融服务管理局、英格兰银行、征信机构、高等院校等也广泛参与到征信宣传教育活动中。

5. 开设信用管理专业教育

信用管理专业教育为现代信用活动培养了人才,提升了征信活动的影响力和权威性,是征信宣传教育体系中不可或缺的一环。美国部分大学设有信用管理专业,如美国达特茅斯学院信用与财务管理研究生院,专门针对各类大型企业培养信用管理人才。许多社会机构业务也提供信用管理职业培训,如国际信用协会向信用管理从业人员提供正规教育,并颁发专业毕业证书;提供"信用与财务管理"等课程函授培训。在英国,不少大学也教授信用管理专业课程,如奥克汉姆郡信用管理学院就是欧洲提供信用管理正规教育的著名机构;里斯大学商学院也设有信用研究中心。

6. 重视公民信用意识培养

欧美国家非常重视培养公民的个人信用意识,无论是企业还是个人都具有很强的信用观念,十分关注自身的信用记录状况。在美国,失信者因负面信息难以开展正常的经济活动,社会上流行着"不讲信用就是和自己的钱过不去"的主流诚信文化。在英国,征信产品的大量销售增强了社会公众的信用意识,促使个人更加注意建立和维护自己的信用。多种途径的征信宣传教育使得公民具有较强的信用意识,进而推升市场对信用产品的巨大需求,成为支撑发达国家征信机构生产加工和销售征信产品的原动力,形成"征信宣传教育、信用意识培育、信用产品生产"的良性循环。而且,征信机构组织其成员开展一些针对性的信用风险防范宣传和征信教育。

五、我国征信宣传教育实践

(一)我国征信宣传教育工作的现实情况

1. 征信宣传教育框架稳固确立

自 2003 年国务院明确赋予中国人民银行"管理信贷征信业,推动社会信用体系"的职责以来,人民银行征信管理部门一直致力于宣传征信业务、普及征信知识,十多年来,征信宣传教育的体系框架逐步确立。

(1)明确宣传内容。人民银行征信宣传教育工作主要以信贷征信宣传为重点,涵盖重要法规、政策和制度(如《征信业管理条例》《社会信用体系建设规划纲要(2014—2020年)》等)、征信及金融知识、金融信用信息基础数据库建设及作用、小微企业和农村信用体系建设情况、金融消费者权益保护等内容。

(2)建立宣传工作机制。人民银行的征信宣传教育主要采取"自上而下、协调联动"的工作模式,即人民银行总行研究制定征信宣传教育的规划与方案,各级分支机构结合辖区实际,开展形式多样、各具特色的宣传教育活动,其他金融机构、征信机构按照人民银行的部署,依托点多、面广、贴近客户的优势,广泛开展宣传活动。

2. 征信宣传教育形式日趋多样

(1)持续开展全国征信专项宣传活动。人民银行总行统筹规划,集中组织各级分支机构、金融机构、征信机构,采取全国联动、合力推进的方式,开展"6·14 信用记录关爱日""征信专题宣传月""消费者权益保护日"等大型集中宣传,此类活动受众面广、公众参与程度高,多年来,已经形成较大声势和较高知名度,是目前征信宣传的主要形式。

（2）常态化开展地方特色宣传活动。金融机构可以开展征信文化宣传产品创作评选活动，征集视频作品，并在各银行网点进行播放宣传，增强征信文化的亲切感、鲜活感、认同感。

3. 征信宣传与学校教育结合日益密切

中国人民银行联合四部委发布《关于进一步做好诚信文化教育工作的通知》，从专业教育和普及教育两个方面，推动征信文化教育工作。高校开设征信选修课，大学建立征信宣传教育，职业学校开设了诚信讲座，数万名中小学生通过思想品德课程接受诚信文化教育。同时，各地纷纷将诚信文化教育推进中小学校园，采取"青年志愿者服务队流动宣传""课前5分钟德育微课堂""诚信承诺书""信用课堂"以及国旗下宣讲、班会、演讲、图片展、手抄报、知识竞赛等多种形式和载体，积极推动征信宣传实践工作，受众（学生）人数多达数十万。

4. 征信宣传教育的成效初步显现

（1）金融信用信息基础数据库（以下简称"征信系统"）覆盖面不断扩大。截至2017年5月末，已收录自然人信息9.3亿人、企业及其他组织信息2 371万户，并采集各类非金融信用信息50余亿条。

（2）征信系统产品和服务不断丰富，公众认可度大幅提升。从2008年到2017年4月，个人征信系统月均查询量增加约6倍，企业征信系统月均查询量增加约5倍；征信系统信用评分产品在105家金融机构验证使用，查询量超过5.4亿笔。

（3）信用报告在各领域应用愈加广泛。各信贷类金融机构将企业和个人信用报告作为信贷业务审批的必要前置条件；个人信用报告在政府部门评先评优、诚信企业家评选、股指期货市场开户、人大代表政协委员资格审查、部分机关其企事业人才选拔任用等方面得到不同程度的应用，企业信用报告也被应用于获得政府财政补贴及政策倾斜、企业改制、监管部门实施差别化管理等领域。

（二）我国征信宣传教育的主要不足

1. 缺乏科学的全国性征信宣传教育规划

目前，我国还未专门针对征信宣传教育制定系统的全国性普及规划，征信宣传教育尚未形成多方合力。

（1）征信知识普及教育游离于国民教育体系之外，强制力不够，在当前以应试教育为主的教学体制下，极易被忽视和边缘化。

（2）征信知识普及责任不明确，重点不统一。如征信知识进校园活动中，人民银行各分支行各自确定宣传重点，独立开展宣传活动，青少年征信知识普及教育的整体性、系统性不强，宣传内容地区差异较大。

（3）征信宣传教育缺乏长效机制。目前，我国征信宣传教育主要依托"征信知识进校园""征信知识进社区"等主题宣传活动，征信宣传教育的运动式特征突出，全民征信知识普及教育缺乏长效机制。

2. 金融机构独力开展征信教育效率不高

目前，我国征信宣传教育主要以人民银行分支行和金融机构作为宣传主体，采取"直接式"宣传,存在人力有限、受众面窄、效率不高等问题。如在"征信知识进校园"活动中,人民银行分支行工作人员直接深入校园第一线,面向全国 49.71 万所各类学校、2.61 亿在校学生开展宣传,人员、时间、精力等客观条件都受到限制,在普及宣传的广度和深度上都面临着严峻挑战,在校学生已成为我国社会信用体系建设中的薄弱环节之一。征信宣传组织实施过程环节多、链条长,在缺乏有效的激励约束机制的情况下,会出现金融机构、征信机构只完成突击性宣传,忽视开展常规性、长效性的宣传活动。即使是集中宣传,部分金融机构也仅限于在其网点张贴标语、播放电子滚屏、悬挂宣传条幅、摆放宣传折页,没有配备专门人员引导客户了解宣传内容,征信宣传工作在组织实施的过程中无法实现高效的协同配合。

3. 青少年征信宣传教育针对性不强

(1)对青少年的知识结构等研究不够。尚未制定青少年征信教育资源开发的专门计划,缺少系统性制作青少年征信宣教小游戏、宣传品、连环画的能力,符合在校生特点的征信宣教研究严重缺位。

(2)青少年征信宣传活动趣味性不强。目前,我国"征信知识进校园"主题宣传活动所使用的宣传资料、宣传手段等多与针对成年人相同,文字内容多、趣味性差,难以吸引青少年关注。

(3)现有青少年征信教育的互动性、参与性不够。目前,大多采取的是举办讲座、展台宣传等传统形式,对青少年的参与性重视不够,没有形成"教与学""讲与听"的有效互动。

4. 征信宣传教育互联网平台建设严重滞后

(1)征信宣传教育网络资源未实现功能细分,目前各相关金融管理部门网站上尚无专门针对不同年龄段、不同人群的征信宣传资源功能模块,千篇一律的网站内容降低了公众了解征信知识的意愿。

(2)现有金融管理部门网站的征信知识内容过于简单,公众无法通过互联网获得针对自身的生动、全面的征信知识,大多数互联网宣传资源不适合普通公众的需求特点。

(3)对互联网平台的宣传渠道作用重视不够,尚未实现面对面宣传与互联网宣传的有机联动,征信宣传教育中互联网平台方便、快捷、覆盖面广的优势未得到有效发挥。

(三)完善征信宣传教育长效机制的路径与选择

1. 设立征信宣传教育制度体系

完备科学的制度体系是建立征信宣传教育长效机制的基础。

(1)加快推动立法。将涵盖征信宣传教育的金融教育列入立法进程,出台"金融教育管理办法",对金融教育的框架范围、责任机构、适用人群、组织实施等内容做出规定,并明确各有关部门的权利义务,确保金融教育的制度化、规范化。

(2)加强顶层设计。人民银行作为征信宣传教育的责任机构,应依照国家制定的"金融教育管理办法",联合有关部门和机构制定出台《征信宣传教育五年发展规划》,明确教育部门、各金融机构、征信机构、相关社会团体的责任与义务,规定征信宣传教育的基本内容、重点人群、实现目标以及组织实施、激励约束、效果评估等。

(3)各地制定实施方案。鉴于我国地域广阔,各地经济发展水平、公众信用意识差距明显,人民银行各分支机构应在顶层设计框架下,制定适合本地区的征信宣传实施方案,分地区、行业、人群开展有针对性的宣传教育活动。

(4) 分行业建立征信宣传教育体系。如教育部门应将征信教育纳入系统性教程,将征信知识按了解、熟悉、掌握三个阶段编入小学、中学、大学课程,确保学生从小树立诚信理念,掌握征信知识,大学毕业时形成较为完整的知识体系。

2. 健全征信宣传教育运行机制

运行机制是征信宣传教育长效机制构建中最重要的机制,主要是依据一定的法规、制度。在一定的措施保证的基础上,开展宣传教育工作,对遇到的问题提出有效解决办法,使宣传教育的方向、效果与目标达成一致。当前应着力构建以下三项机制。

(1) 目标引导机制。在国家及人民银行制定的总体规划下,人民银行各分支机构应围绕征信宣传教育的中心目标进行层级分解,形成若干具体的目标结构网络,即将具体任务分发参与宣传工作的政府各有关部门、金融机构、征信机构及有关社会团体,分级确定宣传重点、目标人群、宣传方式。

(2) 过程控制机制。各有关机构根据任务目标,应确定征信宣传教育活动主题,创新宣传活动形式,严格控制组织实施过程,注重运用反馈效果好的宣传手段,提升宣传实效。如信贷类金融机构可在客户回单上增加信用风险提示、修复信用记录以及增进信用的方法、防范身份被冒用的手段等内容,并以醒目字体标注;开展助学贷款的商业银行可针对学生群体在贷款合同上标注还款方式、逾期不还的后果、信用报告的重要作用及其在个人就业、买房等方面的影响;政府相关部门在社区、产业园区等地点开设金融教育服务区,定期开展包括征信知识在内的金融教育讲座,并接受现场咨询;教育主管部门将信用知识作为大学新生入学须知,纳入入学教育;征信宣传教育工作各参与机构在其官方网站开辟信用专栏,利用网络覆盖面广的优势,普及征信知识;街头宣传注重面向学生、中青年人等接受程度较高群体等。

(3) 优化协同机制。征信宣传教育工作的参与机构应加强协同工作机制的建设,共享宣传资料、方式、经验,并加强在大型集中宣传活动中的协调配合;加强与专业培训机构的合作,在其承办各个行业的专业培训班增设信用知识等相关内容。

3. 完善征信宣传教育保障机制

健全保障机制是做好征信宣传教育工作的保证。

(1) 加强组织保障。明确人民银行作为征信宣传教育工作领导机构的地位,建立由人民银行牵头、银监会、证监会、保监会、教育部等部门联合参与的金融教育联席会议制度,横向上加强沟通与合作,纵向上加强对各条线下属机构的管理与考核,扩大宣传工作辐射面。同时,加强征信业务师资队伍建设,在人民银行各分支机构、各地政府有关部门、商业银行等参与机构选拔一批业务精良的从业人员进行培训,成立征信讲师人才库,定期通过上述各种渠道开展面向不同人群的专项讲座。

(2) 加强物资保障。国家应拨付征信宣传教育专项资金,除了用于印制宣传资料外,还应建立专项基金,用于奖励在征信宣传教育方面有创新做法或突出贡献的机构和个人。同时,应在国家相关立法中明确除人民银行外的其他参与机构,包括政府有关部门、金融机构、征信机构每年应将征信宣传教育经费列入预算。

（3）充实宣传人员。各参与机构应确定一定人数的专职或兼职宣传人员，支持开展常规化宣传工作，尤其是金融机构、征信机构等直接面对社会公众的机构，应规定在其营业场所指定专人负责宣传讲解征信常识、进行风险提示、解答相关问题。

4. 丰富征信宣传教育调节机制

调节机制是征信宣传教育长效机制良好运行的动力。

（1）建立信息反馈机制。信息反馈机制应与评估机制联合发挥作用，各机构组织开展的各类宣传教育工作应有总结和反馈，不仅包括宣传活动的组织开展情况，还应包括对宣传效果的评估、是否达到预期目标、公众的反馈等。各机构可根据实际工作需要通过定期开展问卷调查、利用大数据分析收集宣传网站记录的客户信息等形式开展评估与反馈工作。各机构关于宣传教育工作的总结和反馈在各级金融教育联席会议上进行交流，并据此制定各地下一年度的宣传教育工作实施方案，为人民银行制定征信宣传教育长期规划提供数据支持。

（2）建立激励约束机制。国家层面应统筹各行业机构建立系统内对征信宣传教育工作的评价考核制度，起到激励作用。同时，应通过创设征信宣传教育创新基金、设立金融教育突出贡献奖等形式，奖励先进机构及个人，充分调动各行业机构主动开展宣传教育工作的积极性。

5. 建立征信宣传教育评估机制

评估机制是征信宣传教育长效机制有效运行的关键所在，也是目前工作机制中最薄弱的一环。评估机制通过系统收集信息，对宣传教育的成效进行衡量与分析，并不断指导修改宣传教育的方向、内容与手段。人民银行应研究构建切合实际、有运用价值、具有可操作性的评估指标体系，固定收集不同区域、不同行业、不同人群接受宣传教育的信息，建立定期评估制度，科学评价宣传教育工作开展的成效，并以此为基础，有针对性地调整宣传教育工作，实现工作收益最大化。

拓展阅读

国家助学贷款简介及温馨提示

国家助学贷款是由政府主导、财政贴息，银行、教育行政部门与高校共同操作的专门帮助高校贫困家庭学生的银行贷款。借款学生不需要办理贷款担保或抵押，但需要承诺按期还款，并承担相关法律责任。借款学生通过学校向银行申请贷款，用于弥补在校学习期间学费、住宿费和生活费的不足，毕业后分期偿还。2006 年 9 月，初步启动的国家助学贷款代偿机制等，为完善以国家助学贷款为主体的高校经济困难学生资助体系奠定了良好基础。

发展历程：

（1）1999 年，国家助学贷款试点工作正式在北京、上海、天津、重庆、武汉、沈阳、西安、南京 8 个城市启动。

（2）2000 年 2 月和 8 月，国家对该政策进行了两次调整，将贷款范围扩大到全国高校，承办银行扩大到工、农、中、建四家国有独资商业银行，贷款对象扩大到研究生和攻读双学位的全日制学生,并将担保贷款改为信用贷款。

(3) 2003 年下半年,国家助学贷款出现了下滑现象,面临停顿的危险。教育部、财政部、中国人民银行、银监会四部门对国家助学贷款政策和机制进行了重大改革,建立了以风险补偿机制为核心的新政策、新机制。

(4) 2004 年 6 月 28 日,新机制颁布实施后,实行贷款学生在校期间贷款利息全部由财政补贴、还款年限延长至毕业后 6 年。

(5) 2006 年 9 月,初步启动的国家助学贷款代偿机制等,为完善以国家助学贷款为主体的高校经济困难学生资助体系奠定了良好基础。

温馨提示:

(1) 征信系统启用,爱护个人信用。全国统一的个人信用数据库已经正式开始运行,大学生的国家助学贷款有关信息将被记录入该数据库,成为个人信用记录的一部分。如果连续或累计三个月未履行还款义务就会有违约记录进入数据库,并且不可改写。信用记录将被广泛用于留学、就业、创业、购车、购房、信用卡以及贷款申请的审核中,对借款人的生活和事业将产生终生的影响。毕业后,借款学生应每年至少与银行和学校资助办公室联系一次,以便对有关还款事项进行核实。如果工作单位或联系电话有所变动,应主动致电银行和学校,告之新的工作单位和联系方式。

(2) 牢记还款时间,还款诚信有嘉。借款学生应详细阅读合同或询问经办银行自己的约定还款日,这一天是借款学生每月或每个季度应关注的日子,借款学生每月或每个季度最后一个月约定还款日前按还款计划将应还金额存入银行卡或折内。国家助学贷款经办银行扣款系统每月或每季最后一个月约定还款日准时统一划款,因此,一点点的迟怠都可能使借款学生的助学贷款产生违约记录,应牢记还款日期,诚信还贷。不要因一时的疏忽而影响信用,如果还款中遇到问题,应立即与银行联系,主动进行协商。

(3) 遵守专卡专用,还款顺畅无误。经办银行只能从借款学生的还款专用账户(存折或银行卡)中按还款计划扣款,因此借款学生务必将应还贷款存入相应国家助学贷款经办银行的还款专用账户内。

(4) 妥善保管卡折,还款方便快捷。银行卡或存折是借款学生在异地还款的工具,应注意保管,避免因其丢失、损坏或消磁影响个人的还贷,甚至造成违约。如出现这些情况,应及时与国家助学贷款经办银行联系。因为按银行规定,在丢失借记卡之后,如要补办还款借记卡必须本人持身份证回到开户行(即回学校所在地)办理。另外,为防止毕业后还款的卡和存折被注销,建议卡中应有一定余额(银行卡还需收年费),如果已经出现了被注销的情况,应在毕业离校前到所贷款银行补办有效存折和卡。每次还款时的单据都要保存好,还款完毕时需向银行索取还款完毕确认回执。

(5) 卡内金额充足,还款轻松准确。当借款学生每次还款时,存入的金额应大于应还金额,有条件的同学还可以提前存入半年或一年的还款额,以避免因工作繁忙忘记还贷、扣缴异地存款手续费或国家利率调整等情况出现时造成违约,而且也能避免因违约被中国人民银行个人信用信息基础数据库记录而造成信用记录不良。

思考与练习

1. 简述征信文化的内涵。
2. 研究征信文化的意义是什么？
3. 简述中国征信文化的发展。
4. 建设征信文化的途径有哪些？
5. 简述征信教育的必要性。

第九章 征信维权

【学习目标】

- 理解征信信息主体的合法权益的具体内容。
- 掌握征信侵权的种类及侵权主体的分类。
- 了解侵权主体应承担的法律责任。
- 了解征信异议的相关知识及征信异议处理流程。
- 了解国内外征信权益的保护情况。
- 掌握对征信信息主体侵权救济的途径。

第一节 征信侵权

一、信息主体的合法权益

在征信活动中,信息主体的合法权益包括以下内容。

1. 知情权

知情权是指信息主体向征信机构了解其是否采集了本人的个人信息以及采集了哪些信息,并获取个人信用报告的权利。为保障信息主体的知情权,各国法律通常规定信息主体有权了解征信机构采集的关于自己的所有信息,有权获悉信息的使用者和使用目的。辽宁地区获取本人的信用报告前两次是免费的(具体收费标准因地区不同具有一定的差异)。

2. 异议权

异议权是指信息主体纠正自身错误信息的权利。异议权的建立对于弥补不确定信息对征信业和信息主体所带来的损害具有重要的作用。异议权与知情权是信息主体在征信业务活动中最主要的两项权利。通过知情权,信息主体可以了解自己在征信机构的相关信息;通过异议权,信息主体则可以及时纠正个人错误的信息。对于异议权,各国均做出了规定,赋予信息主体向征信机构或信息提供者提出异议的权利,并根据各国实际情况规定异议处理程序和时限,并要求征信、信息提供者在规定的时限内予以核实,并及时更正错误信息,对无法核实的信息要求不得向外提供。部分国家的法律对异议处理后信用报告的发送也做出了规定,要求征信机构除将更正后的信用报告发送给信息主体外,也需要发送给最近一段时间使用信用报告的机构,以缩小不准确的信用报告给信息主体带来的负面影响。

3. 同意权

同意权是指个人信息主体是否同意征信机构（或信息提供者）采集或使用个人信息的权利。关于信息主体的同意权，根据不同国家的法律规定主要有以下四种情况：一是规定信息采集必须取得信息主体同意，但信息使用不需要取得信息主体同意；二是规定信息采集不需要取得信息主体的同意，但在信息使用时必须取得信息主体的同意；三是规定信息采集和使用信息时，都必须取得信息主体本人的同意（如中国）；四是规定征信机构在采集和使用时只需要告知信息主体，不需要取得信息主体的同意。

4. 退出权

退出权一般是指信息主体控制其信用报告被用于营销等用途的权利。在法律上赋予信息主体退出权，主要是为了解决信息滥用和信息自由支配之间的矛盾，允许信息主体自行决定其信息是否可以被用于营销等用途。如美国、欧盟国家、阿根廷、智利、墨西哥等国家规定，信息主体有权要求将自己从市场营销名单中删除。

5. 投诉权和诉讼权

投诉权和诉讼权是信息主体的要求行政救济和司法救济的权利。投诉权是指信息主体发现自己的权益受到侵害后，可以向征信业管理部门投诉，要求征信管理部门给予查处的权利；诉讼权是指信息主体直接向法院提起诉讼，要求征信机构、数据提供者或使用者停止侵害行为的权利。在信息的处理过程中，信息主体与信息提供者、信息使用者以及征信机构发生争议无法避免，因此从法律上赋予信息主体的投诉权和诉讼权就格外必要。但是投诉并不是诉讼的必经程序。

二、征信侵权的种类

根据我国《征信业管理条例》，造成征信侵权主要有以下六种情况。

（1）未经信息主体本人授权采集个人相关信息。根据《征信业管理条例》第十三条的规定："采集个人信息应当经信息主体本人同意，未经本人同意不得采集。"因此，任何在未经信息主体本人同意的情况下采集信息主体相关信息的行为均属于违法行为，法律法规明确规定可以不经信息主体本人同意的信息除外。

针对此类侵权行为，具体可细分为以下两种情况：①数据报送机构、征信机构违反法律规定或合同约定的范围，采集信息主体的个人信息；②数据报送机构、征信机构未取得信息主体的授权，采集其个人信息。

（2）未经信息主体本人授权查询个人相关信息。根据《征信业管理条例》第十八条的规定："向征信机构查询个人信息的，应当取得信息主体本人的书面同意并约定用途。但是，法律规定可以不经同意查询的除外。"因此，从事征信业务的企业或个人在未取得征信主体书面授权的情况下，擅自查询信息主体信用报告均属于违法行为。这种征信侵权行为多发生于银行业金融机构和征信机构。部分机构在查询信息主体的信用报告时，未能严格按照相关的内控制度或管理办法进行信息查询工作，从而导致未取得信息主体书面授权就查询其信用报告的情况发生。

（3）未经信息主体本人授权非法向第三方提供个人相关信息。根据《征信业管理条例》第二十条规定："信息使用者应当按照与个人信息主体约定的用途使用个人信息,不得用作约定以外的用途,不得未经个人信息主体同意向第三方提供。"因此,在未取得信息主体本人授权的情况下,任何机构不得向第三方提供信息主体个人信息。虽然随着我国征信行业的日趋成熟,人们对"个人信用信息"的保护也越来越重视,但在日常生活中仍旧存在个人信息非法买卖的现象。一些不法分子在利益的驱动下,通过互联网、银行、证券等渠道非法向他人提供个人信息用于获取利益的情况时有发生。

(4)征信机构采集、保存、提供的信息与信息主体实际情况不符。信用报告记录的信息与实际情况不符的情况是常见的征信侵权行为之一。根据征信业监督管理部门的反映,因信用信息错误所引发的异议和投诉是最常见的,引发此类投诉的主要原因是信息提供者在信息录入环节存在问题或未及时更新个人信息,以及有关机构录入数据不准确,这些情况最终导致信息主体查询信用报告时,发现报告中记载的信息与实际信息不符,具体可分为两种情况:①数据报送机构、征信机构错报、漏报及技术原因导致信用信息不准确;②数据报送机构、征信机构数据处理不及时导致信用信息更新迟滞。

(5)未经信息主体本人授权非法使用信息主体的信用信息。非法使用信息主体的信用信息是指信息使用者在未取得信息主体本人同意或未按照约定用途使用其信用信息的行为。针对此类征信侵权行为,其中最典型的一种就是部分银行员工利用手中掌握的大量客户信息,在客户不知情的情况下为其办理信用卡开卡业务,严重侵犯了客户的隐私,并对客户造成了一定的经济损失。

(6)未永久删除对有法定保留期限并超过法定期限的信息记录。根据《征信业管理条例》第十六条的规定:"征信机构对个人不良信息的保存期限,自不良行为或者事件终止之日起为5年;超过5年的,应当予以删除。"因此,征信机构未按照要求期限对信息主体的信用报告进行删除,均属于侵害了信息主体的合法权益。

三、征信侵权的主体

侵权离不开侵权主体,征信侵权主要有三个主体:信用信息提供者、征信机构、信用信息使用者。

(一)信用信息提供者

信用信息提供者是指向征信机构提供个人、法人及其他组织的信用信息的人,包括自然人、法人或其他组织。

在征信活动中,信用信息提供者主要是政府公共部门和民间非公共部门。政府公共部门包括工商、人民银行、税务、海关等,民间非公共部门包括商业银行、信用卡公司等。政府公共部门在进行公共管理的过程中会收集到大量的信用信息,民间非公共部门主要是通过与被征信主体发生经济交往与合作过程中可获取信用信息,但其获取的信用信息远远低于政府公共部门所拥有的信用信息。

无论是政府公共部门还是民间非公共部门,作为信用信息提供者,在向征信机构传递征信主体的信用信息的过程中,对信用信息内容具有决定作用,它既可以将自己凭空捏造的信用信息传递给征信机构,也可以将其已经掌握的被征信主体的信用信息进行添加或删除,导致其信用信息不完整、不准确、缺乏时效。所以,在一般情况下信用信息提供者是侵害被征信主体信用权的始作俑者。

信用信息提供者将凭空捏造的信用信息或是不完整、不准确、缺乏时效的信用信息提供给征信机构,一旦导致信息主体的信用评价降低或者给信息主体的信用状况带来了不当的影响,信用信息提供者就可能成为侵权主体。需要强调的是,虽然信用信息提供者包括信用信息主体本人,但作为信用权侵权主体的信用信息提供者不包括信用信息主体本人。

(二) 征信机构

根据《征信业管理条例》第五条规定:"征信机构,是指依法设立,主要经营征信业务的机构。"征信机构的设立要经过严格的法律程序,其成立的目的是减少信用交易主体信息的不对称,避免信用交易风险。因此,征信机构可理解为通过合法的方式或途径获取被征信主体的信用信息,通过采用科学的方式对信用信息进行分类、加工、整理,然后存入数据库中,形成集中化的、有序化的、公正的、中立的征信产品,为信用信息使用者能及时、快捷地获取准确真实的信用信息提供服务的中介机构。

征信机构作为中介服务组织处于中立的地位,为了保障其提供信息的准确性,它会通过多种渠道收集被征信主体的信用信息。然而,在征信活动过程中,它所扮演的不仅仅是将其从信用信息提供者那里获取的信用信息机械地传递给信用信息使用者的服务者角色,它对收集的信用信息还具有一定的控制和管理权,这种控制和管理权表现在对信用信息分类、筛选、分析判断、制作信用报告和向信用信息使用者提供信用信息,对错误的信息进行修改和删除等一系列的活动。

征信机构在收集被征信主体信用信息的过程中,对信用信息的内容是无法控制的,只能被动地从信用信息提供者那里获取被征信主体的信用信息,但在对收集的信用信息进行处理、制作信用报告的过程中,可对信用信息的内容可以进行控制。例如,征信机构在制作征信产品时,它可能会违反机构章程、操作程序或管理体系,对信用信息加以修改、删除,使得征信产品不能真实地反映被征信主体的信用状况。在信用信息储存的过程中,被征信主体的信用信息完全处于征信机构的控制范围内,它可以对信用信息的内容进行修改或是删除。征信机构在将信用信息向信用信息使用者或是社会披露时,对信用信息的内容也具有完全的决定权,它不仅可以决定披露信用信息的数量,还可以决定披露信用信息的质量。考虑到征信机构可以控制其采集的被征信主体信用信息的内容,其可能以作为或是不作为的方式做出降低被征信主体信用评价的行为,侵害被征信主体的信用权,因而可能成为侵权主体。

(三) 信用信息使用者

信用信息使用者是指为了获取被征信主体的信用信息,而从信用征信机构获得该主体的信用信息报告或是信用评级报告的自然人、法人及其他组织。

信用信息使用者一般包括三类:①与本人进行信用交易的金融机构和其他商业机构;②本人授权的自然人或法人;③依职权进行调查的司法机关以及税务、审计、海关等行政机关。

在市场信用交易活动中,信用信息使用者与被征信主体即交易相对人发生信用交易时,被征信主体对自己的经济能力、贷款信息、信用卡信息等信用信息完全掌握,而信用信息使用者与被征信主体的信用状况存在信息不对称的情况,即便在此过程中收集被征信主体的信用状况,但其真实性同样存在质疑,并且在此过程中还需支付高昂的成本。因此,部分信用信息使用者为降低信用交易风险和交易成本,一般都会从从事中介服务的征信机构获取被征信主体的信用信息。

尽管在一般情况下,信用信息使用者使用被征信主体的信用信息不会损害其信用权,但也有例外。信用信息使用者在分析两个被征信主体的信用报告,决定与哪方进行信用交易时,其主观上会存在偏好,导致两个信用信息等级相同的主体不能获得对等的信用待遇。从客观上说,信用信息使用者并没有修改或是删除被征信主体的信用信息,但是这种给予被征信主体不对等的信用待遇,相当于贬低了其中一方主体的信用,实施这种贬损被征信主体信用的行为,就可能成为侵害信用权的侵权主体。例如,银行在决定给谁发放贷款或是给谁更高的贷款额度时,为了降低成本和贷款风险,会先从征信机构那里获取用户的信用信息评价报告,在两个客户的信用评价等级相同时,银行应当给予客户相等的信用待遇。如果银行根据自己的偏好给予两个信用等级相同的客户不同的待遇,相当于贬低了另一客户的信用,从而侵害了客户的信用权。

信用信息使用者在使用被征信主体的信用信息过程中,如果知道征信机构提供的信用信息有误,仍然使用该信用信息,做出不利于被征信主体的决定,其主观上具有损害其信用的故意,则可能成为侵权主体。

四、征信侵权的责任划分

(一)征信机构侵权的刑事责任

采集信息时,征信机构应当说明自己的身份、征信信息的目的等。各国法律都禁止征信机构采取欺骗、窃取、贿赂、利诱、胁迫、利用计算机网络侵扰或者不正当的方式收集信用信息;禁止商业组织以商务调查的方法取得他人的信息;禁止以私人访问的方式取得对信息主体不利的信用信息,以有效保护信息主体的个人隐私权。

美国《公平信用报告法》针对以下两种社会危害性较为严重的行为,强加了刑事责任:①以欺诈方式获取他人信用信息的。该法规定,任何人明知和故意地借欺诈手段从征信机构获得有关消费者的信息,应被单处或并处罚款或两年以上的监禁。②征信机构的职员或雇员未经授权而故意对他人信用信息进行披露的。在这种情况下美国法律规定,征信机构的职员或雇员明知或故意向未被授权接收该信息的人提供本机构文档中的信息,应被单处或并处罚款或两年监禁。

1990年,《德国联邦数据保护法》在刑事责任方面则比美国更为严厉。该法在罚则部分规定的刑事责任包括:①对于个人数据无权随意地进行收集、提供、变更的人,或采取不正当方法提取个人数据者,无论是信息主体自身取得还是他人取得,都要处一年以下有期徒刑或罚金;②接收数据机关或提供个人数据的第三者,如把数据用于正当目的以外,也要处一年以下有期徒刑或罚金；③如征信机构或接收数据提供的机构，为了取得非法报酬或为了自身利益，或出于陷害信息主体的目的，而进行数据收集提供或变更的，要处2年以下的有期徒刑或罚金；④对以上行为提起诉讼的，要予以受理；⑤对于违反程序的行为，即故意或过失地没有对信息主体进行通知的行为，没有设置数据保护的场合、没有把法律规定的有关征信机构业务等情况向监督官进行报告者，要处以5万马克的罚金。

（二）征信机构侵权的民事责任

在个人征信中，侵权民事责任的构成包括三部分。

1. 征信机构主观上存在过错

主观上存在过错是侵权行为的构成要件。从美国早期的侵权诉讼来看，要证明征信的过错是非常困难的，因此美国在1970年制定《公平信用报告法》时，清楚地意识到必须建立一套"适当的程序"让消费者能够了解所有对自己不利的信息，并且能修改错误的和令人误解的信息。当征信机构在征信过程中，违反了上述程序性规定，就可以推定其存在过错。美国的这种做法也为其他国家制定征信法律制度提供了参考，发达国家基本上都以征信机构是否违反程序性规定来认定其民事责任。

2. 征信机构客观方面存在违法行为

要认定征信机构隐私方面的责任，还必须确认征信机构有侵犯被征信个人隐私权的以下行为。

（1）对信息非法采集的行为。首先，当征信机构采集信息的条件和范围为法律所限定，要求未经被征信个人同意不得采集个人信用信息或者规定禁止采集的个人信用信息范围时，征信机构违背法律规定，未经被征信个人同意采集的个人信用信息或者采集禁止范围的个人信用信息，即为违法。其次，征信机构不正当采集个人信用信息也可能构成对征信个人隐私权的侵犯。只要证明征信机构有非法采集行为，包括获取私人文件、私人生活、非法调查私人活动等。或者在征信机构的信用信息数据库或经营场所保存有个人信用，就构成侵权，不必有披露或者公开行为。

（2）故意非法泄露个人信用信息或者提供征信产品行为。在未经被征信人个人同意的情况下，征信机构将采集的个人信用信息向第三方披露或者制作成征信产品对外提供的行为，构成侵犯被征信个人的隐私权。

为了保护被征信个人的隐私权，法律应当对征信机构有严格的要求，即只得以征信产品的方式提供服务，在没有正式、合格的用户前来申请的情况下（排除公共权力机构和被征信个人），征信机构不得在征信产品以外以任何形式提供个人信用信息。因此，征信机构以非征信产品的形式披露，公开个人信用信息的，被征信个人可以以侵犯隐私权寻求救济。

在法律未要求征信机构提供征信产品前，需征得被征信个人同意的，一般也会对合格用户的范围进行限定。在这种情况下，征信机构以征信产品的形式提供服务时，应当按规定只向提出申请且合格的用户提供，否则构成侵犯被征信个人的隐私权。

（3）因过失泄露个人信用信息行为。在个人信用征信活动中，征信机构采集并储存大量个人信息，在没有合格用户提出申请（或者被征信个人本人要求查询、公共权力机构要求调查)的情况下,法律必然要求征信机构承担保密义务,必须履行对个人数据库的访问权限、规定个人信用信息匹配的条件等。如征信机构因管理上的疏忽而导致个人信用信息泄露的,也构成对被征信个人隐私权的侵犯。因此,消极的不作为在征信活动中也可能构成对个人隐私权的侵犯,而且可能是最主要的侵权形式。

3. 被征信个人受到损害

要认定侵权责任,就必须要有损害后果。在征信活动中,对被征信个人隐私构成侵害的损害后果,既包括被征信人的人格利益损害,即精神损害,也包括财产利益的损害。

(1) 精神损害是指征信机构侵犯隐私权时对被征信人造成的主要损失,即被征信个人因个人信用信息被非法采集、披露甚至公开之后引起精神上的痛苦。例如,家庭住址被非法披露可能造成被征信个人强烈的不安全感。法律禁止采集的内容包括民族、种族、血型、疾病史等个人信用信息,不仅可能因被非自愿地暴露于他人或者公众的目光之下而承受精神痛苦,也可能使被征信个人遭到社会及他人的歧视,如患传染病的信息。因而各国立法均强调在这类侵权下导致个人精神痛苦的损害赔偿。

(2) 财产利益损害在征信侵犯隐私权中一般是间接损失,但这种财产损害同样不应忽视。比如,许多国家都把个人财产状况作为个人信用信息加以保护,尽管被征信个人的财产状况表明被征信个人的偿付能力,对银行来说是相当有价值的个人信用信息,但在银行的贷款风险与个人财产状况的隐私权保护之间,个人权益更加脆弱,而银行却能够通过规模效应等各种途径降低风险,所以在这个问题上法律一般倾向于保护个人利益。个人分散于各方面的财产状况被征信机构匹配、综合和评估分析,进而为银行、保险公司或者雇主所取得,可能在贷款、保险和职业问题上给被征信个人带来极大的损失,被征信者可能无法取得应有的贷款、保险和工作。

第二节　征信异议处理

一、征信异议的概念

我国《征信业管理条例》第二十五条规定:"信息主体认为征信机构采集、保存、提供的信息存在错误、遗漏的,有权向征信机构或者信息提供者提出异议,要求更正。"简而言之,当消费者对本人的征信报告中显示的征信记录部分或全部不认可时,即可提出征信异议。异议对象是指征信机构、金融机构或信息提供者。

二、信息主体有提出异议的权利

《征信业管理条例》赋予信息主体提出异议的权利,并规定征信异议需要在规定期限内予以回复,这些是维护信息主体合法权益的体现。实践证明,错误或不完整的信息可能误导信息使用者做出对信息主体不利的决定,使信息主体的利益受损。信息主体通过依法行使异议权,使征信机构或信息提供者及时更正错误、遗漏的信息,避免信息使用者做出对其不利的决定,从而维护自身的合法利益。信息主体的异议申请还有利于帮助征信机构及早发现数据质量问题并进行改善,提高征信服务质量。国外的征信相关法律制度也赋予了信息主体提出异议、更正错误的权利。美国的《公平信用报告法》规定,消费者可要求征信机构更正其认为不准确和不完整的信息,征信机构在接收异议后,应在 30 日内对其进行核查,并在核查完毕后的 5 日内将结果告知消费者。英国的《数据保护法》赋予了信息主体纠正、阻止、删除和销毁不准确信息的权利,征信机构对异议信息进行核查后,有义务删除或修改不准确的信息。泰国的《信用信息业务法》也赋予了信息主体提出异议的权利,征信机构有义务核查和更正错误信息,并在 30 日内告知信息主体异议信息的核查、更正结果及原因。

信息主体认为存在错误、遗漏,从而提出异议的原因主要有以下几点:①信息主体的基本信息实际发生变化,但信息主体没有及时将变化后的信息提供给商业银行等信息提供者;②信息提供者的信息录入错误或更新不及时;③由于征信机构或信息提供者的技术原因造成数据处理错误;④他人盗用或冒用个人身份信息获取贷款、信用卡等,由此产生的信息不为信息主体所知晓;⑤个人曾经与信用提供者有过交易自己却忘记,因而误认为信息有误。

三、征信异议主体

异议信息依照主体类型的不同分为个人征信异议与企业征信异议。

(一) 个人征信异议

1. 个人征信异议的概念

个人征信异议是指个人认为信用报告中的信息存在错误、遗漏的,可以亲自或委托代理人向征信中心、征信分中心提出异议申请。个人征信异议产生的主要原因有以下几方面。

(1) 个人的基本信息发生变化,个人未及时将变化的信息提供给相关机构予以更新,导致信息不具有良好的时效性。

(2) 数据报送机构数据信息录入错误,导致个人征信报告上的信息内容有误。

(3) 相关工作人员原因以及技术原因导致的数据处理出错。

(4) 他人盗用信用卡或冒用他人身份获取贷款,由此导致被盗者信用记录不良。

(5) 由于个人忽略过往与数据报送机构发生过经济交易,因而质疑个人信息报告的准确性。

2. 个人征信异议的种类

目前,在异议处理工作中,经常遇到的异议申请主要有以下几种类型。

(1) 认为某一笔贷款或信用卡本人根本就没申请过。典型的有以下几种情况:①他人冒用或盗用个人身份获取信贷或信用卡;②信用卡为单位或朋友替个人办的,但信用卡没有送到个人手上;③自己忘记是否办理过贷款或信用卡。

(2) 认为贷款或信用卡的逾期记录与实际不符。有以下几种典型情况:①个人的贷款按约定由单位或担保公司或其他机构代个人偿还,但单位或担保公司或其他机构没有及时到银行还款造成逾期;②个人办理的信用卡从来没有使用过,因欠年费而造成逾期;

③因个人不清楚银行确认逾期的规则,无意识中产生了逾期。

(3) 身份、居住、职业等个人基本信息与实际情况不符。典型的有以下两种情况:①异议申请人当初在申请资料上填的是正确信息,而后来基本信息发生了变化却没有及时到银行去更新;②个人信用数据库不定期更新(一般1～2个月进行一次更新)。

(4) 对担保信息有异议,一般存在以下几种情况:①个人的亲戚或朋友以个人的名义办理了担保手续,个人忘记或根本不知道;②个人自己保管证件不善,导致他人冒用。

(二)企业征信异议

1. 企业异议信息的概念

企业异议信息是指由金融机构或其他机构报送的,经中国人民银行确认后加载入库,与企业真实情况不符的信息。在企业征信系统中,企业异议信息产生主要原因包括以下几个方面。

(1) 金融机构(或其他机构)报送错误数据,指金融机构(或其他机构)由于各种主客观原因,将与借款人真实情况不符的信息报送至金融信用信息基础数据库。

(2) 系统处理产生错误,指金融机构报送的真实信息由于系统运行的错误处理,导致异议信息。

(3) 由于金融机构报送的真实数据尚未入库(在途数据),导致信息与当前时点情况不符。

2. 企业异议的种类

企业信用信息基础数据库的信用信息主要包括三大类:基本信息、信贷信息和非银行信息。其中,基本信息主要包括企业的概况信息、高管人员信息、财务信息等企业基本信息情况。信贷信息反映企业与金融机构发生的信贷往来主要包括信贷余额信息、历史发生额信息、担保信息等9类信息。非银行信息称为公共信息,主要包括参保、公积金、法院等7类信息。

三大类信息由于包含的信息项不同,其信息的来源渠道也有所不同。其中,企业的基本信息主要由企业办理年审贷款卡时自行填报。信贷信息则由金融机构根据实际信贷业务发生情况归总汇集而来。非银行信息的数据来源则更加广泛,由各部门根据企业的经营活动采集而来。

由于信用具有涉及面广、影响范围大的特点,一旦信用信息失真,也将会从各方面影响甚至阻碍企业的日常经营。企业信用信息基础数据库中的信贷信息是由各金融机构上报数据汇总而来的,因此当对征信系统的信贷信息产生怀疑时,企业首先应与发生信贷业务的金融机构联系,开展双方的核实和确认。确认有误的信息,企业可直接向产生错误信息的金融机构提交异议处理申请,更新信息。金融机构在异地,企业无法及时取得联系和沟通的,企业可通过中国人民银行征信部门提交企业异议申请,异地完成异议处理。非银行信息作为征信系统信用信息的有效补充,其信息源来自于政府的多个部门,解决非银行信息异议问题,企业应先与人民银行征信部门联系,找出数据发生源,再与报送数据的相关部门核实,并进行相应的处理。

四、异议信息的受理主体

（一）征信机构

征信机构作为信息的采集、整理、加工、保存、对外提供机构，有保护信息主体权益的责任和义务。信息主体发现信息存在问题有异议时，无论是否知晓异议信息来源，都可以直接向征信机构提出书面的异议申请。对于信息主体提出的异议，征信机构应及时开展核查。信息主体对异议处理流程存在疑问的，可以向征信机构咨询。

（二）信息提供者

《征信业管理条例》规定信息提供者也有接收异议申请，对异议信息进行调查的责任。当信息主体发现信息存在异议，且可以确定异议信息的提供者时，也可以直接向该信息提供者提出异议申请。经核实，信息主体提出的异议信息确实出自某信息提供者的，该信息提供者不得拒绝信息主体的异议申请。信息提供者接受异议申请后，直接从信息采集源头开始核查，提供了另一种有效的异议信息核查方式。《征信业管理条例》将异议信息的接收、核查、处理的责任人从征信机构扩大到信息提供者，有利于方便信息主体提起异议，并及时、有效地解决异议。

五、征信异议处理流程

（一）个人征信异议处理流程

1. 申请资料

个人认为信用报告中的信息存在错误、遗漏的，可以亲自或委托代理人向征信中心、征信分中心提出异议申请。个人征信异议申请分以下两种情况。

（1）本人提出异议申请。个人向征信中心、征信分中心提出异议申请的，应提供本人有效身份证件原件供查验，同时填写《个人征信异议申请表》，并留有效身份证件复印件备查。

有效身份证件包括：身份证（第二代身份证须复印正反两面）、军官证、士兵证、护照、港澳居民来往内地通行证、台湾同胞来往内地通行证、外国人居留证等。

（2）委托他人提出异议申请。委托他人代理提出异议申请的，代理人应提供委托人和代理人的有效身份证件原件、《授权委托书》原件供查验，同时填写《个人征信异议申请表》并留委托人和代理人的有效身份证件复印件、《授权委托书》原件备查。

另可自备填写完成《个人征信异议申请表》《授权委托书》。

2. 资料受理

中国人民银行分支机构或征信中心所在地分中心对接收的异议申请相关材料进行齐备性审查。个人或代理人无法提供有效身份证件或相关申请材料不全的，不予接收，并告知个人或代理人不予接收的原因。中国人民银行分支机构或征信中心所在地分中心接收异议申请后，向个人或代理人说明异议处理的程序、时限、对处理结果有争议时可以采取的救济手段。征信中心所在地分中心接收异议申请后,当日通过个人征信查询及异议处理子系统登记异议内容,发送至征信中心。

3. 异议处理

中国人民银行分支机构在收到个人异议申请后一定期限内将异议申请转交征信中心。征信中心在接到异议申请的时限内进行内部核查。征信中心如发现异议信息是由于个人信用数据库信息处理过程造成的,将立即进行更正,并检查个人信用数据库处理程序和操作规程存在的问题。征信中心内部核查未发现个人信用数据库处理过程存在问题的,将立即书面通知提供相关信息的商业银行进行核查。商业银行应当在接到核查通知的 10 个工作日内向征信中心做出核查情况的书面答复。

异议信息确实有误的,商业银行应当采取以下措施:向征信中心报送更正信息;检查个人信用信息报送的程序;对后续报送的其他个人信用信息进行检查,发现错误的,应当重新报送。

征信中心收到商业银行重新报送的更正信息后,应在时限内对异议信息进行更正。异议信息确实有误,但因技术原因暂时无法更正的,征信中心应当对该异议信息做特殊标注,以有别于其他异议信息。经过核查,无法确认异议信息存在错误的,征信中心不得按照异议申请人要求更改相关个人信息。

4. 异议答复

征信中心应当在接受异议申请后,在限期内向异议申请人或转交异议申请的中国人民银行分支机构提供书面答复。异议信息得到更正的,征信中心同时提供更正后的信用报告。异议信息确实有误,但因技术原因暂时无法更正异议信息的,征信中心应当在书面答复中予以说明,待异议信息更正后,提供更正后的信用报告。

转交异议申请的中国人民银行分支机构应当自接到征信中心书面答复和更正后的信用报告之日起,在限期内向异议申请人转交。对于无法核实的异议信息,征信中心应当允许异议申请人对有关异议信息辅助个人声明。征信中心将妥善保存个人声明原始档案,并将个人声明载入异议人信用报告。

(二)企业征信异议处理流程

1. 申请资料

企业认为企业信用报告中的信息存在错误、遗漏的,可由企业法定代表人或委托代理人向所在地的中国人民银行分支机构或直接向征信中心提出异议申请。企业法定代表人提出异议申请的,应提供本人有效身份证件原件、企业的其他证件(机构信用代码证、企业贷款卡或组织机构代码证)原件供查验,同时填写"企业信用报告异议申请表",并留有效身份证件复印件、其他证件复印件备查。委托经办人代理提出异议申请的,应提供经办人身份证件、企业的其他证件原件及企业法定代表人授权委托证明书原件供查验,同时填写企业信用报告异议申请表,并留有效身份证件复印件、其他证件复印件、企业法定代表人授权委托证明书原件备查。

2. 资料审核

中国人民银行分支机构或征信中心对接收的异议申请相关材料进行齐备性审查。企业法定代表人或经办人无法提供有效身份证件或相关申请材料不全的,将不予接收,并告知不予接收的原因。

3. 异议争议

中国人民银行分支机构或征信中心受理异议申请后,会向企业法定代表人或代理人说明异议处理的程序、时限,以及对处理结果有争议时可以采取的救济手段。

4. 异议标注

中国人民银行分支机构或征信中心接收异议申请后,将在企业征信异议处理子系统中登记和确认异议信息。异议信息确实存在的,中国人民银行分支机构或征信中心应在企业信用报告中对异议信息添加标注、同时启动征信中心核查程序。异议信息不存在的,中国人民银行分支机构或征信中心将回复企业法定代表人或经办人。

5. 异议受理

中国人民银行分支机构或征信中心在企业法定代表人或经办人提出异议申请2日内完成异议登记和确认。中国人民银行分支机构或征信中心设专人负责异议处理业务及相关活动,不得无故拒绝企业提交异议申请。

6. 核查环节

(1) 征信中心核查。经征信中心核查后,确认异议信息由金融信用信息基础数据库的数据处理过程造成的,征信中心应负责予以更正。征信中心核查未发现问题的,应通过企业征信异议处理子系统向报送异议信息的金融机构发送核查通知,启动金融机构核查。征信中心应在异议登记和确认后按期完成征信中心核查。

(2) 金融机构核查。金融机构接到异议信息核查通知后,应立即启动核查程序。金融机构应将核查结果通过企业征信异议处理子系统发送至征信中心。经金融机构核查后确认异议信息存在错误、遗漏的,应在回复核查结果的同时向征信中心报送更正信息。经金融机构核查后确认异议信息不存在错误、遗漏的,应明确回复核查结果。经金融机构核查后不能确认核查结果的,应如实回复核查情况。金融机构应确保核查回复内容清楚明确。征信中心接到金融机构核查回复结果后应予以核实。对符合回复要求的,予以接受;对不符合回复要求的,不予接受,且视同金融机构未做回复。金融机构应对不符合回复要求的异议信息重新核查和回复。金融机构应在接到征信中心异议信息核查通知后,按期完成对异议信息的核查和回复。金融机构受理涉及本行的异议申请后,认为需要征信中心核查的,应及时告知征信中心。

7. 异议信息更正

异议信息得到更正的,中国人民银行分支机构或征信中心应告知企业法定代表人或经办人更正结果。异议信息确实有误但因技术原因暂时无法更正的,中国人民银行分支机构或征信中心应在异议核查结果中予以说明。异议信息核查及更正处理结束后,中国人民银行分支机构或征信中心应取消对异议信息的标注。

8. 处理结果反馈

中国人民银行分支机构或征信中心应在自接收异议信息之日起一定期限内,向企业法定代表人或经办人提供"企业征信异议回复函"。

9. 信息主体声明

异议处理结束后，企业仍需对异议信息进行说明的，可以向中国人民银行分支机构或征信中心提出添加信息主体声明的申请。企业法定代表人申请添加信息主体声明，应填写"信息主体声明申请表"，并提供企业法定代表人身份证件原件、其他证件原件、"企业征信异议回复函"供查验，并留企业法定代表人身份证件复印件、其他证件复印件和"企业征信异议回复函"复印件备查。企业法定代表人委托经办人提出信息主体声明的，应提供经办人身份证件原件、"企业法定代表人委托证明书"原件、其他证件原件、"企业征信异议回复函"供查验，并留经办人身份证件复印件、"企业法定代表人授权委托证明书"原件、其他证件复印件和"征信异议回复函"复印件备查。

10. 齐备性审查

中国人民银行分支机构或征信中心对接收的信息主体声明及相关申请材料进行齐备性审查。企业法定代表人或经办人无法提供有效身份证件或相关申请材料不全的、不予接收，并告知不予接收的原因。接收信息主体声明及申请的中国人民银行分支机构或征信中心在收到申请材料后，按期通过企业征信异议处理子系统登记信息主体声明内容。征信中心应在接到信息主体声明申请之日后，在限期内完成核实信息主体声明。对于符合要求的，予以添加；对于不符合要求的，予以退回。

第三节　征信权益保护情况

一、国外征信权益保护的基本情况

自 2008 年美国次贷危机引发国际金融危机以来，如何保护金融消费者的权益日益为世人所关注。发达国家纷纷制定新法、修订旧法，改革、调整金融监管体系，加强金融消费者权益保护。各国均在银行法、保险法等金融监管法律之外，制定了专门的金融消费者保护法，如英国的《消费信贷法》和《金融服务与市场法》、加拿大的《金融消费者保护局法案》、日本的《消费者合同法》和《金融商品交易法》等。在美国，与金融消费者保护制度相关的法律有 25 部之多，如《多德—弗兰克华尔街改革与消费者保护法案》、规范征信业务活动的《公平信用报告法》等。

（一）美国在征信中的权益保护

1. 信息的采集

在信息的采集方面，美国采用的是"默认同意"的模式，即金融消费者未在合理期限内对征信机构提出异议就视为已经同意，但是美国的《金融服务现代化法》就赋予了消费者退出的权利，它所采用的是"选择退出"的方式，即除非明确的拒绝否则就视为同意，消费者可以要求信贷机构和保险公司不要向其寄送相关的广告或者直接要求征信局将自己的名字从用于此用途的名单中完全删除。

2. 知情权保护

在知情权保护方面，美国多部法律都规定了征信机构具有通知的义务。例如，《公平信用报告法》第 609 条规定："征信机构负有向消费者本人披露信用信息的义务;第 606 条规定信用报告的使用机构在使用前要通知消费者本人。"第 615 条规定："如信用报告中有不利于消费者的内容时,应将相关征信机构的名称、住所等通知给该消费者、消费者在满足规定条件时可以向征信机构申请查询自身的信用信息。"这种查询权是知情权的一种表现形式。美国《隐私权法》中规定:"应任何人的要求,向该人提供他的记录或保存在记录系统内的任何与他有关的信息,允许该人提出要求,和其选择的同伴一起检查记录,并获得全部或部分记录、信息的副本,该副本应采用该人易于理解的文本形式。"《公平信用报告改革法》第 1681 条规定向消费者披露的具体内容、信息的条件和形式以及披露的费用,这些规定都是对消费者查询权的保障。

3. 消费者信息

在保障消费者信息真实方面,保障信息真实权可以细化为四种权利,即异议权、声明权、更正权和删除权,与此相对应的是征信机构的相关义务,包括对异议信息调查的义务和保障信用信息准确、及时、完整和全面的义务。美国征信立法规定了消费者享有异议权,被征信人享有对本人不准确、不完整信息提出异议的权利,《公平信用报告改革法》第 168 条规定:"在消费者提出异议之后,征信机构对异议信息的再调查义务,以保障消费者异议权的实现。"

而声明权是异议权的延伸,美国法律规定,如果消费者对征信机构的再调查仍然有异议,可就争议性质发表简短声明并列入其档案。消费者报告机构应让消费者撰写 100 字以内的条理清晰的陈述,或由机构编写清晰准确的摘要,而且一旦声明被列入档案,除非有合理的理由证明其为无意义或不相关,否则都要在以后提供的消费者报告中附上该声明。

美国的征信法律在多个地方规定了消费者对异议信息的更正权和删除权。例如,《隐私权法》中规定:"允许个人提出申请,修改与其相关的记录,征信机当对申请人认为不准确、不相关、不及时或不完整的任何部分进行全面修正。"《公平信用报告改革法》规定:"征信机构应根据检查的结果,立即从消费者档案中删除该条信息,或作出更正"。

4. 诉讼

美国赋予了消费者提起诉讼的权利,并规定了法庭的管辖权和诉讼时效,"当消费者与征信机构产生争议时,无论争议金额大小,当事人可以在该争议产生之日起 2 年内,在任何适当的美国地方法院或其他拥有管辖权的法院提起诉讼,若被告在对当事人披露信息时,严重或蓄意提供不实的信息,应对当事人负民事责任,当事人得在获知该不实信息之日起的 2 年内提起诉讼。"为了更好地保护消费者的合法权利,除消费者本人外,州政府也有权对违法行为提起诉讼,对经常违反该法律的情况,联邦交易委员会还可以在美国地方法院对违法者提起民事诉讼,获得民事赔偿。"消费者在诉讼中可以要求获得民事赔偿,任何人以欺诈手段或出于明知不允许的目的而取得了消费者报告,导致消费者受了实际损失,应按照实际损失的数额进行赔偿,或赔偿 1 000 美元,以二者之中较高数额为准。""当过失致使消费者蒙受损失时,应当赔偿消费者的实际损失。""在州政府提起的诉讼中,对每次故意或者过失违法的行为,支付不超过 1 000 美元的赔偿金额。"

（二）欧盟在征信中的权益保护

1. 信息的采集

在信息的采集方面，欧盟采用的是"明示同意"的模式，即征信机构只有在获得信息主体明确授权后才可以采集其信用信息。欧盟《有关个人数据处理的个人保护以及此类数据自由流动的指令》第 14 条以及《有关与欧共体机构和组织的个人数据处理相关的个人保护以及关于此种数据自由流动的规章》第 18 条，都明确规定了信息主体有拒绝的权利，成员国必须赋予自然人拒绝信息处理的权利，除非信息处理的目的是官方需要或控制人追求的合法目的，但是如果数据用于直接市场营销，信息主体仍享有拒绝权。在退出权方面，欧盟采用的则是"选择进入"的方式，即除非明确的允许否则视为不同意，《有关个人数据处理的个人保护以及此类数据自由流动的指令》第 2 条规定："信息主体的同意是指任何信息主体在被通知的情形下自由做出的明确表明其同意处理与其有关的个人数据的意思表示。"

2. 知情权保护

在知情权保护的方面，欧盟法律中规定的信息控制机构的通知义务与美国法律中的通知义务有所不同，在这里通知的对象不是消费者而是监管机构。但是，其《有关个人数据处理的个人保护以及此类数据自由流动的指令》第 10 条、11 条，以及《有关与欧共体机构和组织的个人数据处理相关的个人保护以及关于此种数据自由流动的规章》第 11 条、12 条都规定了数据控制人有义务告知并提供给信息主体相关的信息，并区别规定了从信息主体处收集数据时提供的信息和未从信息主体处收集信息时提供的内容。在欧盟立法中规定了信息主体拥有获取权，即信息主体有权从数据控制人处获得相关的信息。《有关与欧共体机构和组织的个人数据处理相关的个人保护以及关于此种数据自由流动的规章》第 13 条规定了信息主体的获取权，即信息主体有权在收到请求之日起 3 个月内的任何时间内毫无限制地从控制人处免费获取如下信息：①与其有关的数据是否正在被处理的确认信息；②至少关于如下方面的信息数据处理操作的目标、相关数据的目录、数据披露的接受者或接受者的种类；③以一种可以理解的形式提供的正在被处理的数据以及有关这些数据来源的任何可用的信息；④包含在与其有关的任何自动化决定程序中的逻辑知识。

3. 消费者信息

在欧盟的法律中同样赋予了消费者更正和删除信息的权利。《有关与欧共体机构和组织的个人数据处理相关的个人保护以及关于此种数据自由流动的规章》第 1 条规定对不准确或不完整的数据，信息主体有权从控制人处获得毫无迟延的更正，第 16 条规定如果数据处理是非法的，尤其是违反有关规定，信息主体有权要控制人删除数据。而且，该法还规定了消费者享有贴标隔离的权利，在该法第 15 条中规定了贴标隔离的情形。具体包括：①数据的准确性受到信息主体的质疑，在控制人能够核实数据的精确性和完整性的期间内进行贴标隔离；②控制人因为已经完成了任务而不再需要数据，但为了某种目的又需要数据；③数据处理是非法的，并且信息主体反对删除而要求将数据贴标隔离。

4. 诉讼

金融消费者拥有投诉、诉讼的权力。欧盟《有关与欧共体机构和组织的个人数据处理相关的个人保护以及关于此种数据自由流动的规章》第 32.2 条明确规定了信息主体的投诉权:"在不影响信司法救济的前提下,每一个信息主体如果认为其在条约第 286 条之下的权利因欧共体机构或组织处理其个人数据而遭受损害,都可以向欧洲数据保护监督员提出投诉。"

欧盟也赋予了消费者诉讼的权利,而且这种诉讼权不仅包括民事诉讼权,还包括行政诉讼权。《有关个人数据处理的个人保护以及此类数据自由流动的指令》第 22 条规定:"消费者的司法救济权,成员国应当规定任何人在行使被调查的数据处理的国内法所赋予的权利被侵害时均享有司法救济权"。就民事诉讼权利而言,信息主体可以向法院提起民事诉讼,并且有权就其所遭受的损害从数据处理人处获得赔偿。就其行政诉讼权利而言,信息主体可以就欧洲数据保护监督员(欧盟设立的征信监管机构)的决定向欧共体法院提起诉讼。此分,欧盟对信息主体提起的民事诉讼采取的是举证责任倒置的举证方式,由数据控制人负责举证,如果数据控制人能证明他对引起损害的事件不负责任,则可以全部或部分免他的责任,采用这种举证方式,有利于保护信息主体的权利。

但欧盟并没有直接规定对侵权主体的惩罚机制,而是将惩罚的权力移交给各成员国,欧盟《有关个人数据处理的个人保护以及此类数据自由流动的指令》第 24 条规定:"成员国应当采取适当的措施以确保本指令的规定能得到完全执行,特别是应当规定违反依照本指令而通过的相关规定时将要施加的制裁措施"。

二、我国征信领域信用主体权益保护情况

我国征信相较于欧美起步比较晚,2013 年我国出台实施《征信业管理条例》,充分体现了我国开始对个人信息保护也越来越重视。在征信领域中信息主体的维权制度也越来越清晰。

(一)对信息主体提供相关行政救济

信息主体对异议处理结果不满或认为其合法权益受到侵害的,可以通过行政救济的方式,向所在地的中国人民银行分支机构投诉。中国人民银行分支行作为征信业监督管理部门的派出机构,依法对侵害信息主体合法权益的行为进行调查。经调查发现确实存在侵权行为或危险因素的,应当立即采取相关措施,纠正违规行为。

(二)对信息主体提供相关司法救济

信息主体的权利需要完善的法律救济制度作为保障。除行政救济以外,当信息主体的合法权益受到侵害时,也可以直接向人民法院起诉。行政救济并非司法救济的前提条件,但对于已采取行政救济措施,且对行政救济的处理结果不满的信息主体,也可通过司法救济的方式,向人民法院起诉。司法救济的方式也可以使信息主体的权利得到实现,或者使不当行为造成的伤害、危害及损失得到补救。

拓展阅读

案例1　商业银行要求客户提供个人信用报告

2016年3月,胡某投诉其在商业银行办理信用卡时,该银行要求其先前往人民银行查询个人信用报告,然后交给该行经办人员,待审核通过后方可为其办理申请信用卡业务。

【相关政策规定分析】《中国人民银行法》《征信业管理条例》《个人信用信息基础数据库管理暂行办法》等均没有禁止商业银行此种行为的条款,因此,该行为属于民事主体之间的自治行为,不属于人民银行监管职权范围。

【受理和处理情况】　因该事项不属于人民银行监管职权范围,依据《征信投诉办理规程》第十条第(三)款的规定,人民银行可不予受理。

【体会与启示】　在具体的工作中,金融业务相关当事人一有不快,均有向人民银行进行投诉的意向,期望减少自身麻烦,加速金融机构工作效率。就人民银行而言,对一些职权范围以外的事例宣传不到位,导致一些民众对人民银行工作的期望值过高,造成一些不理解。建议在开展相关宣传时,不仅宣传人民银行的工作职责,也将人民银行职责范围以外的事情作以说明,以免不必要的麻烦。

案例2　商业银行不受理当事人异议

2016年7月,王某投诉某商业银行不受理其异议申请。据王某所说,其名下有一笔10年期20万元的购房贷款,2016年10月15日到期,其已于2016年4月7日提前还清,而个人信用报告上依然显示尚未还清,影响其办理其他贷款。王某在该行申请异议处理,而该行经办人员予以推诿,随后王某在人民银行进行投诉。

【相关政策规定分析】《征信业管理条例》第二十五条、第二十六条规定,信息主体有权对信息提供者提供的信贷信息提出异议,信息提供者应按照规定予以核查处理,并书面答复异议人。对于不予受理的,信息主体有权向人民银行分支机构进行投诉,人民银行在受理投诉后进行核查处理,并书面答复投诉人。

【受理和处理情况】　人民银行受理之后,立刻与该商业银行进行了联系,具体情况是:该行由于人员调整,工作交接不到位,经办人员具体征信业务不熟悉,导致王某的异议没有及时处理。依据《征信业管理条例》第四十条第(三)款的规定,人民银行责令该行7天内改正。后经人民银行电话回访,王某的异议已于2016年7月15日被该行受理,并得到圆满解决。

【体会与启示】　商业银行在办理业务,进行岗位调整时,应提前进行岗位工作培训,确保工作交接顺畅,保障后续工作的顺利开展。即便存在业务盲点,也应做好解释工作,确保客户正常权益得到维护。

案例3　冒名申办信用卡

2016年11月,李某投诉处于海南的某商业银行。李某声称,自己从未在该行申请过信用卡,但个人信用报告上显示自己在该行有一张 2013 年 7 月办理的额度为 2 万元的信用卡,且存在欠款和逾期记录,造成自己在其他银行申请贷款失败。同时,李某声称自己身份证曾经丢失补办过。

【相关政策规定分析】　《征信投诉办理规程》第十一条规定,投诉人所在地与被投诉机构所在地不一致的,投诉人可以向任一人民银行分支机构投诉。接到投诉的人民银行分支机构应当与相关人民银行分支机构协商处理该投诉。《征信业管理条例》第二十五条、第二十六条规定,征信主体认为征信机构展示的信息存在错误的,有权向征信机构、信息提供者提出异议,要求更正。信息主体认为征信机构、信息提供者侵害其合法权益的,可以向人民银行分支机构投诉。

【受理和处理情况】　为方便当事人尽快处理异议和投诉,在受理之后,建议当事人以异议方式进行处理。经异议核查,该信用卡审批资料齐全,人民银行征信中心不予更正。

【体会与启示】　在该案件中,当事人始终声称自己从未在该行申请过信用卡,那么就极有可能是不法人员在拾获李某身份证后,伙同该行信用卡办理人员冒名申办信用卡,造成当事人信用报告产生不良记录。

从人民银行的职能来说,无法通过法定职权界定该申请信用卡资料是否为当事人本人填写,也就无法有效解决当事人的异议。在此情况下,当事人只能通过两种方式处理不良记录:一种是民事诉讼,通过对簿公堂、司法鉴定字迹等方式以获得胜诉,用法院判决书更正不良记录;另一种是自己还清欠款,等五年后自动删除不良记录。

目前,在征信实务中,冒名申请信用卡、贷款的情况时有发生,一方面是商业银行自身风险防控工作做得不到位,另一方面是当事人对身份信息的重要性认识不够,警惕性不强,自身信息被不法分子利用,造成个人信用记录逾期。这些就需要商业银行加强自身管理,做好风险防控,另外也需要当事人提高警惕,不给不法分子可乘之机。

案例 4　车贷逾期纠纷

2017 年 2 月,郑某来当地人民银行申请异议,称自己 2015 年 12 月在某商业银行办理的 2 年期车贷还款从来没有超期还款过,但个人信用报告却出现连续 13 个月的逾期记录。

【相关政策规定分析】　《征信业管理条例》第二十五条规定,信息主体认为个人信用报告中存在错误信息的,可向征信机构提出异议。

【受理和处理情况】　当地人民银行受理之后,经调查,郑某与该商业银行签订的车贷合同还款日是每月的 11 日,而汽车销售公司告诉郑某的还款日是每月的 13 日,郑某没有仔细看车贷合同,导致个人信用报告产生不良记录。在核查后,对郑某给予不予更正信用信息的处理。

【体会与启示】　在购车过程中,当事人往往沉浸在买到新车的喜悦中,对车贷等其他信息关注度不够,经常造成不应有的麻烦。在日常生活中,要时时关注与自己有关的信息,特别是涉及资金出入类信息,以免造成不应有的损失。

案例 5　商业银行沟通不当造成的投诉

2017 年 3 月,刘某声称当地人民银行给自己造成了不良记录,导致自己贷不了款,无法及时购买农耕物资,要对不良记录提出异议。

【相关政策规定分析】《征信业管理条例》第十三条、第十五条、第二十八条、第二十九条规定,采集个人信息应当经本人同意,向征信机构提供个人不良信息,应当事先告知信息主体本人。金融信用信息基础数据库(如人民银行征信中心数据库)接收从事信贷业务的机构(如商业银行、小贷公司等)按照规定提供的信贷信息,从事信贷业务的机构应当按照规定向金融信用信息基础数据库提供信贷信息。

【受理和处理情况】　对刘某的异议受理之后,依据《金融信用信息基础数据库个人征信异议处理业务规程》,当地人民银行查阅了刘某的个人信用报告,并逐笔与刘某进行了核对,没有一笔错误信息。核查后,人民银行做出不予更正的决定并当面告知了刘某。经调查,某商业银行在办理刘某申请贷款时,发现存在不良记录,便不予办理,在刘某不断纠缠之下,商业银行工作人员告知刘某不良记录是人民银行做出的,只要能够在人民银行抹掉,便可以发放贷款。事后,人民银行对该行分管行长、业务主管进行了约见谈话。

【体会与启示】　社会公众对个人信用报告认识不够,一方面是因为宣传力度、宣传方式等有待提高,另一方面是其自身对信用报告信息的来龙去脉没有搞清楚,所以造成误解。商业银行在办理日常业务,发放贷款时要做好解释工作,正确引导客户对待未办理成功的业务。同时,要利用身处一线的便利,开展各类征信知识宣传,满足社会公众金融需求。

思考与练习

1. 什么是征信侵权? 征信侵权的种类有哪些?
2. 简述征信侵权的责任是如何进行划分的。
3. 简述个人征信异议和企业征信异议的处理流程。
4. 简述异议信息受理主体的责任。
5. 我国在征信领域是如何保护信用主体权益的?

第十章　社会信用体系建设

【学习目标】

- 掌握社会信用体系概念与主要内容。
- 理解社会信用体系建设的原则。
- 掌握社会信用体系建设的基本框架。
- 了解社会信用体系建设的相关意见。

第一节　征信与社会信用体系

一、社会信用体系概念

信用的意思是能够履行诺言而取得的信任,信用是长时间积累的信任和诚信度。信用是难得易失的。下十年工夫积累的信用,往往由于一时一事的言行而失掉。它还指人们过去履行承诺的正面记录,它还是一种行为艺术,是一种人人可以尝试与自我管理的行为管理模式。

社会信用体系也称国家信用管理体系或国家信用体系。社会信用体系的建立和完善是我国社会主义市场经济不断走向成熟的重要标志之一。社会信用体系是以相对完善的法律、法规体系为基础;以建立和完善信用信息共享机制为核心;以信用服务市场的培育和形成动力;以信用服务行业主体竞争力的不断提高为支撑;以政府强有力的监管体系作保障的国家社会治理机制。意在记录社会主体信用状况,揭示社会主体信用优劣,警示社会主体信用风险,并整合全社会力量褒扬诚信,惩戒失信。可以充分调动市场自身的力量净化环境,降低发展成本,降低发展风险,弘扬诚信文化。

二、社会信用体系建设的内涵

(一) 我国社会信用体系建设主体的责任

社会信用体系的构成与内涵可以从信用的形式、信用的运用层次、与市场体系的对应关系、信用功能四个方面来讲。社会信用体系由政府、银行、企业及个人四个个体方面构成,每一个个体所负的责任也不尽相同。

1. 政府

政府在社会信用体系建设中有两种责任,一种是自我责任,另一种是他我责任。政府既是推动社会信用体系建设的带头人,负责政府信用的构建和完善;也是市场经济的监管者,是一国或一地区参与市场经济活动的主体,政府在对社会信用体系中其他信用主体信用的建构与完善中承担的责任具体包括政府的道德规约责任、市场规范责任、法律规制责任等。

在社会信用体系建设中,政府若要扮演好这两种角色,首先需要充分发挥政府的组织、引导、推动和示范作用。信用的缺失会导致政府的公信力受到影响,因此应当加强政府作为社会信用体系建设的主体责任,为建设社会主义和谐社会奠定信用基础。

2. 企业

现代市场经济实质上是信用经济,企业是市场经济的最主要参与者,因而企业是社会信用体系建设的主要参与者。在今日的中国,企业的信誉意识和责任比以往任何时候都更加突出。一些不法企业和商户的信誉缺失甚至导致社会公众对整个行业失去了信任。其后果损害的不仅是经济,而且还包括社会诚信和消费者的利益。当前中国许多行业中的某些企业因信用缺失发生的事件阻碍自身的长久发展,也很大程度上恶化了市场环境,长此以往,将阻碍我国经济的可持续发展。导致企业信用缺失的原因有很多,还需要从企业自身角度去规范失信行为的发生,明确信用体系建设制度,建立有效的监管体系,采取奖罚的方式促进社会信用体系建设的顺利进行。只有企业明确诚信乃其安身立足之本,坚持以诚信为本,不断提高企业内部的信用文化建设,才能推动社会主义经济建设。

3. 个人

个人信用是指通过考察个人收入和资产所体现的履约能力,通过个人正、负面信息所体现的义务和道德水准,以及该种能力、意愿、义务和道德水准在社会上的认识判断。个人是社会信用体系建设的关键突破口。个人是社会经济生活中最基础的单位,个人单位因某种社会契约关系组成了家庭、企业、政府这样的市场主体,其社会经济行为直接反映了企业、政府的行为,社会信用体系的建设需要人人建设,在社会信用体系建设中,个人信用应当处于基础地位,它也是社会信用体系建设的关键突破口。

4. 司法部门

司法部门是社会信用建设体系的支撑者,司法部门是独立于政府、独立行使审判权和检查权的国家机关,其审判权和检查权的严格、合法、合理执行能够有效制裁失信行为,是维护司法公正的前提,也是保证司法公信的根源,因此司法部门在社会信用体系建设中起着重要的支撑作用。

(二)社会信用体系建设实质

社会信用体系建设的实质就是增强各个主体的诚信意识、规范主体的守信行为。

个人无信用会导致难以在社会中立足,导致个人信誉受损,难以在银行或其他金融机构获取贷款。

企业失信则会影响企业的公信力和信誉。企业立足于社会行业中,信誉对于企业的影响深远,决定企业未来的发展。

政府主体应当在社会信用体系建设中发挥道德规约责任、市场规范责任、法律规制责任。

诚信是一个道德范畴,是公民的第二个"身份证",是日常行为的诚实和正式交流的信用的统称。诚信是社会主义核心价值观的重要内容,是公民的基本道德规范,是法治建设的内在要求,也是社会经济发展的基础。

诚信缺失的危害极大。诚信缺失严重影响我国市场经济的健康运行。市场经济是法制经济,也是信用经济,法制和信用是市场经济的两大基石。诚信缺失严重影响社会稳定。假冒伪劣、坑蒙拐骗,造成无数个人身心伤害,家庭家破人亡,大量企业举步维艰。

诚信缺失严重影响我国企业的国际竞争力,也严重损害国家声誉。综上所述,政府、企业、个人诚信的缺失及规范的操作标准的缺失会导致社会秩序混乱,市场机制无法正常运行,阻碍市场经济的正常发展。

诚信是维护市场经济秩序的重要原则,可以规范主体诚实守信。社会信用体系建设的实质就是不断加强主体责任,规范主体意识。促进企业诚信经营,个人遵守诚信,规范行为。各地从个人、企业、制度、规范等方面着手,多措并举助力诚信,不断推进社会信用体系建设。

(三) 社会信用体系建设的基本框架

1. 社会信用基础性法律法规

(1) 完善信用法律法规体系。完备的法律法规和国家标准体系,是信用行业健康发展的保障,是构建和谐社会的关键。以健全信用法规制度、形成覆盖全社会的征信系统为基础,以政务诚信、商务诚信、社会诚信和司法公信建设为主要内容,以推进行业信用建设、社会成员信用建设、引导信用市场需求、推广信用应用和信用服务市场发展为重点。按照信息共享,公平竞争,有利于公共服务和监管,维护国家信息安全的要求,推进信用立法工作,继续研究论证社会信用领域立法,使信用信息征集、查询、应用、互联互通、信用信息安全和主体权益保护等有法可依。

(2) 推进行业、部门和地方信用制度建设。各地区、各部门分别根据本地区、相关行业信用体系建设的需要,制定地区或行业信用建设的规章制度,明确信用信息记录主体的责任,保证信用信息的客观、真实、准确和及时更新,完善信用信息共享公开制度,推动信用信息资源的有序开发利用。制定信用信息采集、储存、共享、公开、使用和信用评价、信用分类管理等标准。

2. 建立信用数据技术支撑体系

信用信息数据库在我国社会信用体系建设中是最基础也是核心的环节。目前我国信用数据库建设上不完整,数据技术支撑需要同步互联网经济的发展。大数据如何在信用体系建设中发挥关键作用,应该以互联网金融为例,其参与客户、产品形态、交易方式以及业务流程都发生了深刻的变化,传统的信用体系显然已经无法满足新常态背景下互联网金融业务发展的需要。信用体系的建设需要深度的大数据参与其中。首先必须是人人有信用,也是信用评估的包容性和广泛性;其次信用需要依赖数据,数据需要广泛性;最后数据要有效,数据也要智能。

3. 培育和规范信用服务市场

(1) 政府信用公开是信用服务市场发展的基础。各部门、地区在保护国家机密、商业机密和个人隐私的前提下,要依法公开在行政管理中掌握的信用信息。

(2)发展各类信用服务机构。逐步建立公共信用服务机构和社会信用服务机构互为补充、信用信息基础服务和增值服务相辅相成的多层次、全方位的信用服务组织体系。加强信用服务机构的内部控制,完善约束机制,提升信用服务质量。推进并规范信用评级行业发展,培育发展本土评级机构,增强我国评级机构的国际影响力。推动建立信用服务行业自律组织,在组织内建立信用服务机构和从业人员基本行为准则和业务规范,强化自律约束,全面提升信用服务机构诚信水平。

(3)推动信用服务产品广泛运用。拓展信用服务产品应用范围,加大信用服务产品在社会治理和市场交易中的应用。鼓励信用服务产品开发和创新,推动信用保险、信用担保、商业保理、履约担保、信用管理咨询及培训等信用服务业务发展。

(4)完善信用服务市场监管体制。在严格监管、完善制度、维护信息安全的前提下,循序渐进,稳步适度地开放信用服务市场,引进国外先进的经验管理和技术。根据信用服务市场、机构业务的不同特点,依法实施分类监管,完善监管制度,明确监管职责,切实维护市场秩序。推动制定信用服务相关法律制度,建立信用服务机构准入与退出机制,实现从业资格认定的公开透明,进一步完善信用服务业务规范,促进信用服务业健康发展。

(5)加强信用服务机构自身信用建设。信用服务机构要确立行为准则,以行业标准为指导,加强规范管理,提高服务质量,坚持服务机构公正性和独立性,提升公信力。鼓励各类信用服务机构设立首席信用监督官,加强自身信用管理。

(6)加强信用服务行业自律。推动建立信用服务行业自律组织,在组织内建立信用服务机构和从业人员基本行为准则和业务规范,强化自律约束,全面提升信用服务机构诚信水平。

4. 培育信用产品市场体系

市场经济是契约经济,契约产生预期效果的基础是信用,信用产品是维系市场经济正常运作的特效产品。加快符合市场经济的信用产品市场体系,引导人们正确认识和运用信用产品已经成为中国经济健康发展的必要前提。

5. 保护信用信息主体权益

(1)健全信用信息主体权益保护机制。充分发挥行政监管、行业自律和社会监督在信用信息主体权益保护中的作用,综合运用法律、经济和行政等手段,切实保护信用信息主体权益。从行政法层面,切实保护信息主体的五项基本权利,包括知情权、同意权、异议权、救济权和重建信用记录权。在征信领域开展的信用活动中,个人信息主体的五项权利贯穿始终。加强对信用信息主体的引导教育,不断增强其维护自身合法权益的意识。建立自我纠错、主动自新的社会鼓励与关爱机制。以建立针对未成年人失信行为的教育机制为重点,给予轻微失信人员改正机会,正确引导信息主体维护权益。

(2)建立信用信息侵权责任追究机制。个人维权可以通过两种途径:一是异议;二是投诉。信息主体认为征信机构采集、保存、提供的信息存在错误、遗漏的,有权向征信机构或者信息提供者提出异议,要求更正。从征信事前、事中、事后环节来看,均存在侵权风险,例如查询个人征信报告未经本人书面授权、个人不良信息报送未履行事先告知义务、不良信用记录超过规定期限未删除、个人信用信息在报送、采集、整理和使用过程中发生错误从而导致信用信息失真等,针对这些在事前、事中、事后环节中出现的侵权行为,信息主体有权向征信中心或数据发生机构提出异议,并要求更正个人可通过制定信用信息异议处理、投诉办理、诉讼管理制度及操作细则。信息主体认为征信机构或者信息提供者、信息使用者侵害其合法权益的,可以向所在地的国务院征信业监督管理部门派出机构投诉。中国人民银行被赋予征信业监督管理的职责,总行及其派出机构依法受理信息主体的投诉。《条例》第二十六条同时规定,"信息主体认为征信机构或者信息提供者、信息使用者侵害其合法权益的,可以直接向人民法院起诉"。并进一步加大执法力度,对信用服务机构泄露国家秘密、商业秘密和侵犯个人隐私等违法行为,依法予以严厉处罚,而且通过各类媒体披露各种侵害信息主体权益的行为,强化社会监督作用。

6. 加快信用管理体系

加快信用管理体系包括政府信用市场管理体系和企业信用管理体系。

企业信用管理是企业在市场交易过程中,制定信用管理政策、收集客户信息、评估客户信用并进行授信、保障债权和回收,以及处理应收账款等一系列信用控制的管理活动。信用人员的日常工作需要有可以遵循的岗位规章和条例作为日常工作的规范和约束性的依据。企业信用管理制度包括组织制度、业务制度、决策制度、考核制度。

政府信用体系的建设是整个社会信用体系建设的重要部分。这里的政府信用体系也可以叫作公共信用体系,是指涵盖上至中央、下至地方政府的所有政府机构和公务人员在内的信用体系。政府信用体系的主要内容为:建立政府信用信息系统;建立和完善政府信用责任制;建立行政承诺兑现制度;建立公务员信用教育制度;完善民心工程督办考核制度;建立政务公共信息平台;完善政府重大决策专家咨询论证制度。

政府作为行政权力组织,处于社会的中心地位,政府的行政行为直接影响自身的信誉,公务员代表政府做出的承诺是否兑现,对公众的影响很大。首先要建立政府信用资料数据库及开放的平台,将各个政府机构与人员在履行职责中的诚信与不诚信事项收集记录并予以公开,组织人事部门依托这样的一个体系,将干部的任用与奖惩建立在政府信用体系之上:对于秉公执法、诚信为民的人员给予奖励,而对于失信于民、不认真履行职责者及时给予警示,对以权谋私者给予严厉的惩处。其次要建立政府信用评估制度,借鉴西方发达国家政府信用评价指标体系,由专业的评估机构对政府信用进行评估并公布评估的结果。建立政府信用体系,还需要建立和完善信用法规体系,如制定《政府信用法》《公平信用报告法》《信用信息收集法》等。

7. 建立社会诚信教育体系

社会诚信体系建设的一个重要方面是培育诚信精神,强化社会成员在诚信方面的道德自律。市场经济固然是以市场主体最大化地追求自身利益为内在驱动力,但这并不意味着追求私利的行为必然导致诚信缺失,应当遵守道德底线。对于学校而言应当加强社会诚信教育,教师应当言传身教,不仅应当传授知识,更应当加强思想品德的教育。对于政府而言,应该注重自身执法能力与服务手段的创新与升级。对于相关媒体而言,正确发挥自身的社会责任,进行优秀行为的播报,传递正能量,让我们的社会主义核心价值观深入人心,同时发挥监督职能,督促个人乃至政府合理合规行事。要在全社会范围内培育诚信精神,并将其渗透到家庭教育、学校教育以及面向所有社会成员的教育和再教育过程中,通过言传身教、耳濡目染、潜移默化的种种方式将诚信精神内化到社会成员的人格结构中,使诚信行为日益成为社会成员的自觉,使诚实守信成为人人崇敬的社会风尚。

8. 构建守信激励和失信惩戒机制

(1) 失信惩戒制度是指对失信主体进行惩罚的一种制度安排。它以企业、个人征信数据库的记录为依据,通过信用记录和信用信息的公开,来降低市场交易中的信息不对称程度,使失信主体为其失信行为承担相应代价,惩戒失信行为,褒扬诚实守信。失信惩戒制度的核心是让不讲信用的法人和自然人不能方便地生活在社会中。失信惩戒机制的基础是征信数据库的信用记录。

守信激励机制作为社会信用体系建设的核心环节,是信用体系良好运行的重要支撑,与失信惩戒机制相比,它更加积极、有效且更具良性引导作用。

(2) 加强对守信主体的奖励和激励。加大对守信行为的表彰和宣传力度。全国各省(自治区、直辖市)、市定期公布辖区范围内"诚信企业"名单,向社会公众传递企业守信信息。按规定对诚信企业和模范个人给予表彰,通过新闻媒体广泛宣传,营造守信光荣的舆论氛围。发展改革、财政、金融、环境保护、住房城乡建设、交通运输、商务、工商、税务、质检、安全监管、海关、知识产权等部门,在市场监管和公共服务过程中,要深化信用信息和信用产品的应用,对诚实守信者实行优先办理、简化程序等"绿色通道"支持的激励政策。

(3) 加强对失信主体的约束和惩戒。强化行政监管性约束和惩戒。在现有行政处罚措施的基础上,健全失信惩戒制度,对重点领域和严重失信行为实施联合惩戒,建立各行业黑名单制度和市场退出机制。对严重失信主体,各地区、各有关部门应将其列为重点监管对象,依法依规采取行政性约束和惩戒措施。对严重失信主体,有关部门和机构应以统一社会信用代码为索引,及时公开披露相关信息,便于市场识别失信行为,防范信用风险。建立健全行业自律公约和职业道德准则,推动行业信用建设。引导行业协会、商会完善行业内部信用信息采集、共享机制,将严重失信行为记入会员信用档案。充分发挥各类社会组织作用,引导社会力量广泛参与失信联合惩戒。建立完善失信举报制度,鼓励公众举报企业严重失信行为,对举报人信息严格保密。推动各级人民政府在市场监管和公共服务的市场准入、资质认定、行政审批、政策扶持等方面实施信用分类监管,结合监管对象的失信类别和程度,使失信者受到惩戒。在对失信企事业单位进行联合惩戒的同时,依照法律法规和政策规定对相关责任人员采取相应的联合惩戒措施。通过建立完整的个人信用记录数据库及联合惩戒机制,使失信惩戒措施落实到人。

第二节　社会信用体系建设的原则与规划

《社会信用体系建设规划纲要(2014—2020 年)》指出:全面推动社会信用体系建设,必须坚持以邓小平理论、"三个代表"重要思想、科学发展观为指导,按照党的十八大、十八届三中全会和"十二五"规划纲要精神,以健全信用法律法规和标准体系、形成覆盖全社会的征信系统为基础,以推进政务诚信、商务诚信、社会诚信和司法公信建设为主要内容,以推进诚信文化建设、建立守信激励和失信惩戒机制为重点,以推进行业信用建设、地方信用建设和信用服务市场发展为支撑,以提高全社会诚信意识和信用水平、改善经济社会运行环境为目的,以人为本,在全社会广泛形成守信光荣、失信可耻的浓厚氛围,使诚实守信成为全民的自觉行为规范。

1. 政府推动、社会共建

社会信用体系建设要政府推动,社会共建,充分发挥政府的组织、引导、推动和示范作用。发挥政府在信用体系建设中的主体责任,制定实施发展规划,健全法律法规和完善信用体系服务标准,培育和监管信用服务市场。注重发挥市场机制作用,协调并优化资源配置,调动社会力量,共同构建社会信用体系,形成社会信用体系建设合力。

2. 健全法制、规范发展

逐步建立健全信用法律法规体系和信用标准体系,配套制定信用信息归集、查询应用、信息分类、信息安全与权益保障等制度规范,继续完善信用信息目录、信用主体编码、信用信息数据项及信用信息系统建设标准规范,维护信用信息安全和信息主体权益。

3. 统筹规划、分步实施

针对社会信用体系建设的长期性、系统性和复杂性,树立大局观,着眼于未来社会信用体系建设,按步骤按规划稳步实施。

4. 重点突破、强化应用

选择重点领域和典型地区开展信用建设示范,加强信用体系重点区域领域建设,积极推广信用产品的社会化应用,促进信用信息互联互通、协同共享,健全社会信用奖惩联动机制,营造诚实、自律、守信、互信的社会信用环境。

5. 借鉴国外先进经验和立足本国国情、注重创新相结合的原则

信用管理体系建设成功与否,应当立足于国情,选择适合本国的匹配模式。虽然世界各主要国家的信用管理体系运作形成了"美国模式""欧洲模式"和"日本模式"等多种模式。我国社会信用管理体系建设必须立足我国当前正处于体制转轨时期的现实,在借鉴市场经济发达国家经验的基础上,探索出一种适应本国国情的具有特色的运作模式。

第三节　中国社会信用体系建设的实践

一、我国社会信用体系建设的现状

党中央、国务院高度重视社会信用体系建设。有关地区、部门和单位探索推进,社会信用体系建设取得积极进展。社会信用体系建设的系列部署,高度重视社会信用体系建设工作,加强组织领导,完善体制机制,公布和实施《征信业管理条例》,一批信用体系建设的规章和标准相继出台。

社会信用信息共享平台和相关网站的建设初见成效,平台已初步建立了信用信息归集共享和联合奖惩的联动机制。福州市强化联合奖惩,严格信用监管,制定了重点领域的联合奖惩方案,建立信用信息和"红黑名单"工作制度,推动形成"守信者一路畅通、失信者处处受限"联合奖惩大格局;全国集中统一的金融信用信息基础数据库,建成自然人和法人信息资源库、公共信用信息平台、门户网站以及掌上信用服务、重点领域联合奖惩信用应用、政务信用服务等多个应用系统;开展小微企业及农村信用体系试验区建设,小微企业和农村信用体系建设是地方社会信用体系建设的重要组成部分，是助力小微企业、农户等小微经营主体融资发展的有效手段。各部门推动信用信息公开，开展行业信用评价，实施信用分类监管。各行业积极开展诚信宣传教育和诚信自律活动，设立诚信教育基地，深化学校诚信教育内涵，发挥诚信校园示范引领作用。形成了目前最大的征信系统，征信系统能够全面覆盖个人及企业的相关征信信息，覆盖范围广泛，数据众多，央行的征信系统已累计收入了 9.9 亿自然人，2591 万户企业和其他组织的有关信息，个人和企业信用报告日均查询量分别达 550 万次和 30 万次。

我国社会信用体系建设虽然取得一定进展，但与经济发展水平和社会发展阶段不匹配、不协调、不适应的矛盾仍然突出。存在的主要问题包括：覆盖全社会的征信系统尚未形成，第三方征信机构不足，服务范围不广泛；社会成员信用记录严重缺失，记录范围不能完全覆盖，存在漏洞，守信激励和失信惩戒机制尚不健全，守信激励不足，失信成本偏低；信用服务市场不发达，信用服务产品单一，服务体系不成熟，服务行为不规范，服务机构公信力不足，信用信息主体权益保护机制缺失；社会信用法律法规不健全，信用信息安全保护有待加强；信用社会诚信意识和信用水平偏低，履约践诺、诚实守信的社会氛围尚未形成，重特大生产安全事故、食品药品安全事件时有发生，商业欺诈、制假售假、偷逃骗税、虚报冒领、学术不端等现象屡禁不止，政务诚信度、司法公信度离人民群众的期待还有一定差距等。

二、加快中国社会信用体系建设构建的若干意见

我国目前社会信用体系建设取得一定成果，但依然存在很多问题。市场经济即是信用经济，信用主体应发挥好各自的责任，也应负起相应的义务。目前很多企业存在拖欠银行欠款、偷税漏税、欺骗消费者、贩卖假货获取利润、非法集资的现象，严重扰乱市场经济秩序，阻碍信用经济健康发展。为了解决及打击此等不法现象，打击企业及个人失信行为，建立市场主体责任，促进金融稳定和发展，保护群众权益，防范和化解金融风险，推进政府更好地履行经济调节、市场监管、社会管理和公共服务的职能，须加快我国社会信用体系建设。总体来看，我国社会信用体系建设取得了一定进展，但还存在许多亟待解决的问题。面对新的形势，社会信用体系建设任务艰巨，时间紧迫，必须进一步统一思想，明确任务，加强协调，确保社会信用体系建设顺利进行。

以习近平新时代中国特色社会主义思想为指导，深入贯彻落实党的十九大和十九届二中全会、三中全会精神，按照依法依规、改革创新、协同共治的基本原则，以加强信用监管为着力点，创新监管理念、监管制度和监管方式，建立健全贯穿市场主体全生命周期，衔接事前、事中、事后全监管环节的新型监管机制，不断提升监管能力和水平，进一步规范市场秩序，优化营商环境，推动高质量发展。

为了加快社会主义信用体系建设，应当完善行业信用记录，推进行业信用建设；加快信贷征信体系建设，建立金融业统一征信平台；培育信用服务市场，稳妥有序对外开放；完善法律法规，加强组织领导。

1. 应当完善行业信用记录，推进行业信用建设

社会体系建设涉及经济社会生活的各个方面。完善行业信用记录，推进行业信用建

设至关重要。行业信用建设是社会信用体系建设的重要组成部分,对于促进企业和个人主体责任,约束个人及企业在市场中的行为具有重要作用。各行各业以及个人都应该具备相应的信用评价体系,要依托"金税""金关"等管理系统,全面建立和完善企业信用记录,建立健全企业、个人偷逃骗税记录。建立企业及个人黑名单制度,大力推进信用体系建设。行业信用体系建设工作主要有以下几个步骤,首先是全面建设信用记录。建立信用档案,签署信用承诺,完善企业信用记录,树立守信受益、失信惩戒、诚信自律的信用导向,对严重违法失信的要建立"黑名单",实施行业禁入,提高企业诚信经营意识,同时建立行业协会以信用为核心的协同监管机制,为政府、市场监管提供依据。然后,推动行业信用记录与其他领域信用记录的分享。做到信用的协同及兼容性。与此同时,监管层还将引导机构采取差别化等市场手段,对守信者予以奖励,对失信者进行约束。对主动签署信用承诺、积极完善信用记录、建立信用档案的企业进行表彰,研究出台相关措施,对信用记录良好的守信企业实施激励。

2. 加快信贷征信体系建设,建立金融业统一征信平台

要加快推进建立包括证券、保险、外汇等信息在内的金融业统一征信平台。金融是现代经济的核心。金融业特别是银行业是社会信用信息的主要提供者和使用者。防范金融风险是金融行业工作的重点,是维持社会稳定的根基。要以信贷征信体系建设为切入点,进一步健全证券业、保险业及外汇管理的信用管理系统,加强金融部门的协调和合作,逐步建立金融业统一征信平台,促进金融业信用信息整合和共享,稳步推进我国金融业信用体系建设。做好征信数据质量和个人信息保护工作,加强对金融消费者权益保护,制定对数据质量的激励措施,加强对数据质量和信息保护的检查管理。

3. 加大信用信息归集共享力度

首先应当优化完善信用平台。要进一步加大信用信息归集共享与公示公开力度,完成市公共信用信息共享交换平台和门户网站的一体化改造,形成互联互通、业务协同、信息共享的全市公共信用信息平台"大系统",加大信用信息归集工作,为信用联合奖惩和信用惠民便企打下基础。建设公共信用信息平台以"1 个打造、4 大中心、5 种连接、N 项应用"为基础。"1 个打造"是指打造一个"信用+"应用体系。"4 大中心"是指信用共享交换中心、政务监管中心、信用公共服务中心、信用数据分析中心。"5 种连接"是指平台面向企业(公众)、行业商协会、信用服务机构、政府各信源单位、上下级平台。"N 项应用"是指联合奖惩、信用档案、"信用+"等应用场景。平台将个人、企业、事业单位、社会组织等数据库信息进行整合与汇聚,并根据权限面向社会及各级政府部门提供数据服务。

4. 加强重点领域、区域、行业、人群信用建设

应当加快社会信用诚信建设,重点领域包括:政务诚信建设、商务诚信建设、社会诚信建设、司法公信建设、金融生态环境建设。重点区域建设各区(市)政府要根据自身区域特点,加大工作落实力度,加快建立完善本地区社会信用体系。

加强行业信用体系建设,结合各市实际,积极推动重点行业信用体系建设,与第三方信用服务机构合作打造行业信用信息系统,制定行业信用评价标准,探索实现行业信用信息与市公共信用信息的互联共享。加强重点人群信用体系建设。以公务员、企业法定代表人及相关负责人、律师、教师、医师、执业药师、评估师、税务师、注册消防工程师、会计审计人员、房地产中介从业人员、认证人员、金融从业人员、导游 14 类职业人群为主要对象，鼓励各单位、行业协会商会等建立个人诚信档案，依法采集个人公共信用信息。依托公共信用信息平台，按照统一的个人公共信用信息数据目录格式，以公民统一社会信用代码为载体，归集相关的个人公共信用信息，形成统一的个人诚信档案。依托公共信用信息平台等载体，探索构建个人诚信积分管理机制。

5. 培育信用服务市场，稳妥有序对外开放

为全面推进社会信用体系建设，营造诚实守信良好氛围，优化营商环境，要加大诚实守信的宣传教育力度，加强信用产品和服务创新，树立良好的社会信用风尚，加快培育和发展信用服务市场。在加强信用产品和服务创新方面，大力推动信用产品在行政管理、公共服务等领域的应用。鼓励金融机构、信用服务机构探索创新信用融资产品，协同开展联合惩戒、失信专项治理等工作。为助推产业发展，结合旅游、环保、市场监管等相关领域企业信用状况数据、资料等信息，梳理和展示特色产业领域政策法规、评分、红黑榜等企业信用信息，引导相关产业健康发展。在严格监管、完善制度、维护信息安全的前提下，循序渐进、稳步适度地开放信用服务市场，引进国外先进的管理经验和技术。大力发展以征信、信用评级、信用管理咨询等为重点的各类社会信用服务机构，扶持、培育一批公信力强、具有较强竞争力的本地信用服务机构，积极吸引国内外知名信用服务机构。根据世界贸易组织关于一般例外及安全例外的原则，基础信用信息数据库建设、信用服务中涉及信息保护要求高的领域不予开放。

6. 强化信用监管的支撑保障

建立健全贯穿市场主体全生命周期，衔接事前、事中、事后全监管环节的新型监管机制，不断提升监管能力和水平，进一步规范市场秩序，优化营商环境，推动高质量发展，着力提升信用监管信息化建设水平。充分发挥全国信用信息共享平台和国家"互联网＋监管"系统信息归集共享作用，对政府部门信用信息做到"应归尽归"，推进地方信用信息平台、行业信用信息系统互联互通，畅通政企数据流通机制，形成全面覆盖各地区各部门、各类市场主体的信用信息"一张网"。以信用为基础的新型监管机制，是充分体现以"互联网＋"为特征的大数据监管机制。充分发挥"互联网＋"、大数据对信用监管的支撑作用。依托国家"互联网＋监管"等系统，有效整合公共信用信息、市场信用信息、投诉举报信息和互联网及第三方相关信息，充分运用大数据、人工智能等新一代信息技术，实现信用监管数据可比对、过程可追溯、问题可监测。确保信用主体的合法权益，切实加大信用信息安全和市场主体权益保护力度。保护个人隐私，由于大数据信息采集的隐蔽性，用户的知情权和同意权难以保障。明确个人信息查询使用权限和程序，做好数据库安全防护工作，建立完善个人信息查询使用登记和审查制度，防止信息泄露。明确个人信息查询使用权限和程序，做好数据库安全防护工作，建立完善个人信息查询使用登记和审查制度，防止信息泄露。积极引导行业组织和信用服务机构协同监管。支持有关部门授权的行业协会商会协助开展行业信用建设和信用监管，鼓励行业协会商会建立会员信用记录，开展信用承诺、信用培训、诚信宣传、诚信倡议等，将诚信作为行规行约重要内容，引导本行业增强依法诚信经营意识。

拓展阅读

个人案例 征信系统火眼亮,识别谎言防风险

客户郑女士向某行申请信用卡财智金分期业务,申请前客户口头阐述说自己征信较好,无逾期记录,并且没有其他经营性及消费性贷款,通过查询其个人征信信息,发现其在他行有大额经营性贷款,月还款金额较大,名下资产和流水无法覆盖其负债,且之前有多次逾期,因此拒绝该客户的业务申请。

【点评】 通过查询个人征信系统了解客户的借贷情况,以及月还款情况和资金紧张程度,识别客户蒙骗的谎言,将信用风险规避在审批的前端,提高了银行办理业务的效率,节约人力、物力等资源,同时有效地规避资产类业务的风险,防范了不良信用借款。

企业案例1 企业信用报告中存在被起诉、逃废债、欠息逾期、欠税等情况,导致贷款被拒

A公司拟在某行办理流动资金贷款,该行通过查询企业征信信息系统,对企业贷款卡信息和企业基本信息报告进行了解:法人客户信用报告显示,A公司有法院强制执行记录一条。

【处理结果】 根据征信中的信息,该行派客户经理对企业进行充分调查,进一步地评估论证,认为企业不具备贷款条件,于2018年4月告知客户因其信用记录中有强制执行记录,该行不能为其提供信贷业务。

企业案例2 企业实际控制人信用不良,企业融资被拒

2017年11月,A有限公司向某行申请流动资金贷款,该企业注册资本3 000万元,该行通过对A企业实际控制人李某个人征信查询发现,此人贷记卡逾期次数多达27次,最长逾期持续4个月,最高逾期金额为15 000元,且有多次持续未还款情况出现。此人解释为忘记导致,非恶意拖欠,该行客户经理认为该企业法定代表人存在较高的信用风险,并根据该行信贷相关政策及时告知借款人该行无法办理此笔贷款业务。

后续发现,该企业2016年4月至2017年2月多次变更法定代表人及股东,且有多次被执行情况发生,其中包括民间借贷纠纷案件、合同纠纷案件等多起,涉及金额较高。

【处理结果】 该行客户经理通过个人征信情况,及时发现企业本质问题,拒绝向该企业提供贷款。

思考与练习

1. 如何强化信用监管的支撑保障?
2. 如何推进重点领域诚信建设?
3. 简述社会信用体系建设的基本框架。
4. 简述社会信用体系建设的原则。
5. 如何加快推进信用信息系统建设和应用?

参考文献

[1] 中国人民银行征信管理局.现代征信学[M].北京：中国金融出版社,2015.

[2] 赵志华.征信管理基础概论[M].北京：中国金融出版社,2012.

[3] 叶谦,常胜.征信理论与实务[M].北京：高等教育出版社,2015.

[4] 唐明琴,缪铁文,叶湘榕.征信理论与实务[M].北京：中国金融出版社,2015.

[5] 杜金富,张新泽,李跃,等.征信理论与实践[M].北京：中国金融出版社,2004.

[6] 汪海泳.论高校信用教育与信用档案管理[J].中国多媒体与网络教学学报,2019,(4)：29-33.

[7] 田芸.我国征信文化建设研究与思考[J].金融发展评论,2015,(7)：26-29.

[8] 黄卓.互联网金融时代中国个人征信体系建设研究[M].北京：中国社会科学出版社,2017.

[9] 刘宇.国际比较对我国企业信用体系发展模式规划的启示[J].征信,2018 (05).

[10] 庄志龄.中国征信所[M].上海：上海远东出版社,2016.

[11] 周琼.关于企业征信系统建设的探讨[J].现代经济信息,2016 (06).

[12] 马建华,罗海环,哈兰花.征信知识与实务[M].北京：国防工业出版社,2012.

[13] 姚前,谢华美,刘松灵,等.征信大数据理论与实践[M].北京：中国金融出版社,2018.

[14] 林钧跃.征信技术基础[M].北京：中国人民大学出版社,2007.

[15] 中华征信所.征信手册[M].北京：中信出版社,2003.

[16] 甘石坚.征信监管制度研究[D].长沙：中南大学,2011：9-11.

[17] 孔婷.对搭建我国征信行业自律组织的路径思考[J].西部金融,2017,(2).

[18] 谢雨菲.互联网征信体系建设的国际经验借鉴[J].华北金融,2019,(7)：84-87.

[19] 齐丽萍.基层央行征信文化建设的实践与建议[J].黑龙江金融,2017,(3)：101.

社会信用体系建设规划纲要

（2014—2020 年）

社会信用体系是社会主义市场经济体制和社会治理体制的重要组成部分。它以法律、法规、标准和契约为依据，以健全覆盖社会成员的信用记录和信用基础设施网络为基础，以信用信息合规应用和信用服务体系为支撑，以树立诚信文化理念、弘扬诚信传统美德为内在要求，以守信激励和失信约束为奖惩机制，目的是提高全社会的诚信意识和信用水平。

加快社会信用体系建设是全面落实科学发展观、构建社会主义和谐社会的重要基础，是完善社会主义市场经济体制、加强和创新社会治理的重要手段，对增强社会成员诚信意识，营造优良信用环境，提升国家整体竞争力，促进社会发展与文明进步具有重要意义。

根据党的十八大提出的"加强政务诚信、商务诚信、社会诚信和司法公信建设"，党的十八届三中全会提出的"建立健全社会征信体系，褒扬诚信，惩戒失信"，《中共中央 国务院关于加强和创新社会管理的意见》提出的"建立健全社会诚信制度"，以及《中华人民共和国国民经济和社会发展第十二个五年规划纲要》（以下简称"十二五"规划纲要）提出的"加快社会信用体系建设"的总体要求，制定本规划纲要。规划期为 2014—2020 年。

一、社会信用体系建设总体思路

（一）发展现状。

党中央、国务院高度重视社会信用体系建设。有关地区、部门和单位探索推进，社会信用体系建设取得积极进展。国务院建立社会信用体系建设部际联席会议制度统筹推进信用体系建设，公布实施《征信业管理条例》，一批信用体系建设的规章和标准相继出台。全国集中统一的金融信用信息基础数据库建成，小微企业和农村信用体系建设积极推进；各部门推动信用信息公开，开展行业信用评价，实施信用分类监管；各行业积极开展诚信宣传教育和诚信自律活动；各地区探索建立综合性信用信息共享平台，促进本地区各部门、各单位的信用信息整合应用；社会对信用服务产品的需求日益上升，信用服务市场规模不断扩大。

我国社会信用体系建设虽然取得一定进展，但与经济发展水平和社会发展阶段不匹配、不协调、不适应的矛盾仍然突出。存在的主要问题包括：覆盖全社会的征信系统尚未形成，社会成员信用记录严重缺失，守信激励和失信惩戒机制尚不健全，守信激励不足，失信成本偏低；信用服务市场不发达，服务体系不成熟，服务行为不规范，服务机构公信力不足，信用信息主体权益保护机制缺失；社会诚信意识和信用水平偏低，履约践诺、诚实守信的社会氛围尚未形成，重特大生产安全事故、食品药品安全事件时有发生，商业欺诈、制假售假、偷逃骗税、虚报冒领、学术不端等现象屡禁不止，政务诚信度、司法公信度离人民群众的期待还有一定差距等。

（二）形势和要求。

我国正处于深化经济体制改革和完善社会主义市场经济体制的攻坚期。现代市场经济是信用经济，建立健全社会信用体系，是整顿和规范市场经济秩序、改善市场信用环境、降低交易成本、防范经济风险的重要举措，是减少政府对经济的行政干预、完善社会主义市场经济体制的迫切要求。

我国正处于加快转变发展方式、实现科学发展的战略机遇期。加快推进社会信用体系建设，是促进资源优化配置、扩大内需、促进产业结构优化升级的重要前提，是完善科学发展机制的迫切要求。

我国正处于经济社会转型的关键期。利益主体更加多元化，各种社会矛盾凸显，社会组织形式及管理方式也在发生深刻变化。全面推进社会信用体系建设，是增强社会诚信、促进社会互信、减少社会矛盾的有效手段，是加强和创新社会治理、构建社会主义和谐社会的迫切要求。

我国正处于在更大范围、更宽领域、更深层次上提高开放型经济水平的拓展期。经济全球化使我国对外开放程度不断提高，与其他国家和地区的经济社会交流更加密切。完善社会信用体系，是深化国际合作与交往，树立国际品牌和声誉，降低对外交易成本，提升国家软实力和国际影响力的必要条件，是推动建立客观、公正、合理、平衡的国际信用评级体系，适应全球化新形势，驾驭全球化新格局的迫切要求。

（三）指导思想和目标原则。

全面推动社会信用体系建设，必须坚持以邓小平理论、"三个代表"重要思想、科学发展观为指导，按照党的十八大、十八届三中全会和"十二五"规划纲要精神，以健全信用法律法规和标准体系、形成覆盖全社会的征信系统为基础，以推进政务诚信、商务诚信、社会诚信和司法公信建设为主要内容，以推进诚信文化建设、建立守信激励和失信惩戒机制为重点，以推进行业信用建设、地方信用建设和信用服务市场发展为支撑，以提高全社会诚信意识和信用水平、改善经济社会运行环境为目的，以人为本，在全社会广泛形成守信光荣、失信可耻的浓厚氛围，使诚实守信成为全民的自觉行为规范。

社会信用体系建设的主要目标是：到2020年，社会信用基础性法律法规和标准体系基本建立，以信用信息资源共享为基础的覆盖全社会的征信系统基本建成，信用监管体制基本健全，信用服务市场体系比较完善，守信激励和失信惩戒机制全面发挥作用。政务诚信、商务诚信、社会诚信和司法公信建设取得明显进展，市场和社会满意度大幅提高。全社会诚信意识普遍增强，经济社会发展信用环境明显改善，经济社会秩序显著好转。

社会信用体系建设的主要原则是：

政府推动,社会共建。充分发挥政府的组织、引导、推动和示范作用。政府负责制定实施发展规划,健全法规和标准,培育和监管信用服务市场。注重发挥市场机制作用,协调并优化资源配置,鼓励和调动社会力量,广泛参与,共同推进,形成社会信用体系建设合力。

健全法制,规范发展。逐步建立健全信用法律法规体系和信用标准体系,加强信用信息管理,规范信用服务体系发展,维护信用信息安全和信息主体权益。

统筹规划,分步实施。针对社会信用体系建设的长期性、系统性和复杂性,强化顶层设计,立足当前,着眼长远,统筹全局,系统规划,有计划、分步骤地组织实施。

重点突破,强化应用。选择重点领域和典型地区开展信用建设示范。积极推广信用产品的社会化应用,促进信用信息互联互通、协同共享,健全社会信用奖惩联动机制,营造诚实、自律、守信、互信的社会信用环境。

二、推进重点领域诚信建设

(一)加快推进政务诚信建设。

政务诚信是社会信用体系建设的关键,各类政务行为主体的诚信水平,对其他社会主体诚信建设发挥着重要的表率和导向作用。

坚持依法行政。将依法行政贯穿于决策、执行、监督和服务的全过程,全面推进政务公开,在保护国家信息安全、商业秘密和个人隐私的前提下,依法公开在行政管理中掌握的信用信息,建立有效的信息共享机制。切实提高政府工作效率和服务水平,转变政府职能。健全权力运行制约和监督体系,确保决策权、执行权、监督权既相互制约又相互协调。完善政府决策机制和程序,提高决策透明度。进一步推广重大决策事项公示和听证制度,拓宽公众参与政府决策的渠道,加强对权力运行的社会监督和约束,提升政府公信力,树立政府公开、公平、清廉的诚信形象。

发挥政府诚信建设示范作用。各级人民政府首先要加强自身诚信建设,以政府的诚信施政,带动全社会诚信意识的树立和诚信水平的提高。在行政许可、政府采购、招标投标、劳动就业、社会保障、科研管理、干部选拔任用和管理监督、申请政府资金支持等领域,率先使用信用信息和信用产品,培育信用服务市场发展。

加快政府守信践诺机制建设。严格履行政府向社会作出的承诺,把政务履约和守诺服务纳入政府绩效评价体系,把发展规划和政府工作报告关于经济社会发展目标落实情况以及为百姓办实事的践诺情况作为评价政府诚信水平的重要内容,推动各地区、各部门逐步建立健全政务和行政承诺考核制度。各级人民政府对依法作出的政策承诺和签订的各类合同要认真履约和兑现。要积极营造公平竞争、统一高效的市场环境,不得施行地方保护主义措施,如滥用行政权力封锁市场、包庇纵容行政区域内社会主体的违法违规和失信行为等。要支持统计部门依法统计、真实统计。政府举债要依法依规、规模适度、风险可控、程序透明。政府收支必须强化预算约束,提高透明度。加强和完善群众监督和舆论监督机制。完善政务诚信约束和问责机制。各级人民政府要自觉接受本级人大的法律监督和政协的民主监督。加大监察、审计等部门对行政行为的监督和审计力度。

加强公务员诚信管理和教育。建立公务员诚信档案,依法依规将公务员个人有关事项报告、廉政记录、年度考核结果、相关违法违纪违约行为等信用信息纳入档案,将公务员诚信记录作为干部考核、任用和奖惩的重要依据。深入开展公务员诚信、守法和道德教育,加强法律知识和信用知识学习,编制公务员诚信手册,增强公务员法律和诚信意识,建立一支守法守信、高效廉洁的公务员队伍。

(二)深入推进商务诚信建设。

提高商务诚信水平是社会信用体系建设的重点,是商务关系有效维护、商务运行成本有效降低、营商环境有效改善的基本条件,是各类商务主体可持续发展的生存之本,也是各类经济活动高效开展的基础保障。

生产领域信用建设。建立安全生产信用公告制度,完善安全生产承诺和安全生产不良信用记录及安全生产失信行为惩戒制度。以煤矿、非煤矿山、危险化学品、烟花爆竹、特种设备生产企业以及民用爆炸物品生产、销售企业和爆破企业或单位为重点,健全安全生产准入和退出信用审核机制,促进企业落实安全生产主体责任。以食品、药品、日用消费品、农产品和农业投入品为重点,加强各类生产经营主体生产和加工环节的信用管理,建立产品质量信用信息异地和部门间共享制度。推动建立质量信用征信系统,加快完善12365产品质量投诉举报咨询服务平台,建立质量诚信报告、失信黑名单披露、市场禁入和退出制度。

流通领域信用建设。研究制定商贸流通领域企业信用信息征集共享制度,完善商贸流通企业信用评价基本规则和指标体系。推进批发零售、商贸物流、住宿餐饮及居民服务行业信用建设,开展企业信用分类管理。完善零售商与供应商信用合作模式。强化反垄断与反不正当竞争执法,加大对市场混淆行为、虚假宣传、商业欺诈、商业诋毁、商业贿赂等违法行为的查处力度,对典型案件、重大案件予以曝光,增加企业失信成本,促进诚信经营和公平竞争。逐步建立以商品条形码等标识为基础的全国商品流通追溯体系。加强检验检疫质量诚信体系建设。支持商贸服务企业信用融资,发展商业保理,规范预付消费行为。鼓励企业扩大信用销售,促进个人信用消费。推进对外经济贸易信用建设,进一步加强对外贸易、对外援助、对外投资合作等领域的信用信息管理、信用风险监测预警和企业信用等级分类管理。借助电子口岸管理平台,建立完善进出口企业信用评价体系、信用分类管理和联合监管制度。

金融领域信用建设。创新金融信用产品,改善金融服务,维护金融消费者个人信息安全,保护金融消费者合法权益。加大对金融欺诈、恶意逃废银行债务、内幕交易、制售假保单、骗保骗赔、披露虚假信息、非法集资、逃套骗汇等金融失信行为的惩戒力度,规范金融市场秩序。加强金融信用信息基础设施建设,进一步扩大信用记录的覆盖面,强化金融业对守信者的激励作用和对失信者的约束作用。

税务领域信用建设。建立跨部门信用信息共享机制。开展纳税人基础信息、各类交易信息、财产保有和转让信息以及纳税记录等涉税信息的交换、比对和应用工作。进一步完善纳税信用等级评定和发布制度,加强税务领域信用分类管理,发挥信用评定差异对纳税人的奖惩作用。建立税收违法黑名单制度。推进纳税信用与其他社会信用联动管理,提升纳税人税法遵从度。

价格领域信用建设。指导企业和经营者加强价格自律,规范和引导经营者价格行为,实行经营者明码标价和收费公示制度,着力推行"明码实价"。督促经营者加强内部价格管理,根据经营者条件建立健全内部价格管理制度。完善经营者价格诚信制度,做好信息披露工作,推动实施奖惩制度。强化价格执法检查与反垄断执法,依法查处捏造和散布涨价信息、价格欺诈、价格垄断等价格失信行为,对典型案例予以公开曝光,规范市场价格秩序。

工程建设领域信用建设。推进工程建设市场信用体系建设。加快工程建设市场信用法规制度建设,制定工程建设市场各方主体和从业人员信用标准。推进工程建设领域项目信息公开和诚信体系建设,依托政府网站,全面设立项目信息和信用信息公开共享专栏,集中公开工程建设项目信息和信用信息,推动建设全国性的综合检索平台,实现工程建设项目信息和信用信息公开共享的"一站式"综合检索服务。深入开展工程质量诚信建设。完善工程建设市场准入退出制度,加大对发生重大工程质量、安全责任事故或有其他重大失信行为的企业及负有责任的从业人员的惩戒力度。建立企业和从业人员信用评价结果与资质审批、执业资格注册、资质资格取消等审批审核事项的关联管理机制。建立科学、有效的建设领域从业人员信用评价机制和失信责任追溯制度,将肢解发包、转包、违法分包、拖欠工程款和农民工工资等列入失信责任追究范围。

政府采购领域信用建设。加强政府采购信用管理,强化联动惩戒,保护政府采购当事人的合法权益。制定供应商、评审专家、政府采购代理机构以及相关从业人员的信用记录标准。依法建立政府采购供应商不良行为记录名单,对列入不良行为记录名单的供应商,在一定期限内禁止参加政府采购活动。完善政府采购市场的准入和退出机制,充分利用工商、税务、金融、检察等其他部门提供的信用信息,加强对政府采购当事人和相关人员的信用管理。加快建设全国统一的政府采购管理交易系统,提高政府采购活动透明度,实现信用信息的统一发布和共享。

招标投标领域信用建设。扩大招标投标信用信息公开和共享范围,建立涵盖招标投标情况的信用评价指标和评价标准体系,健全招标投标信用信息公开和共享制度。进一步贯彻落实招标投标违法行为记录公告制度,推动完善奖惩联动机制。依托电子招标投标系统及其公共服务平台,实现招标投标和合同履行等信用信息的互联互通、实时交换和整合共享。鼓励市场主体运用基本信用信息和第三方信用评价结果,并将其作为投标人资格审查、评标、定标和合同签订的重要依据。

交通运输领域信用建设。形成部门规章制度和地方性法规、地方政府规章相结合的交通运输信用法规体系。完善信用考核标准,实施分类考核监管。针对公路、铁路、水路、民航、管道等运输市场不同经营门类分别制定考核指标,加强信用考核评价监督管理,积极引导第三方机构参与信用考核评价,逐步建立交通运输管理机构与社会信用评价机构相结合,具有监督、申诉和复核机制的综合考核评价体系。将各类交通运输违法行为列入失信记录。鼓励和支持各单位在采购交通运输服务、招标投标、人员招聘等方面优先选择信用考核等级高的交通运输企业和从业人员。对失信企业和从业人员,要加强监管和惩戒,逐步建立跨地区、跨行业信用奖惩联动机制。

电子商务领域信用建设。建立健全电子商务企业客户信用管理和交易信用评估制度,加强电子商务企业自身开发和销售信用产品的质量监督。推行电子商务主体身份标识制度,完善网店实名制。加强网店产品质量检查,严厉查处电子商务领域制假售假、传销活动、虚假广告、以次充好、服务违约等欺诈行为。打击内外勾结、伪造流量和商业信誉的行为,对失信主体建立行业限期禁入制度。促进电子商务信用信息与社会其他领域相关信息的交换和共享,推动电子商务与线下交易信用评价。完善电子商务信用服务保障制度,推动信用调查、信用评估、信用担保、信用保险、信用支付、商账管理等第三方信用服务和产品在电子商务中的推广应用。开展电子商务网站可信认证服务工作,推广应用网站可信标识,为电子商务用户识别假冒、钓鱼网站提供手段。

统计领域信用建设。开展企业诚信统计承诺活动,营造诚实报数光荣、失信造假可耻的良好风气。完善统计诚信评价标准体系。建立健全企业统计诚信评价制度和统计从业人员诚信档案。加强执法检查,严厉查处统计领域的弄虚作假行为,建立统计失信行为通报和公开曝光制度。加大对统计失信企业的联合惩戒力度。将统计失信企业名单档案及其违法违规信息纳入金融、工商等行业和部门信用信息系统,将统计信用记录与企业融资、政府补贴、工商注册登记等直接挂钩,切实强化对统计失信行为的惩戒和制约。

中介服务业信用建设。建立完善中介服务机构及其从业人员的信用记录和披露制度,并作为市场行政执法部门实施信用分类管理的重要依据。重点加强公证仲裁类、律师类、会计类、担保类、鉴证类、检验检测类、评估类、认证类、代理类、经纪类、职业介绍类、咨询类、交易类等机构信用分类管理,探索建立科学合理的评估指标体系、评估制度和工作机制。

会展、广告领域信用建设。推动展会主办机构诚信办展,践行诚信服务公约,建立信用档案和违法违规单位信息披露制度,推广信用服务和产品的应用。加强广告业诚信建设,建立健全广告业信用分类管理制度,打击各类虚假广告,突出广告制作、传播环节各参与者责任,完善广告活动主体失信惩戒机制和严重失信淘汰机制。

企业诚信管理制度建设。开展各行业企业诚信承诺活动,加大诚信企业示范宣传和典型失信案件曝光力度,引导企业增强社会责任感,在生产经营、财务管理和劳动用工管理等各环节中强化信用自律,改善商务信用生态环境。鼓励企业建立客户档案、开展客户诚信评价,将客户诚信交易记录纳入应收账款管理、信用销售授信额度计量,建立科学的企业信用管理流程,防范信用风险,提升企业综合竞争力。强化企业在发债、借款、担保等债权债务信用交易及生产经营活动中诚信履约。鼓励和支持有条件的企业设立信用管理师。鼓励企业建立内部职工诚信考核与评价制度。加强供水、供电、供热、燃气、电信、铁路、航空等关系人民群众日常生活行业企业的自身信用建设。

(三)全面推进社会诚信建设。

社会诚信是社会信用体系建设的基础,社会成员之间只有以诚相待、以信为本,才会形成和谐友爱的人际关系,才能促进社会文明进步,实现社会和谐稳定和长治久安。

医药卫生和计划生育领域信用建设。加强医疗卫生机构信用管理和行业诚信作风建设。树立大医精诚的价值理念,坚持仁心仁术的执业操守。培育诚信执业、诚信采购、诚信诊疗、诚信收费、诚信医保理念,坚持合理检查、合理用药、合理治疗、合理收费等诚信医疗服务准则,全面建立药品价格、医疗服务价格公示制度,开展诚信医院、诚信药店创建活动,制定医疗机构和执业医师、药师、护士等医务人员信用评价指标标准,推进医院评审评价和医师定期考核,开展医务人员医德综合评价,惩戒收受贿赂、过度诊疗等违法和失信行为,建立诚信医疗服务体系。加快完善药品安全领域信用制度,建立药品研发、生产和流通企业信用档案。积极开展以"诚信至上,以质取胜"为主题的药品安全诚信承诺活动,切实提高药品安全信用监管水平,严厉打击制假贩假行为,保障人民群众用药安全有效。加强人口计生领域信用建设,开展人口和计划生育信用信息共享工作。

社会保障领域信用建设。在救灾、救助、养老、社会保险、慈善、彩票等方面,建立全面的诚信制度,打击各类诈捐骗捐等失信行为。建立健全社会救助、保障性住房等民生政策实施中的申请、审核、退出等各环节的诚信制度,加强对申请相关民生政策的条件审核,强化对社会救助动态管理及保障房使用的监管,将失信和违规的个人纳入信用黑名单。构建居民家庭经济状况核对信息系统,建立和完善低收入家庭认定机制,确保社会救助、保障性住房等民生政策公平、公正和健康运行。建立健全社会保险诚信管理制度,加强社会保险经办管理,加强社会保险领域的劳动保障监督执法,规范参保缴费行为,加大对医保定点医院、定点药店、工伤保险协议医疗机构等社会保险协议服务机构及其工作人员、各类参保人员的违规、欺诈、骗保等行为的惩戒力度,防止和打击各种骗保行为。进一步完善社会保险基金管理制度,提高基金征收、管理、支付等各环节的透明度,推动社会保险诚信制度建设,规范参保缴费行为,确保社会保险基金的安全运行。

劳动用工领域信用建设。进一步落实和完善企业劳动保障守法诚信制度,制定重大劳动保障违法行为社会公示办法。建立用人单位拖欠工资违法行为公示制度,健全用人单位劳动保障诚信等级评价办法。规范用工行为,加强对劳动合同履行和仲裁的管理,推动企业积极开展和谐劳动关系创建活动。加强劳动保障监督执法,加大对违法行为的打击力度。加强人力资源市场诚信建设,规范职业中介行为,打击各种黑中介、黑用工等违法失信行为。

教育、科研领域信用建设。加强教师和科研人员诚信教育。开展教师诚信承诺活动,自觉接受广大学生、家长和社会各界的监督。发挥教师诚信执教、为人师表的影响作用。加强学生诚信教育,培养诚实守信良好习惯,为提高全民族诚信素质奠定基础。探索建立教育机构及其从业人员、教师和学生、科研机构和科技社团及科研人员的信用评价制度,将信用评价与考试招生、学籍管理、学历学位授予、科研项目立项、专业技术职务评聘、岗位聘用、评选表彰等挂钩,努力解决学历造假、论文抄袭、学术不端、考试招生作弊等问题。

文化、体育、旅游领域信用建设。依托全国文化市场技术监管与公共服务平台,建立健全娱乐、演出、艺术品、网络文化等领域文化企业主体、从业人员以及文化产品的信用信息数据库;依法制定文化市场诚信管理措施,加强文化市场动态监管。制定职业体育从业人员诚信从业准则,建立职业体育从业人员、职业体育俱乐部和中介企业信用等级的第三方评估制度,推进相关信用信息记录和信用评级在参加或举办职业体育赛事、职业体育准入、转会等方面广泛运用。制定旅游从业人员诚信服务准则,建立旅游业消费者意见反馈和投诉记录与公开制度,建立旅行社、旅游景区和宾馆饭店信用等级第三方评估制度。

知识产权领域信用建设。建立健全知识产权诚信管理制度,出台知识产权保护信用评价办法。重点打击侵犯知识产权和制售假冒伪劣商品行为,将知识产权侵权行为信息纳入失信记录,强化对盗版侵权等知识产权侵权失信行为的联合惩戒,提升全社会的知识产权保护意识。开展知识产权服务机构信用建设,探索建立各类知识产权服务标准化体系和诚信评价制度。

环境保护和能源节约领域信用建设。推进国家环境监测、信息与统计能力建设,加强环保信用数据的采集和整理,实现环境保护工作业务协同和信息共享,完善环境信息公开目录。建立环境管理、监测信息公开制度。完善环评文件责任追究机制,建立环评机构及其从业人员、评估专家诚信档案数据库,强化对环评机构及其从业人员、评估专家的信用考核分类监管。建立企业对所排放污染物开展自行监测并公布污染物排放情况以及突发环境事件发生和处理情况制度。建立企业环境行为信用评价制度,定期发布评价结果,并组织开展动态分类管理,根据企业的信用等级予以相应的鼓励、警示或惩戒。完善企业环境行为信用信息共享机制,加强与银行、证券、保险、商务等部门的联动。加强国家能源利用数据统计、分析与信息上报能力建设。加强重点用能单位节能目标责任考核,定期公布考核结果,研究建立重点用能单位信用评价机制。强化对能源审计、节能评估和审查机构及其从业人员的信用评级和监管。研究开展节能服务公司信用评价工作,并逐步向全社会定期发布信用评级结果。加强对环资项目评审专家从业情况的信用考核管理。

社会组织诚信建设。依托法人单位信息资源库,加快完善社会组织登记管理信息。健全社会组织信息公开制度,引导社会组织提升运作的公开性和透明度,规范社会组织信息公开行为。把诚信建设内容纳入各类社会组织章程,强化社会组织诚信自律,提高社会组织公信力。发挥行业协会(商会)在行业信用建设中的作用,加强会员诚信宣传教育和培训。

自然人信用建设。突出自然人信用建设在社会信用体系建设中的基础性作用,依托国家人口信息资源库,建立完善自然人在经济社会活动中的信用记录,实现全国范围内自然人信用记录全覆盖。加强重点人群职业信用建设,建立公务员、企业法定代表人、律师、会计从业人员、注册会计师、统计从业人员、注册税务师、审计师、评估师、认证和检验检测从业人员、证券期货从业人员、上市公司高管人员、保险经纪人、医务人员、教师、科研人员、专利服务从业人员、项目经理、新闻媒体从业人员、导游、执业兽医等人员信用记录,推广使用职业信用报告,引导职业道德建设与行为规范。

互联网应用及服务领域信用建设。大力推进网络诚信建设,培育依法办网、诚信用网理念,逐步落实网络实名制,完善网络信用建设的法律保障,大力推进网络信用监管机制建设。建立网络信用评价体系,对互联网企业的服务经营行为、上网人员的网上行为进行信用评估,记录信用等级。建立涵盖互联网企业、上网个人的网络信用档案,积极推进建立网络信用信息与社会其他领域相关信用信息的交换共享机制,大力推动网络信用信息在社会各领域推广应用。建立网络信用黑名单制度,将实施网络欺诈、造谣传谣、侵害他人合法权益等严重网络失信行为的企业、个人列入黑名单,对列入黑名单的主体采取网上行为限制、行业禁入等措施,通报相关部门并进行公开曝光。

(四) 大力推进司法公信建设。

司法公信是社会信用体系建设的重要内容,是树立司法权威的前提,是社会公平正义的底线。

法院公信建设。提升司法审判信息化水平,实现覆盖审判工作全过程的全国四级法院审判信息互联互通。推进强制执行案件信息公开,完善执行联动机制,提高生效法律文书执行率。发挥审判职能作用,鼓励诚信交易、倡导互信合作,制裁商业欺诈和恣意违约毁约等失信行为,引导诚实守信风尚。

检察公信建设。进一步深化检务公开,创新检务公开的手段和途径,广泛听取群众意见,保障人民群众对检察工作的知情权、参与权、表达权和监督权。继续推行"阳光办案",严格管理制度,强化内外部监督,建立健全专项检查、同步监督、责任追究机制。充分发挥法律监督职能作用,加大查办和预防职务犯罪力度,促进诚信建设。完善行贿犯罪档案查询制度,规范和加强查询工作管理,建立健全行贿犯罪档案查询与应用的社会联动机制。

公共安全领域公信建设。全面推行"阳光执法",依法及时公开执法办案的制度规范、程序时限等信息,对于办案进展等不宜向社会公开,但涉及特定权利义务、需要特定对象知悉的信息,应当告知特定对象,或者为特定对象提供查询服务。进一步加强人口信息同各地区、各部门信息资源的交换和共享,完善国家人口信息资源库建设。将公民交通安全违法情况纳入诚信档案,促进全社会成员提高交通安全意识。定期向社会公开火灾高危单位消防安全评估结果,并作为单位信用等级的重要参考依据。将社会单位遵守消防安全法律法规情况纳入诚信管理,强化社会单位消防安全主体责任。

司法行政系统公信建设。进一步提高监狱、戒毒场所、社区矫正机构管理的规范化、制度化水平,维护服刑人员、戒毒人员、社区矫正人员合法权益。大力推进司法行政信息公开,进一步规范和创新律师、公证、基层法律服务、法律援助、司法考试、司法鉴定等信息管理和披露手段,保障人民群众的知情权。

司法执法和从业人员信用建设。建立各级公安、司法行政等工作人员信用档案,依法依规将徇私枉法以及不作为等不良记录纳入档案,并作为考核评价和奖惩依据。推进律师、公证员、基层法律服务工作者、法律援助人员、司法鉴定人员等诚信规范执业。建立司法从业人员诚信承诺制度。

健全促进司法公信的制度基础。深化司法体制和工作机制改革,推进执法规范化建设,严密执法程序,坚持有法必依、违法必究和法律面前人人平等,提高司法工作的科学化、制度化和规范化水平。充分发挥人大、政协和社会公众对司法工作的监督作用,完善司法机关之间的相互监督制约机制,强化司法机关的内部监督,实现以监督促公平、促公正、促公信。

三、加强诚信教育与诚信文化建设

诚信教育与诚信文化建设是引领社会成员诚信自律、提升社会成员道德素养的重要途径,是社会主义核心价值体系建设的重要内容。

(一)普及诚信教育。

以建设社会主义核心价值体系、培育和践行社会主义核心价值观为根本,将诚信教育贯穿公民道德建设和精神文明创建全过程。推进公民道德建设工程,加强社会公德、职业道德、家庭美德和个人品德教育,传承中华传统美德,弘扬时代新风,在全社会形成"以诚实守信为荣、以见利忘义为耻"的良好风尚。

在各级各类教育和培训中进一步充实诚信教育内容。大力开展信用宣传普及教育进机关、进企业、进学校、进社区、进村屯、进家庭活动。

建好用好道德讲堂,倡导爱国、敬业、诚信、友善等价值理念和道德规范。开展群众道德评议活动,对诚信缺失、不讲信用现象进行分析评议,引导人们诚实守信、遵德守礼。

(二)加强诚信文化建设。

弘扬诚信文化。以社会成员为对象,以诚信宣传为手段,以诚信教育为载体,大力倡导诚信道德规范,弘扬中华民族积极向善、诚实守信的传统文化和现代市场经济的契约精神,形成崇尚诚信、践行诚信的社会风尚。

树立诚信典型。充分发挥电视、广播、报纸、网络等媒体的宣传引导作用,结合道德模范评选和各行业诚信创建活动,树立社会诚信典范,使社会成员学有榜样、赶有目标,使诚实守信成为全社会的自觉追求。

深入开展诚信主题活动。有步骤、有重点地组织开展"诚信活动周"、"质量月"、"安全生产月"、"诚信兴商宣传月"、"3·5"学雷锋活动日、"3·15"国际消费者权益保护日、"6·14"信用记录关爱日、"12·4"全国法制宣传日等公益活动,突出诚信主题,营造诚信和谐的社会氛围。

大力开展重点行业领域诚信问题专项治理。深入开展道德领域突出问题专项教育和治理活动,针对诚信缺失问题突出、诚信建设需求迫切的行业领域开展专项治理,坚决纠正以权谋私、造假欺诈、见利忘义、损人利己的歪风邪气,树立行业诚信风尚。

(三)加快信用专业人才培养。

加强信用管理学科专业建设。把信用管理列为国家经济体制改革与社会治理发展急需的新兴、重点学科,支持有条件的高校设置信用管理专业或开设相关课程,在研究生培养中开设信用管理研究方向。开展信用理论、信用管理、信用技术、信用标准、信用政策等方面研究。

加强信用管理职业培训与专业考评。建立健全信用管理职业培训与专业考评制度。推广信用管理职业资格培训,培养信用管理专业化队伍。促进和加强信用从业人员、信用管理人员的交流与培训,为社会信用体系建设提供人力资源支撑。

四、加快推进信用信息系统建设和应用

健全社会成员信用记录是社会信用体系建设的基本要求。发挥行业、地方、市场的力量和作用,加快推进信用信息系统建设,完善信用信息的记录、整合和应用,是形成守信激励和失信惩戒机制的基础和前提。

(一)行业信用信息系统建设。

加强重点领域信用记录建设。以工商、纳税、价格、进出口、安全生产、产品质量、环境保护、食品药品、医疗卫生、知识产权、流通服务、工程建设、电子商务、交通运输、合同履约、人力资源和社会保障、教育科研等领域为重点,完善行业信用记录和从业人员信用档案。

建立行业信用信息数据库。各部门要以数据标准化和应用标准化为原则,依托国家各项重大信息化工程,整合行业内的信用信息资源,实现信用记录的电子化存储,加快建设信用信息系统,加快推进行业间信用信息互联互通。各行业分别负责本行业信用信息

的组织与发布。

（二）地方信用信息系统建设。

加快推进政务信用信息整合。各地区要对本地区各部门、各单位履行公共管理职能过程中产生的信用信息进行记录、完善、整合，形成统一的信用信息共享平台，为企业、个人和社会征信机构等查询政务信用信息提供便利。

加强地区内信用信息的应用。各地区要制定政务信用信息公开目录，形成信息公开的监督机制。大力推进本地区各部门、各单位政务信用信息的交换与共享，在公共管理中加强信用信息应用，提高履职效率。

（三）征信系统建设。

加快征信系统建设。征信机构开展征信业务，应建立以企事业单位及其他社会组织、个人为对象的征信系统，依法采集、整理、保存、加工企事业单位及其他社会组织、个人的信用信息，并采取合理措施保障信用信息的准确性。各地区、各行业要支持征信机构建立征信系统。

对外提供专业化征信服务。征信机构要根据市场需求，对外提供专业化的征信服务，有序推进信用服务产品创新。建立健全并严格执行内部风险防范、避免利益冲突和保障信息安全的规章制度，依法向客户提供方便、快捷、高效的征信服务，进一步扩大信用报告在银行业、证券业、保险业及政府部门行政执法等多种领域中的应用。

（四）金融业统一征信平台建设。

完善金融信用信息基础数据库。继续推进金融信用信息基础数据库建设，提升数据质量，完善系统功能，加强系统安全运行管理，进一步扩大信用报告的覆盖范围，提升系统对外服务水平。

推动金融业统一征信平台建设。继续推动银行、证券、保险、外汇等金融管理部门之间信用信息系统的链接，推动金融业统一征信平台建设，推进金融监管部门信用信息的交换与共享。

（五）推进信用信息的交换与共享。

逐步推进政务信用信息的交换与共享。各地区、各行业要以需求为导向，在保护隐私、责任明确、数据及时准确的前提下，按照风险分散的原则，建立信用信息交换共享机制，统筹利用现有信用信息系统基础设施，依法推进各信用信息系统的互联互通和信用信息的交换共享，逐步形成覆盖全部信用主体、所有信用信息类别、全国所有区域的信用信息网络。各行业主管部门要对信用信息进行分类分级管理，确定查询权限，特殊查询需求特殊申请。

依法推进政务信用信息系统与征信系统间的信息交换与共享。发挥市场激励机制的作用，鼓励社会征信机构加强对已公开政务信用信息和非政务信用信息的整合，建立面向不同对象的征信服务产品体系，满足社会多层次、多样化和专业化的征信服务需求。

五、完善以奖惩制度为重点的社会信用体系运行机制

运行机制是保障社会信用体系各系统协调运行的制度基础。其中，守信激励和失信惩戒机制直接作用于各个社会主体信用行为，是社会信用体系运行的核心机制。

（一）构建守信激励和失信惩戒机制。

加强对守信主体的奖励和激励。加大对守信行为的表彰和宣传力度。按规定对诚信企业和模范个人给予表彰，通过新闻媒体广泛宣传，营造守信光荣的舆论氛围。发展改革、财政、金融、环境保护、住房城乡建设、交通运输、商务、工商、税务、质检、安全监管、海关、知识产权等部门，在市场监管和公共服务过程中，要深化信用信息和信用产品的应用，对诚实守信者实行优先办理、简化程序等"绿色通道"支持激励政策。

加强对失信主体的约束和惩戒。强化行政监管性约束和惩戒。在现有行政处罚措施的基础上，健全失信惩戒制度，建立各行业黑名单制度和市场退出机制。推动各级人民政府在市场监管和公共服务的市场准入、资质认定、行政审批、政策扶持等方面实施信用分类监管，结合监管对象的失信类别和程度，使失信者受到惩戒。逐步建立行政许可申请人信用承诺制度，并开展申请人信用审查，确保申请人在政府推荐的征信机构中有信用记录，配合征信机构开展信用信息采集工作。推动形成市场性约束和惩戒。制定信用基准性评价指标体系和评价方法，完善失信信息记录和披露制度，使失信者在市场交易中受到制约。推动形成行业性约束和惩戒。通过行业协会制定行业自律规则并监督会员遵守。对违规的失信者，按照情节轻重，对机构会员和个人会员实行警告、行业内通报批评、公开谴责等惩戒措施。推动形成社会性约束和惩戒。完善社会舆论监督机制，加强对失信行为的披露和曝光，发挥群众评议讨论、批评报道等作用，通过社会的道德谴责，形成社会震慑力，约束社会成员的失信行为。

建立失信行为有奖举报制度。切实落实对举报人的奖励，保护举报人的合法权益。

建立多部门、跨地区信用联合奖惩机制。通过信用信息交换共享，实现多部门、跨地区信用奖惩联动，使守信者处处受益、失信者寸步难行。

（二）建立健全信用法律法规和标准体系。

完善信用法律法规体系。推进信用立法工作，使信用信息征集、查询、应用、互联互通、信用信息安全和主体权益保护等有法可依。出台《征信业管理条例》相关配套制度和实施细则，建立异议处理、投诉办理和侵权责任追究制度。

推进行业、部门和地方信用制度建设。各地区、各部门分别根据本地区、相关行业信用体系建设的需要，制定地区或行业信用建设的规章制度，明确信用信息记录主体的责任，保证信用信息的客观、真实、准确和及时更新，完善信用信息共享公开制度，推动信用信息资源的有序开发利用。

建立信用信息分类管理制度。制定信用信息目录，明确信用信息分类，按照信用信息的属性，结合保护个人隐私和商业秘密，依法推进信用信息在采集、共享、使用、公开等环节的分类管理。加大对贩卖个人隐私和商业秘密行为的查处力度。

加快信用信息标准体系建设。制定全国统一的信用信息采集和分类管理标准，统一信用指标目录和建设规范。

建立统一社会信用代码制度。建立自然人、法人和其他组织统一社会信用代码制度。完善相关制度标准，推动在经济社会活动中广泛使用统一社会信用代码。

（三）培育和规范信用服务市场。

发展各类信用服务机构。逐步建立公共信用服务机构和社会信用服务机构互为补充、信用信息基础服务和增值服务相辅相成的多层次、全方位的信用服务组织体系。

推进并规范信用评级行业发展。培育发展本土评级机构，增强我国评级机构的国际影响力。规范发展信用评级市场，提高信用评级行业的整体公信力。探索创新双评级、再评级制度。鼓励我国评级机构参与国际竞争和制定国际标准，加强与其他国家信用评级机构的协调和合作。

推动信用服务产品广泛运用。拓展信用服务产品应用范围，加大信用服务产品在社会治理和市场交易中的应用。鼓励信用服务产品开发和创新，推动信用保险、信用担保、商业保理、履约担保、信用管理咨询及培训等信用服务业务发展。

建立政务信用信息有序开放制度。明确政务信用信息的开放分类和基本目录，有序扩大政务信用信息对社会的开放，优化信用调查、信用评级和信用管理等行业的发展环境。

完善信用服务市场监管体制。根据信用服务市场、机构业务的不同特点，依法实施分类监管，完善监管制度，明确监管职责，切实维护市场秩序。推动制定信用服务相关法律制度，建立信用服务机构准入与退出机制，实现从业资格认定的公开透明，进一步完善信用服务业务规范，促进信用服务业健康发展。

推动信用服务机构完善法人治理。强化信用服务机构内部控制，完善约束机制，提升信用服务质量。

加强信用服务机构自身信用建设。信用服务机构要确立行为准则，加强规范管理，提高服务质量，坚持公正性和独立性，提升公信力。鼓励各类信用服务机构设立首席信用监督官，加强自身信用管理。

加强信用服务行业自律。推动建立信用服务行业自律组织，在组织内建立信用服务机构和从业人员基本行为准则和业务规范，强化自律约束，全面提升信用服务机构诚信水平。

（四）保护信用信息主体权益。

健全信用信息主体权益保护机制。充分发挥行政监管、行业自律和社会监督在信用信息主体权益保护中的作用，综合运用法律、经济和行政等手段，切实保护信用信息主体权益。加强对信用信息主体的引导教育，不断增强其维护自身合法权益的意识。

建立自我纠错、主动自新的社会鼓励与关爱机制。以建立针对未成年人失信行为的教育机制为重点，通过对已悔过改正旧有轻微失信行为的社会成员予以适当保护，形成守信正向激励机制。

建立信用信息侵权责任追究机制。制定信用信息异议处理、投诉办理、诉讼管理制度及操作细则。进一步加大执法力度，对信用服务机构泄露国家秘密、商业秘密和侵犯个人隐私等违法行为，依法予以严厉处罚。通过各类媒体披露各种侵害信息主体权益的行为，强化社会监督作用。

（五）强化信用信息安全管理。

健全信用信息安全管理体制。完善信用信息保护和网络信任体系，建立健全信用信息安全监控体系。加大信用信息安全监督检查力度，开展信用信息安全风险评估，实行信用信息安全等级保护。开展信用信息系统安全认证，加强信用信息服务系统安全管理。

建立和完善信用信息安全应急处理机制。加强信用信息安全基础设施建设。

加强信用服务机构信用信息安全内部管理。强化信用服务机构信息安全防护能力，加大安全保障、技术研发和资金投入，高起点、高标准建设信用信息安全保障系统。依法制定和实施信用信息采集、整理、加工、保存、使用等方面的规章制度。

六、建立实施支撑体系

（一）强化责任落实。

各地区、各部门要统一思想，按照本规划纲要总体要求，成立规划纲要推进小组，根据职责分工和工作实际，制定具体落实方案。

各地区、各部门要定期对本地区、相关行业社会信用体系建设情况进行总结和评估，及时发现问题并提出改进措施。

对社会信用体系建设成效突出的地区、部门和单位，按规定予以表彰。对推进不力、失信现象多发地区、部门和单位的负责人，按规定实施行政问责。

（二）加大政策支持。

各级人民政府要根据社会信用体系建设需要，将应由政府负担的经费纳入财政预算予以保障。加大对信用基础设施建设、重点领域创新示范工程等方面的资金支持。

鼓励各地区、各部门结合规划纲要部署和自身工作实际，在社会信用体系建设创新示范领域先行先试，并在政府投资、融资安排等方面给予支持。

（三）实施专项工程。

政务信息公开工程。深入贯彻实施《中华人民共和国政府信息公开条例》，按照主动公开、依申请公开进行分类管理，切实加大政务信息公开力度，树立公开、透明的政府形象。

农村信用体系建设工程。为农户、农场、农民合作社、休闲农业和农产品生产、加工企业等农村社会成员建立信用档案，夯实农村信用体系建设的基础。开展信用户、信用村、信用乡（镇）创建活动，深入推进青年信用示范户工作，发挥典型示范作用，使农民在参与中受到教育，得到实惠，在实践中提高信用意识。推进农产品生产、加工、流通企业和休闲农业等涉农企业信用建设。建立健全农民信用联保制度，推进和发展农业保险，完善农村信用担保体系。

小微企业信用体系建设工程。建立健全适合小微企业特点的信用记录和评价体系，完善小微企业信用信息查询、共享服务网络及区域性小微企业信用记录。引导各类信用服务机构为小微企业提供信用服务，创新小微企业集合信用服务方式，鼓励开展形式多样的小微企业诚信宣传和培训活动，为小微企业便利融资和健康发展营造良好的信用环境。

（四）推动创新示范。

地方信用建设综合示范。示范地区率先对本地区各部门、各单位的信用信息进行整合，形成统一的信用信息共享平台，依法向社会有序开放。示范地区各部门在开展经济社会管理和提供公共服务过程中，强化使用信用信息和信用产品，并作为政府管理和服务的必备要件。建立健全社会信用奖惩联动机制，使守信者得到激励和奖励，失信者受到制约和惩戒。对违法违规等典型失信行为予以公开，对严重失信行为加大打击力度。探索建立地方政府信用评价标准和方法,在发行地方政府债券等符合法律法规规定的信用融资活动中试行开展地方政府综合信用评价。

区域信用建设合作示范。探索建立区域信用联动机制,开展区域信用体系建设创新示范,推进信用信息交换共享,实现跨地区信用奖惩联动,优化区域信用环境。

重点领域和行业信用信息应用示范。在食品药品安全、环境保护、安全生产、产品质量、工程建设、电子商务、证券期货、融资担保、政府采购、招标投标等领域,试点推行信用报告制度。

(五)健全组织保障。

完善组织协调机制。完善社会信用体系建设部际联席会议制度,充分发挥其统筹协调作用,加强对各地区、各部门社会信用体系建设工作的指导、督促和检查。健全组织机构,各地区、各部门要设立专门机构负责推动社会信用体系建设。成立全国性信用协会,加强行业自律,充分发挥各类社会组织在推进社会信用体系建设中的作用。

建立地方政府推进机制。地方各级人民政府要将社会信用体系建设纳入重要工作日程,推进政务诚信、商务诚信、社会诚信和司法公信建设,加强督查,强化考核,把社会信用体系建设工作作为目标责任考核和政绩考核的重要内容。

建立工作通报和协调制度。社会信用体系建设部际联席会议定期召开工作协调会议,通报工作进展情况,及时研究解决社会信用体系建设中的重大问题。